上海外国语大学国际关系与公共事务学院
School of International Relations and Public Affairs,
Shanghai International Studies University

战略与国际关系研究丛书

Strategic and International Studies Series (SISS)

主编：郭树勇

战略与国际关系研究丛书

主编 郭树勇

From *Tianxia* Culturalism to Cultural Internationalism: An Assumption on
Conceptual Evolution of International Relations Theory in Ancient China
and A Proposal for Its Transformation to the Contemporary Mode

从文化天下主义到文化国际主义

——中国古代国际关系理论概念嬗变及当代转化

郭树勇等 编著

上海人民出版社

序　言

　　我在 20 世纪末、21 世纪初从事国际政治理论教学时，就常常向学生作一些中西概念的比较；因为只有比较，才能使得本科生、研究生理解得更透彻。但比较起来，并不容易，我们不但要把西方特别是美国的国际关系理论概念，与新中国成立以来的外交理论、外交思想的概念或理念相比较，还要向留学生讲解古代中国的相关概念，因为他们常对此极感兴趣、刨根问底。后来，我也发现，在讲述当代中国的国际关系概念过程中，难免涉及中国古代的对外关系概念或理念。

　　为了研究和讲解之方便，本书统一称之为"中国古代国际关系概念"，这样冠名，并不意味着笔者不了解"国际关系"一词的现代性经典含义，也无意把古代中国人所生活的东亚、中亚甚至南亚地区视为一个现代意义上的"国际社会"，更绝不敢把古代中国之中原王朝政权与边陲政权的关系解读为"国家"之间的关系。我只是考虑，尽管古今的世界有较大甚至根本上的差异，古今的中国人对政治（含内政、外交、国际政治）的认识有较大的区别，但都面临着一个人与世界、人与外族、人与群体，以及民族与外部世界、"中国"与外部世界的关系，都有一个如何自我修养、自强自立、应对外来、治理世界的问题。在这些关系点上，古今的中国人有着文化上的传承性，而古代中国人的政治观察角度、政治思维方式、政治问题解决方法，已沉淀为文化基因，不能不深刻影响近代以来的中国人，从而使得中华文明延续不断，历经危机而重生，屡遇盛世而壮大，并必将在本次的民族复兴中继续做出自己的贡献。对于吾辈而言，教学科研的一个任务就是用浅显明了的语言向本科生、研究生（包括留学生）及国际社会阐释古代中国人对于"中国"观察、分析、应对治理"国际关系"的角度、方式和智慧，目前我们首先要从一些概念做起。此外，撰写这本书还有一个心愿，即它将成为我的第三本关于国际主义研究的著作。2006 年我在时事出版社出版了《从国际主义到新国际主义》；2019年我在上海人民出版社出版了《文化国际主义：新型国际治理的逻辑》；前者是讲马克思主义国际关系思想发展史的,而后者是讲全球治理理念类型与理念史的。这次又从中国古代国际关系概念史的角度研究了国际主义的前世今生,无疑丰富了我关于国际主义的体系化认识,算是了却我的一个小小心愿。这些就是这本小书的初衷。

第一编"中国古代国际关系概念总论"收录了我在《国际观察》杂志2024年第1期的长篇论文《从文化天下主义到文化国际主义:中国古代国际关系理论嬗变的一种考察》。第二编"中国古代国际关系概念分论"在编写过程中参考了不少古今学者的优秀文献和研究成果,在此表示感谢。第三编"中国古代国际关系概念的当代阐发"收录了我在《国际关系学:理论与实践》(郭学堂主编,时事出版社2005年版)一书中的著述《"和合"文化传统与中国古代国际关系思想》;在《世界经济与政治》发表的两篇文章《论"圈序认同"对中国外交理论与实践的影响》(2009年第12期)、《人类命运共同体面向的新型国际合作理论》(2020年第5期),以及《国际观察》杂志的一篇文章《论新型国际关系中的扶助外交及其主要特点》(2022年第1期),其中一篇曾收录于《国际政治社会学简论》(郭树勇著,时事出版社2014年版),这次又在此书收录并作了修改,主要是想重提"差序结构"及其在国际政治思维中的重要体现,以及"圈序认同"的重要性,在此对上述杂志及出版社表示感谢。编著者的分工是我统筹全书的策划、审定及统稿,舒伟超撰写第二编。

中国古代文化博大精深,挖掘中国优秀的外交文化传统是一件十分艰难但又必须为之的事业。本人国学功底不深,学力不逮,编著本书勉为其难,文中肤浅不足之处在所难免,希冀大家批评指正。

郭树勇
2024年1月

目 录

第二编　中国古代国际关系概念分论

第三编　中国古代国际关系概念的当代阐发

第一编
中国古代国际关系
概念总论

随着大变局的快速演进,国际关系理论中国学派的核心问题正在发生变化,即从21世纪初学界所关注的中国如何和平地融入国际社会①,变成了21世纪20年代学界日益重视的中国如何在和平融入国际社会的同时有序引领全球治理体系变迁;后者重点体现在如何从学理上阐述"推动构建人类命运共同体"理念②。国际关系自主性知识体系很大程度上是从波澜壮阔的中国外交实践中总结并建立起来,马克思主义中国化理论成果和中华优秀传统文化是建构中国学派的根脉和魂脉,后两者的高度结合有利于推进中国特色大国外交实践。因此,将马克思主义与中华优秀传统文化相结合,塑造出与国际社会常识理性相联通的中国学派,具有重要的现实意义。在应对美国对华遏制打击和国际意识形态斗争不断强化的大背景下,中国依然以胸怀天下的站位高举推动构建人类命运共同体的旗帜,与国际公共产品提供意愿日益消减的美国形成了鲜明的对比,赢得了国际社会特别是发展中国家的尊重。迫在眉睫的理论问题是,中国古代的天下主义能够为人类命运共同体构建服务吗? 多大程度上能与不能? 应当如何待之?

① 秦亚青:《国际关系理论的核心问题与中国学派的生成》,《中国社会科学》2005年第3期。

② "构建人类命运共同体是习近平外交思想的核心理念,是我们不断深化对人类社会发展规律认识,对建设一个什么样的世界,怎样建设这个世界给出的中国方案,体现了中国共产党人的世界观、秩序观、价值观,顺应了各国人民的普遍愿望,指明了世界文明进步的方向,是新时代中国特色大国外交追求的崇高目标。"见《中央外事工作会议在京举行,习近平发表重要讲话》,《新华每日电讯》,2023年12月29日,第1版。

第一章　中国古代国际关系概念的研究意义与方法

天下主义能否和多大程度上可用于构建人类命运共同体的问题,与中国如何在融入国际社会的过程中引领国际社会变迁,是密切相关的。正是这个问题,促使学术界去关注中国古代国际关系理论与现当代国际关系理论的对接之道。

第一节　问题的展开

进入21世纪以来,国际社会内部自20世纪70年代就已存在的关于如何构建更加合理国际秩序的理论交锋较以往更加激烈,且因中国等全球南方国家①的根本性崛起②而具有了更大的实质性。一方是美国等西方国家主体,强调延续20世纪80年代以来西方国际关系理论的思路,从所谓"民主和平论"和自由主义国际制度等角度出发,企望全球南方国家在既有的自由主义国际秩序框架内完善全球治理体系;另一方是中国等发展中国家和部分中等强国,它们主张从国际公平正义的高度正视世界大变局,开展国际协商对话,从全球国际关系理论的角度,而非仅仅在西方国际关系理论的视野内,回答世界和平与发展何去何从的"世纪之问"。

全球南方国家与发达国家之间的这次理论交锋之所以较冷战时期更为激烈,有多方面的原因。除了美国国际关系理论创新实质性成果不多、越来

---

① "全球南方国家"与"发展中国家""第三世界",在不同的历史时期具有不同的理论内涵,但是均指代中国的基本依托力量,也是当代中国基本的国际身份之一。本章采取将三个概念混同使用的做法,视语境的不同而有所侧重。

② 全球南方国家的根本性崛起有很多标志,一个重要的标志是2009年二十国集团峰会的召开,其中有10个发展中国家参加了这个全球经济治理协调机制。2023年,二十国集团扩容,非盟加入。这加强了发展中国家在这个全球经济治理协调机制中的地位。

越难以解释世界大变局下国际政治变化之外,大概还有两个原因:一是全球国际关系学得到了长足的发展,非西方国际关系理论学说得到更多尊重,理论与文化自信在非西方社会进一步增长;①二是作为世界第二大经济体的中国进一步增强了理论自觉,加强文化自信,更加有意识地从中国传统文化中发掘有益的思想资源和政治智慧。中国学派的理论家大量发掘中华优秀传统资源以推动理论创新和中外对话。比如,以重新阐发"天下理论"自成一派的赵汀阳,就是将中国传统政治哲学的"天下无外"思想运用到当代国际关系理论创新中去,提出了"天下体系"等概念,引发了持续讨论②。有学者认为,"21 世纪以来,天下观念重新被提出,主要基于随着国家富强而逐渐恢复的文化自信。同时,人们也逐渐认识到基于民族国家理念而建立起来的国际秩序,并不能真正保护落后国家的利益,也难以处理全球公共利益的问题。因此需要一种新的国际关系理论。相比之下,中国传统的天下主义论说,并不是基于国家和种族的观念,而是一种文明—秩序观念,可以成为新的国际秩序的基础性理论"③。这是学术界比较鲜明地主张用天下主义来重新解读中国古代国际关系理论,并以天下主义创新当代理论的较早代表性倡议。笔者对此持谨慎的支持态度,赞同从天下主义这条线来解读中国古代国际关系理论,因为除此之外似乎没有一种思想体系可以支撑几千年的国家统治合法性和对外关系哲学;与此同时,又对用天下主义之思想来创新当前中国学派持谨慎的态度,因为天下主义赖于存在的价值体系和制度体系大部分已经不复存在,也很难在可预见的将来有重建希望。那么,我们究竟可以多大程度上使用天下主义来建设中国学派,天下主义能够为人类命运共同体理论提供什么样的理论资源?是天下主义还是国际主义,哪一种才是人类命运共同体理论的基础性理念呢?天下主义与国际主义是什么关系?这些问题涉及习近平外交思想研究和习近平文化思想研究,也是中国学派的重要研究对象,是不容回避的。

要回答上述问题,重新审视天下主义的由来及演变规律,是非常必要的。我们假定天下主义是中国古代国际关系理论的魂脉,那么,天下主义或文化天下主义的发生发展,或许可以引导我们观察中国古代国际关系理论

① [加]阿米塔·阿查亚、[英]巴里·布赞:《全球国际关系学的构建:百年国际关系学的起源和演进》,上海人民出版社 2021 年版,第 13 页。

② 赵汀阳:《天下体系:世界制度哲学导论》,江苏教育出版社 2005 年版。

③ 干春松:《儒学的近代转型》,广西师范大学出版社 2023 年版,第 111 页。

发生、发展的大致轨迹,对今后更加全面准确的研究起到抛砖引玉的作用。

第二节　中国古代国际关系
理论的相关表述问题

从已有的现代性知识体系看,中国古代国际关系理论的提法很少,这主要涉及中国古代有没有国际关系、中国古代的外交哲学算不算国际关系理论、如何称谓本来就充满争议的中国古代国际关系等一系列问题。笔者认为,在构建中国学派的过程中,这都是无法回避的问题。我们需要从中国国情和时代需求出发,实事求是地对待之。

一、中国古代有无国际关系

长期以来,学术界普遍认为,国际关系是一个现代性概念。现代意义上的国际关系理论内涵十分丰富,包含了不少概念和命题,比如,无政府状态是国际政治的基本特征,冲突、竞争、合作构成了国际关系的基本类型,资本主义全球化需要全球治理,民族国家是国际关系的基本行为体,人民主权原则向国际政治延伸形成主权平等原则,维护国际体系稳定是均势政治的要义,维护国家利益是理性行动,国际合法性是社会建构的,国际法与国际协调成为国际治理的方式,等等。根据上述标准,中国古代并没有国际关系,充其量只有中外关系。然而,学术界逐渐认识到,世界各地都有前现代的国际关系,或者称之为"早期国家与国际关系"。[①]诚然,我们不能否认中国是庞大的文明体,也不能否认古代中华大地上存在着不少邦国,以及众多以国家名义出现的政治实体或政权。春秋战国时期,诸侯国之间存在类似"国家间"关系,南北朝时期以国家名义的多个政权林立,五代十国时期更不乏"国"与"国"的争斗,宋朝之后的宋、辽、金、西夏、元等政权之间的关系在政治形态和互动模式上更加接近今天的国际关系;即使在特定的时期,在王朝或帝国之内的封建诸侯实际上是"国中之国",存在着不同政治实体的治权分立,产生了类似于当代国家间关系的关系形态。中国古代政治实体间的

---

① 早期国际关系具有偶然性、地区性、有限性、幼稚性等特点。参见俞正樑、陈志敏、苏长和、郭树勇、王义桅:《全球化时代的国际关系》(第三版),复旦大学出版社 2020 年版,第 1—10 页。

关系千差万别，总的来看，较有影响的关系大致有四类，即诸侯间关系、宗藩关系、政权间关系和中外关系。如果我们严格地定义"中国古代国际关系"，那么，它就是指不同时期的中国对外关系，这里的中国不全是今天所讲的作为民族国家的中国。严格界定的中国古代国际关系主要指中外关系。这样一来，中国古代国际关系理论研究自然就会放弃对上述四类关系特别是前三类关系的理论化研究，那么，前现代的国际关系就不是国际关系理论研究的对象。事实上，这是难以做到的，如果不去完整地剖析前三类关系与第四类关系之间的可能联系，就会遮蔽我们在新时代重新发掘古代优秀文化的视野。一个关键原因是古代中外关系不像今天那样泾渭分明，内政与外交均归属于"天下之治"。因此，不能简单将中国与藩属国的关系或朝贡体系排除在中国古代国际关系理论的研究对象之外。西方学者也常常援引前现代的例子对变化中的国际关系进行分析。如果我们换个角度观察，上述政权间关系的内涵与现代国际关系，也并非毫不相干。中国古人的治世智慧应是国际关系理论的研究对象之一。

如果我们假定中国古代存在着前现代的"国际关系"，那么它的含义和范畴要远远大于现代意义上的"国际关系"。它主要是指但不限于包括"中国"与"外国"的关系，还在不同的时期多少涉及中原王朝与周边少数民族政权的关系、宗主国与藩国的关系等。后者后来总体上内化为中国的内部关系，又偶尔呈现为中国的外部关系。中国古代天下体系包含了这么多政权间关系形态。这是为什么呢？我们大概可以至少从三个方面加以理解。一是，古代中国人把"邦""国"仅仅视为天人关系中的重要行为体，而不是主要行为体，除此之外，还有天子、人、家、族、天下等，"天下"是比"邦""国"更重要的政治存在。二是，古代中国人虽然区分"内"与"外"，但是这种"内"与"外"的区分是相对的、弹性的，不具有本体论上的意义，相反更加强调"家""国""天下"三者一体，分辨不出国内政治与国际政治，因此将国际关系与国内关系混在一起，一些国内事务实际上具有国际事务的含义，一些国际事务又具有国内事务的性质，因此，要理解它的"国际关系"，就不能不涉及研究国内政治和个人政治的具体情境。三是，古代中国人讲究"天人合一"，德化天下是普遍性原则，不但规范"家""国"行为，而且规范国际关系；而"天下"是一个整体，要解决世界之治，必须先解决好家国之治，这也是所谓"内圣外王"之道。

然而，如果从研究的方便出发，我们把中国古代"国际关系"（不少属于中国版图内部各政权之间的关系）作文化内涵和政治智慧上的挖掘，那么，我们一方面谨记这种假定的局限性；另一方面从后现代主义那里获得启发，赞同从前现代智慧中补充现代性之缺，为未来世界治理模式的发展变革提供学识上的支持[①]，实践证明，这是可以做得到的，最近 20 年中国学派采用此道取得了大量的成果。

二、中国古代有无国际关系理论

早在 20 世纪八九十年代，中国学者就承认存在中国古代的国际关系理论。[②]国际关系理论有狭义和广义之分，狭义上的国际关系理论是对国际社会内国际关系行为体之间各种关系特别是政治关系规律的系统性描述或解释，广义上的国际关系理论则是关于国家间关系规律的描述或解释的理论。东亚早期国际关系在某些特定时期形成了上述四种类型的"国际关系"形态，这些关系不是严格意义上的现代国际关系，我们今天发掘中华传统外交或国际关系哲学智慧，与其说是探索一种古代的国际关系理论模式，不如说是探索中国古代治理世界或治理天下的理论模式。然而，现代国际关系、未来世界政治与前现代国际关系，并不是毫无联系的，而是相互建构的，要深入了解这个正在巨变的世界，不可能不去探寻古人的智慧和政治贡献。西方国际关系理论有不少成功的做法。美国建构主义学者约翰·鲁杰（John Ruggie）等人曾经专门研究了中世纪欧洲的世界政体，以说明主权制度的复杂性。而戴维·莱克（David A. Lake）等人也在研究国际关系中等级体系存在的现实性。[③]英国学派的马丁·怀特（Martin Wright）曾经对于中国春秋战国时期的国家体系给予关注。[④]从这种意义上讲，我们可以参考西方国际关系理论的某些研究路径，对中国古代国际关系理论进行一番梳理研究。

三、我们如何在今天的语境下来表述古代中国的外交与国际关系思想

既然中国古代存在着前现代形态的国际关系，也有自己独特的外交理论，且这些理论常常与治世理论、天下理论等混同起来，并融合进天下主义意识形态中，那么，就有可能去发掘古代中国治世思想中的有益部分，为回

---

① 复旦大学科研团队曾经从中华经典文献中找出了 19 个国际关系的概念，并已结集出版，是这方面的杰出代表。这从侧面显示，学术界不反对从中国古代对外关系交往的理论与实践中寻找国际关系理念，这也从一定程度上支持了本章关于中国古代存在着前现代意义的国际关系形态的假定。参见潘忠岐等：《中华经典国际关系概念》，上海人民出版社 2021 年版。

② 何茂春：《中国外交通史》，中国社会科学出版社 1996 年版，第 74 页。

③ John G. Ruggie, *Constructing the Word Polity*, Routledge, 1998；[美]戴维·莱克：《国际关系中的等级制》，高婉妮译，上海人民出版社 2021 年版。

④ Martin Wight, *Systems of States*, Leicester University Press, 1977.

答当今的"世纪之问"提供智慧和方案。然而,当今的国际关系知识体系有着严格的界定,它是由现代性知识框架来构建和表述的;如果轻易、直接地使用古代中国"国际关系"理论中的某些概念,甚至简单地称中国古代的对外关系为"国际关系",可能会导致国际学术交流上的误解,甚至会打破当前中国相关学科建设中的既定共识,这显然不是我们需要的发掘中华优秀传统文化的方式。这么一来,就需要在学术认知的真理性与学术表述的灵活性之间维持某种平衡,即我们虽然承认中国在古代存在着上述四类关系,但是这四类关系称不上现代意义的国际关系。既然如此,其表述与现代意义上"国际关系"应该有一定的区分。我们当然明白,这种区分并不妨碍我们清醒地认为,在国际政治日益走向后现代模式、走向世界政治的今天,把前现代国际关系中的政治智慧用于后现代的世界政治中既是必要的,也是有可能的。在本书中的多个章节中,我们使用"中国古代国际关系理论"这个概念,主要是指中国在近代之前处理诸侯间关系、宗藩关系、政权间关系和中外关系的理念、思维与方法。在具体指涉中国古代的诸侯间关系、宗藩关系、政权间关系和中外关系时,则需要根据情境加以具体运用,不去一概地使用"中国古代国际关系"概念。本书在章的名称与节的名称的使用中也交错地运用不同的称谓。有时候,需要辅以运用"中国与世界的关系""治理世界""治理天下""对外关系""天下之治""中国外交"等概念,来指代中国古代天下之治或对外关系,阐述中国古代国际关系理论的某些命题或判断。

笔者尝试以"文化天下主义"这个概念,贯穿中国古代国际关系理论的兴衰始终,主要是因为它是中国古代理论的要义所在。本书使用了"文化保守主义""文化民族主义""文化开放主义"以及"文化国际主义"等概念,认为它们是"文化天下主义"在不同时期的观念形态,且经过了西方文化的冲击和现代性转化以及新中国外交实践的扬弃后,天下主义完成了向国际主义的转化,在文化复兴的今天,文化国际主义有望成为国际关系理论中国学派的重要概念。

第三节　中国古代国际关系理论的研究方法

我们今天研究中国古代国际关系理论,面临着上文中所示的难题,必须从中国古代社会的特殊性以及中外社会的类似性出发,因此,除了一般学术研究的方法之外,还强调中外比较的方法、文化分析法以及理论概念史的方法等。

一、中外比较的方法

在国际关系理论研究中常常用到比较方法。将不同理论学说进行比较,可以较容易地辨别理论之间的共性与个性,从而界定其基本特征,并进一步分析两者之间异同的影响因素。对国际关系理论的英国学派、美国学派和中国学派等进行比较,是学术界常有的事情。[1]中国古代社会终结后不久,中外学者在探索中华文明近代衰落的原因时曾经引发了大讨论。讨论发生在中国加入世界性民族国家体系的大背景下,重点比较了中国文明与西方文明之优劣,梁启超、梁漱溟、李大钊、陈独秀、胡适、杨明斋等学者都发表过关于中西文化比较的著作。[2]100 年后,中国在融入国际社会的同时步入了引领全球治理方向的新时代,我们研究中华文明的治世智慧,重新发掘中华文化传统中的有益元素,显然也有着与美国等西方国家进行理论话语权竞争、为新型全球治理提供中国智慧等考虑,有必要对西方国际关系理论作进一步的比较。

二、文化分析法

所谓文化分析法,就是在研究某项社会现象时强调文化的视角,或者重点研究其文化的维度,并有可能把文化视为研究对象之本质规定或形态变迁的重要甚至主要因素。我们研究天下主义和中国古代国际关系理论,强调文化在其中的独特作用。主要考虑有三,一是中国从本源讲很大程度上是一个文明体而非西方意义上的民族国家,这样,从政治或经济的角度分析中国与世界关系时,若忽略文化分析就显然囿于历史的局限。对于这一点,有学者这么讲:"在传统中国,世界是由华、夷构成的,华夷之间的差别基于对于礼乐文明的认同差异,而非种族的差异。因此,即使中国历史上存在着许多少数民族的政权,但汉族依然会通过文化优越感来建立起对新的王朝的认同,而这些由少数民族建立的政权,也会通过文化上的吸收来化解种族差异可能带来的冲突。"[3]重视文化分析方法,也就是通过文化天下主义的生成及其演变来了解中国古代国际关系理论的发展变化。把天下主义解说

①　金应忠、倪世雄:《国际关系理论比较研究》,中国社会科学出版社 2003 年版;[美]大卫·A. 鲍德温:《新现实主义与新自由主义》,肖欢容译,浙江人民出版社 2001 年版。

②　梁漱溟:《东西文化及其哲学》,商务印书馆 1987 年版;杨明斋:《评中西文化观》,上海三联书店 2014 年版;范明富:《新旧之争》,人民文学出版社 2017 年版。

③　干春松:《儒学的近代转型》,广西师范大学出版社 2023 年版,第 110 页。

为文化天下主义是儒家学说的一贯做法，也符合从整体上观察中国古代政治思想史的实情；从中国古代历史长河看，儒释道一体也好，儒法互为表内也好，总是儒学占据封建社会意识形态之主流。二是以文化分析来思考人类命运共同体构建和中国学派建设，也符合学术界对于文化至于国际秩序重要性上升的认识。不仅美国的社会建构主义理论重视文化和认同等概念在解释世纪之变中的根本性作用，而且美国盛行一时的"文明冲突论"也从侧面提出了文化和文明问题的极端重要性，我国文化战略学者也直接指出了文化和合在解决人类冲突方面的关键作用，指出"21世纪是和平、发展、生态的世纪，强与弱、富与贫、大与小冲突融合，其性质是以民族的、宗教的、信息的、生态的冲突为主导，归根结蒂是以文化为主导"①。三是天下主义首要和根本上是从文化意义上讲的，虽然不完全是文化指向，却是依托大同主义和"夷夏之辨"所构建起来的"圈序认同"体系和天下制度体系。因此，笔者认为，无论是中国的古代传统还是未来发展，都离不开文化传承与文化复兴的任务，用文化分析法来重述中国古代国际关系理论，是有必要的。

三、理论概念史的方法

笔者研究天下主义与中国古代国际关系理论发生发展历史时，适当关注了概念体系及其演变。一方面，一些概念虽然形式上的表述没有变化，但在不同的朝代有着不同的内涵，比如"天人合一""华夷之辨"等，有必要对它的发展变化进行分析，以弄清概念创新的规律。另一方面，中国古代国际关系概念是有层次的，既有元概念也有理念性概念，既有制度性概念也有实践性概念，有些元概念或理念性概念至今仍然发挥着重要作用，有必要加以研究，以便探寻中国传统文化的真谛。比如，"仁"，有时可能指涉后人合成的"仁政"概念，或今人合成的"天下仁政"概念。从概念的角度重新理解中国古代外交或国际关系，是发掘中国古代国际关系理论的重要一步。从观念分析到理念分析，再到概念分析，这是学术上递进的思路。

以"天下"为例。有人会说，我们一般把"天下"视为一种观念，有时也视为一种理念，很少认为它是一种概念。笔者认为，"天下"既是理念，也是观念，还是一个古代国际关系理论的根本性概念。从理念层面上讲，当我们使用"天下"一词时，就多多少少持天下主义的态度，或者说是部分地赞成文化

---

① 张立文：《和合学概念——21世纪文化战略的构想》，首都师范大学出版社1996年版，第1页。

天下主义。其主要意思是,倾向于以天下作为一个整体来看待,以"天人合一"的思想和"人者,仁"的天下仁政做法,来教化外人、绥服远人,进而实现世界大同。具体地讲,文化天下主义是对天下治理的观念的另外一种表述,旨在揭示古代中国人治理世界,主要依靠的是文化上的教化和天下德治的示范作用,辅以军事能力和经济支援等方面的力量,尽管事实上并不能如此达成目标,但长期以来成为中国文明演化的重要支撑性理念。要深入地理解天下理念,还必须仔细地了解天下观的内涵。

"天下"又是一种观念。广义的天下观是指一整套由天人关系、天下秩序、天下治理、天下价值等构成的天下观念。当代儒学的代表人物曾经对"天下"作了仔细的阐述,认为它可以分为地理上的"天下"、制度上的"天下"以及价值上的"天下"三个方面。就地理上的"天下"而言,它在先秦主要指代九州,秦代之后则"兼而包括中原朝廷与周边的民族,甚至更为遥远的地区";就制度上的"天下"而言,它在先秦时期明显地体现为与人伦秩序相似的"可能会接近'中心—边缘'的金字塔结构"的天下秩序,并在隋唐时期最终转化成为一系列的政治统治原理和权利义务关系;就价值上的"天下"而言,它体现为"王者无外"的理想价值和循序渐进的"以夏变夷"的价值实践路径。①当前提倡文化天下主义的学者认为,价值上的"天下"观念才是当代克服全球治理价值困境的意义所在,也是文化天下主义的基础。

"天下"还是一种概念。本书并不关注哲学上的概念维度,而是关注国际关系理论上的概念维度。笔者认为,"天下"作为中国古代国际关系理论的根本性概念,在王朝兴替、治乱循环、分久必合的政治实践解释过程中构建出一套理论概念系统。这个概念系统的主要功能是解释古代中国对外交往时的主要行为模式。在几千年的古代中国对外关系史上,天下、和亲、朝贡、怀柔、扶助等一系列概念构成了一个近乎完整的体系,能够对中国古代对外关系起到解释的功能。

---

① 干春松:《儒学的近代转型》,广西师范大学出版社 2023 年版,第 114 页。

第二章　中国古代国际关系概念的特点与类型：以文化天下主义为例

中国古代国际关系理论是一个自成一体的概念体系，其中，文化天下主义居于统摄性地位。中西学术界进行理论对话时，为了简便起见，往往将以儒家为代表的文化天下主义作为中国古代国际关系理论的代名词。这显然既不准确，也不全面。因为道家、兵家、法家、墨家、纵横家等都有自己关于外交或治理世界的系统理论。然而，我们不得不承认，能够长期地根本上起作用，且有中国特色的传统国际关系理论，首要的和主要的理论体系还是儒家思想。百家都讲"天下"，但天下主义学说中较有系统、较有影响的，还是文化天下主义；而且，儒家与道家在天下之道和君子之治上有重叠的见解；儒家与墨家在仁爱主张上有相近的旨趣；儒家与兵法在讲究"先礼后兵""不战而屈人之兵"上也有共识之处；儒家与法家在推进刑礼并用、礼尚往来等方面意见相通。也就是说，在中国古代历史上，在维护王朝大统和帝国利益方面，无论是哪家学派要想发挥较大作用，都认为需要与儒家学说多少贯通或互补；与此同时，儒家学说也不时地从其他学说特别是从释道两家中吸取智慧，宋明理学就是重要的明证。因此，以文化天下主义来指代中国古代国际关系理论，不仅是出于研究之方便，也有着照顾古代政治实践经验及古代思想史发展脉络的考虑。

第一节　概念的特点

中国古代国际关系理论的概念体现了明显的层次性、伸缩性、复杂性，并受到政治等级制度的深刻影响。

一、概念的层次性

支撑文化天下主义理念的，是一个概念体系。这个概念体系又是分层的。根据概念分层的基本做法，一般分为基础概念，或称第一层次的概念；核心概念，或称第二层次的概念；指标性概念，或称第三层次的概念。每一层次的概念重点提供原则和宏观视角，居于概念体系的方向性、框架性的地位。第二层次的概念侧重提供重要维度和中观视角，居于概念体系的支柱性或关键性的地位。第三层次的概念侧重于提供操作性维度和微观视角，居于概念体系的功能补充的地位。然而，对于以文化天下主义为主流的中国古代国际关系理论而言，则是一个更加复杂的概念体系。它大概有四五个层次，包括元概念、理想主义理念概念、现实理想主义理念概念、制度性概念、实践性概念等。为了研究方便，可以将之适当合并，称之为三个层次。第一层次的概念是元概念，第二层次是理念性概念，第三层次是制度性或实践性概念。所谓元概念是指具有本初意义上的概念，这些概念高度抽象，成为后来的复合概念的基础。同时，这些概念一般不具备价值判断，没有实在的内涵，因此，以单字行之，往往语义不定，后来与"天下"等概念复合后，才具有实在的内涵。然而，由于中国传统哲学博大精深，中国文字意形合一，这些单字概念本身在一定的语境下又呈现出意义取向，具备了高深莫测、飘忽不定的政治含义。理念性概念主要指概念背后的理念带有文化天下主义的明显特征，受到儒家思想的支配性影响，概念所体现的理念或规范长久地影响着国家或精英阶层甚至寻常百姓的对外行为意识。制度性或实践性概念，是与理念性概念相对的又是下位的概念类型，它是理念性概念的外化或实践化，即一部分体现为制度，一部分体现为实践做法。

二、概念的伸缩性和复杂性

以天下这个概念为例。在文化天下主义概念体系中，"天下"概念无疑是最为重要的。天下概念的内涵具有较大伸缩性，这与它的抽象性有关，"天"本身就是抽象和不确定的概念，它是自然上帝，还是人神，也是宇宙，还是捉摸不定的命运。"天下"概念还有复杂性，其意义多维。就它的政治含义而言，不同的先秦哲学家也有不同的解读。有学者专门谈到这一点，"墨子和韩非子认为天下和国家是性质相同的权力；管子认为天下与国家是不同性质的权力；孔子和荀子认为国家是权力而天下是道义权威，两者性质不同；老子认为国家与天下的区别在于前者是世俗的而后者是非世俗的。"[①]正如上文所述，它是一个复杂变化的概念。它既是地理面向的，又是秩序面

[①]　阎学通、徐进等：《王霸天下思想及启迪》，世界知识出版社 2009 年版，第 276 页。

向的，又是价值面向的。由于它的极端重要性，因此，它的外延可以无限地扩大，它的伸缩性也变化不定，从而确保这个概念可以适用到所有的时代，赋予不同的时代内涵，只要华夏文化居于主流地位，华夏文化扩展、流溢到哪里，天下就延伸到哪里。

三、概念化受政治等级影响较大

中国古代国际关系理论概念的一个重要特征是，概念化受到政治等级制度的影响很大。比如，我们熟悉的是五服制度中，除了王之外，还有甸、侯、宾（绥）、要、荒等五种地缘政治，甸、侯为政治体系的中心，宾（绥）、要、荒则处于政治体系的外围，这种五服制度后来演化为对国内为主的羁縻制度、对藩属为主的朝贡制度以及对更远的外邦的化外制度等；政治等级中的上天、君王、臣民，后来演化为君王、九族、百官、万邦、黎民等五个层级，这些层次中显然也包括了对外关系；后来，天子、诸侯、大夫、民等概念也常见于政治文献之中；"天下"这个概念本身也有着一定的等级色彩，比如，按照文化和政治影响的程度，按从高到低的顺序依次可以区分为九州、四海、四海边缘、四荒、四极等①。这些等级化的概念，与政治因素互相构建，强化了周王朝时期特别是帝国时期的政治统治和对外关系，有助于历史上的统一多民族国家的形成和发展，但显然与宋明以后的资本主义发展大趋势格格不入，最终阻碍了历史发展。这些理论概念绝大部分已进入历史遗迹，不具备重新阐发的现实意义。之所以如此，一是中国古代本身就是一个等级森严的政治社会；二是儒家思想本身也赞成礼制和国际权威的分层化；三是文化天下主义讲究德化天下、以夏变夷，这样就有一个亲疏远近、循序渐进的社会化过程。

第二节 概念的类型

中国古代国际关系理论概念体系内容十分丰富，包含有多种类型，粗略区分起来，有元概念、理念性概念以及制度性或实践性概念等。

一、元概念

元概念有时也称为中国文化的元典概念。中国古代国际关系理论中所

---

① 周桂银：《中国古代"天下主义"的千年传统：演进、内涵和特征》，《世界经济与政治论坛》2021 年第 2 期，第 12 页。

讲的元概念，主要是指文化天下主义外交哲学的基本概念，它们大体尚居高度抽象的层次（高度宏观水平），对有明确的外交理念（宏观水平）有着规定意义，已经拥有较抽象的价值指向，未涉及外交制度及实践层次（中观水平和微观水平）。它不仅包括"一""殊""天""人""合""分""有""无""阴""阳""纵""横""兴""亡""内""外""远""近""国""邦""民""力""变""攻""守"这些似乎价值中立的单字概念，也包括"和""同""亲""疏""爱""治""乱""仁""道""德""夷""夏""中""边"等带有价值立场的单词概念，还包括"天下""和合""天人合一""大同""诸侯"等复合词概念。这些概念有一些是中国哲学的通用概念，比如，"一""天""人""有""无""知""行""大""小"等，其本身并无太多文化的含义，往往指代中国哲学的基本范畴。但是大部分元概念都有了文化天下主义的指向性意义。学界关于仁、德、夷、夏、治、乱等概念的讨论已经很多了。仁是文化天下主义的根本性概念，在孔子的全部学说及其概念体系中，仁居于核心地位，有学者认为，"孔子的全部学说用'仁'这个核心概念贯穿起来。仁是一个关键的干预变量，在自变量即君王个人性质（圣、王、霸）和因变量即政权性质（德政、仁政、刑政）以至天下秩序中发挥作用"[①]。在儒学的理想中，美好的世界就是大同世界，这个世界就是行仁政的世界，"仁"既是国内政治的概念，也是国际政治的概念。不过，需要指出的是，"一"这个概念，对于中国古代政治概念建构，有着特殊的功能。透过"一天下""天下归一""天下一家""华夷一体""大一统""心性为一""知行合一""家国一体"等派生的概念，我们可以强烈地感受到"一"所引导的政治价值取向和文化潜意识，即世界秩序的最终价值是多元一体。

夷、夏是一对元概念，这对组合构成了几千年中国与外来政权关系的基本认识框架，从周王朝时的"华夷之辨"，到唐朝的"以夏变夷"，从宋代的"夷夏之防""夷夏一体"，最后再到清代晚期面临西洋之强时睁开眼睛看世界、理性提出的"以夷变夏、夷夏一家""师夷长技以制夷"，等等，由此可以看出夷、夏这组概念的持久性和元初性。"道""心"在中国理论中居于基本地位，几千年来，这两个基本词汇不时被援引，是因为道是人的所有行为的指引，心是人的所有实践的本初，因此属于元概念。"道"与"天下"正向联系起来，就是"天下有道"；"心"与"天下"正向联系起来，就是"天下归心"。

"天""人""合""一"本身就是四个元概念，这四个元概念构成了一个新

① 阎学通、徐进等：《王霸天下思想及启迪》，世界知识出版社 2009 年版，第 70 页。

的概念,也是元概念。这在概念史上是少有的。"天人合一"是元概念,它是中国古代国际关系理论的宇宙观和世界观。正是在"天下合一"理念之下,才有可能产生"大一统"的制度性概念,才可能有"修身齐家平天下""内圣外王"等概念。当然,"天人合一"概念内涵十分丰富,其理论影响不限于儒家,是一个有强烈中国特色的哲学概念。

二、理念性概念

我们使用理念性概念主要是为了指代这些概念,它们凝聚了中国古代对外交往的重要原则,具有明确的价值指向性意义,但尚未涉及具体的外交实践与外交制度。针对文化天下主义所固有的理想主义特质,我们进一步根据原则抽象度差异,以及这些原则与外交实践操作的可结合程度,将理念性概念分为两类。一类可以称之为抽象性理想主义概念。它往往是直接将元概念与以孔、孟、荀为代表的儒家学说结合,形成了一些比较明确的原则,带有明显的理想主义的成分。这一类理念性概念往往超出年代局限,将周代的治世智慧及后来儒学知识分子对于美好天下秩序的想象加以规范化。比如,"天下为公""天下太平""协和万邦""和而不同""讲信修睦""礼尚往来""一天下""平天下""公天下""君子""定""通"等概念,本身即被赋予了值得颂扬的内涵,既是处理内政外交的原则,也是文化天下主义的支撑性概念。

另一类理念性概念可以被称为操作性理想主义概念。这部分概念虽然从根本上也与元概念相联系,与抽象性理想主义概念具有内在关系,但是添加了现实主义或操作性成分,被中国古代政治家或理论家赋予了较多政治操作含义。这一类概念中,比较有代表性的包括"内圣外王""阴阳平衡""王霸天下""大一统"等。"内圣外王"是儒学思想中比较典型的概念,在维系几千年的文化天下主义理论体系中起到重要的作用,但这个概念所指涉的对象比较狭隘,主要强调国家行为体特别是"国君"如何处理自身道德与对外交往的关系问题,虽然仍然指出道德对于外交的至关重要性,但毕竟将天下的大同理想向着能否"化德天下"、如何"化德天下"等现实主义思维方向下沉,实际上处于操作性理想主义概念的层面。"阴阳平衡"是个重要的操作性概念,有学者把"阴阳平衡"视为中国外交政策背后的文化基础之一,甚至将其提升至"关系理论"的元概念层次,是有理由的。①我们论述文化天下主

---

① 秦亚青、斯洛伐克的米兰·拉嘉克(Milan Lajčiak)等学者有过类似的观点。参见李明明:《论"阴阳":国际关系研究的独特路径》,载潘忠岐等著:《中华经典国际关系概念》,上海人民出版社2021年版,第95页。

义时不能忽略这个概念。阴、阳的说法,虽然孔孟学说也有论及,但未得到应有重视,主要原因是孔儒较重视"阳"的作用而对"阴"重视不够,这与文化天下主义初期过于理想主义化有关。阴阳平衡概念在汉代之后逐渐被董仲舒等人发掘出来,旨在解决如何看待帝国兴衰以及中原王朝与周边政权间此消彼长的关系带来的政治合法性问题,以及"天""人"如何进一步协调不平衡的关系。荀子的"王霸天下"概念,也有着操作性理想主义的特点,是文化天下主义与文化现实主义兼而有之的概念,故有学者将之称为道义现实主义的理论基础,①这个理念对于秦汉帝国的建设以及后世的中国对外行为起到了十分重要的指导作用,它的目标仍然是一个道义的天下,但是其手段是道义与实力的结合,重点是在诚信的基础上争取政治声誉与政治领导权。因为它比起"大一统"理念或原则在秦汉之后成为中国古代对外关系的基本性原则之一,它支撑着"分久必合,合久必分"的逻辑,也成为历代政治家追求统一、反对分裂、维护中国文化延续性的基本价值目标,从根本上与文化天下主义是一致的,因为前者被认为是后者的实践性原则。

三、制度性或实践性概念

在国际关系理论中,制度与实践是两个迥然不同的范畴。制度侧重讲国际规范和国际规则,实践侧重讲外交实践与国际互动。这种区别也适用于中国古代国际关系理论,有些概念属于典型的制度性概念,与实践性概念截然不同,比如《周礼》中记载的五礼(吉礼、凶礼、军礼、宾礼、嘉礼)之一的宾礼,它包括朝、聘、盟、会、遇、觐、问、视、誓、同、锡命等环节构成的对外仪式,②是诸侯会见天子以及诸侯国之间的交往礼仪和外交制度,因而宾礼作为概念主要就是制度性概念。另外,五服也是一种制度性概念。中国古代常用的"正名""天命""诛""征""义兵""出师有名"等概念,则主要用于王或帝,以合法性战争的名义对于国家间不义行为进行讨伐,以维护公平正义和周礼,显然属于实践性概念。

制度性概念与实践性概念之间的联系在古今中外的国际关系理论中也是显而易见的。比如,20世纪80年代在批判新现实主义的过程中,美国新自由制度主义与社会建构主义、社会实践学派等站在了一起,共同指责新现

---

① 阎学通:《荀子的等级秩序思想》,载阎学通、徐进等:《王霸天下思想及启迪》,世界知识出版社2009年版,第145页。

② 陈康令:《试论传统东亚秩序的"礼治":一种分析框架》,《当代亚太》2021年第3期,第29—59页。

实主义过于强调国家实力之间的对比对于国际行为的影响,忽略了经济关系、社会实践和非国家行为体的作用。在中国古代国际关系理论中,制度与实践则是更为紧密地联系在一起。这主要是因为,在中国传统哲学的"内圣外王"理念中,"内圣"主要是指道德规范,"外王"主要是指外在行为,制度与实践都大体属于"外王"的范畴;"外王"在大多数的时间内要与"内圣"进行比较,且常常要服从于"内圣","外王"中的制度与实践就难免混同在一起。另外,一些实践性做法,经过了历代历朝,容易上升为一种制度性安排,甚至具备了一些行动教条的特征,以至于令人难以清晰地分辨出哪些是实践性概念、哪些是制度性概念。比如,人们容易理解会盟、朝贡、互市等概念既是制度性概念,也是实践性概念,这主要是因为偶然尝试出来的做法被不同主体在类似的情境下有效使用,逐渐实现了制度化,这些制度由于行之有效,就会被反复地使用,从而具备了实践性概念的属性。

今天学术界对于制度性概念与实践性概念的划分也并不一致。比如,有学者把"德化天下""礼制""羁縻""朝贡""征伐""用夏变夷""严夷夏之防""以夷变夏""守在四夷"等概念作为制度性概念,①同时又把"盟会""和亲""质押""朝贡""互市""封""征""守"等视为实现大一统的手段;②也有学者把"王道""天下己任""化成天下"等概念视为实践性概念。③学者们从不同的角度,在不同的语境里梳理中国古代天下主义概念,有其特定的理论考虑,但也从侧面反映出中国古代对外关系中外交制度与外交实践的复合交叉性。在中华帝国的大部分时期内,负责藩属事务和外交制度甚至国家礼治的官员同属一个部门管理(往往称之为礼部),这也能够从制度上加以解释,为什么实践性概念与制度性概念在内涵上常常交叉存在。

---

① 周桂银:《中国古代"天下主义"的千年传统:演进、内涵和特征》,《世界经济与政治论坛》2021年第2期,第15、16页。

② 周桂银:《中国古代"天下主义"的千年传统:演进、内涵和特征》,《世界经济与政治论坛》2021年第2期,第15页。

③ 赵思洋:《因应国际社会——论近代中国天下思想的创造性转化》,《世界经济与政治》2023年第5期,第29页。

第三章 文化天下主义的产生及其特点

文化天下主义起源于中国古代的天下主义,溯源至先秦时期,这是一种儒家意识形态,长期规范和指导中国的治国方略,尤其是中国古代对外关系实践。文化天下主义认为天下是修身、齐家和治国的自然延伸,天子具有治理天下的使命。在文化天下主义的世界秩序安排,建立礼制是重要环节。这是将世界秩序视为个体的放大,主张德治天下、天人合一。文化天下主义具有理想性、实践性与历史性的特点,与西方积极的世界主义不同,它是一种消极的世界主义,是以文化教化而非暴力征服来整合天下,吸引周边向中心区域靠拢,内聚成紧密的文明共同体。

第一节 文化天下主义产生于先秦

天下观念体系产生于先秦。中国人很早就有了天下观,周王朝为其成型时期。梁启超曾对先秦百家的政治思想作过一次精彩的论述:"我国先贤言政治,皆以'天下'为对象,此百家所同也。天下言者,即人类全体之谓,当时所谓全体者未必为全体,固无待言。但其彀的常向于其所及之人类全体以行,而不以一部分自画。此即世界主义之真精神也。先秦学者,生当诸国并立时,其环境与世界主义似相反,然其学说皆共向此鹄无异同,而且积极的发表其学理上之意见,成为一种'时代的运动'。"[①]在梁氏看来,先秦诸子百家,都持一种天下主义的观念,但是侧重点是不一样的。对于儒家而言,《春秋》之微言大义分为三世之说,即据乱世、升平世和太平世,三种境界都强调文化的作用,比如,前者强调"内其国而外诸夏",中者"内诸夏而外狄夷",后者强调"天下远近大小若一,夷狄进至于爵",其实质是"将

---

① 梁启超:《先秦政治思想史》,商务印书馆 2014 年版,第 192 页。

自己所有文化,扩大之以被于全人类,而共立于平等的地位,此吾民最高理想也"①。如果采儒家学说为中国文化的主流,将天下主义称为文化天下主义,是自然而然的事情,而且它是一种积极的世界主义。道家也是一种世界主义,不过是一种"以天下观天下""以无事治天下"的消极世界主义。而墨家强调"尚同""天志",是一种以兼相爱交相利为基础、以"视人之国若其国""天子壹同天下之义"为特征的世界主义。法家也多沿袭儒道墨三家的世界观念,虽然其中一派倾向国家主义,但"彼辈之渴望统一,与余尚同,特所用手段异耳",其"定于一"的观念根深蒂固。纵横家更是游离于列国之间,并无真正的爱国观念。"吾先民不以为病,彼盖自觉其人为天下之人,非一国之人,其所任者乃天下之事,非一国之事也。"②这种天下主义的情怀,普遍存在于中国先秦时期,很难区分出大同主义是哪家哪派首先提出来的。③这显然是多方面的因素造成的。

天下观何以盛行于先秦。一个原因是,先秦时代经历了约200年战争,和平成为春秋战国时期解决民生与社会秩序问题的首要目标,先哲们致力于"救时之敝",就得找出"大一统"的和平与安定之道来说服各国统治者放弃战争、进行合作,"天下一家"等说法就应运而生。另外一个原因是,周朝后期中国文明已达到很高的程度,文化近乎成熟④。文化成熟的重要体现想必包括周人治世的政治智慧,也达到了较为成熟开化的水平,天下大同是世界治理的根本之道,这从《春秋》中对"三世"假说可以看出。再者,古代中国人注重天下观念和天下情怀,似乎与"天人合一"的哲学观也有着深刻的关系。当代中国哲学家大多承认"天人合一"是中国哲学的根本性传统⑤。

---

① 梁启超:《先秦政治思想史》,商务印书馆2014年版,第193页。

② 梁启超:《先秦政治思想史》,商务印书馆2014年版,第195、196页。

③ 古今中外的学者关于"大同说"的提倡者一直众说纷纭,比如,吕祖谦、朱熹、陈独秀、冯友兰认为大同说出于道家,蔡尚思则倾向于认为它来自墨家,日本学者渡边秀方认为大同说和道、儒、墨三家都有关系。参见蔡尚思:《中国传统思想总批判》,上海世纪出版集团2012年版,第71—73页。

④ 张岱年曾言:"中国文化至周代可以说达到了成熟。"参见张岱年:《中国哲学大纲》,生活·读书·新知三联书店2005年版,第10页。

⑤ "中国哲学有一根本观念,即'天人合一'。认为天人本来合一,而人生最高理想,是自觉地达到天人合一的境界。物我本属一体,内外原无判隔。但为私欲所昏蔽,妄分彼此,应该去此昏蔽,而得到天人一体之自觉。"见张岱年:《中国哲学大纲》,生活·读书·新知三联书店2005年版,第8页。李泽厚指出,孔、孟、庄都从不同角度不同方面提出了这种(天人合一的)观念。无论是积极的或消极的,它们都强调了"人"必须与"天"相认同、一致、和睦、协调。见李泽厚:《中国古代思想史论》,安徽文艺出版社1999年版,第322页。

既然在先秦时期,古代中国人认识到"人"必须与"天"相互认同、相互结合、相互抵达,那么"人"所认识到的"天"之"下"都是一体的,奉行的是一种"道",人性与天性合一,人的道德与天下"仁政"自然也能够通达起来。

以文化定义天下主义。先秦时期,诸子百家大多都有天下观念,但并不都主张文化天下主义,儒家最为积极地推行文化天下主义,取得了后世的显著成效,成为中华民族治理世界的标志性观念。儒家在这方面成为先秦时期提倡文化政治观和文化天下观的引领者。"春秋战国时代的理论家,更愿意为华夷身份的转换披上一件文化的外衣。蛮夷若接受华夏文化尤其是儒家的'先王之道',便能转换为华夏,这说是孟子极力主张的'用夏变夷',很大程度上代表了战国时期夷夏观念的主流。"[1]有学者曾经比较客观地指出了儒家的"仁"文化对于中华民族心理结构的奠定作用,他认为,正是孔学以"仁"的结构建立了一种中华民族(以汉民族为主体)的文化—心理结构,"建立在血缘基础上、以'人情味'(社会性)的亲子之爱为辐射核心,扩展为对外的人道主义和对内的理想人格,它确乎构成了一个具有实践性格而不待外求的心理模式"[2]。这个心理模式较为适当地讲求"权""时""中""和而不同""过犹不及"等概念,对后世政治实践与政治理论产生了持续影响,"对中国民族起了其他思想学说所难以比拟匹敌的巨大作用。"[3]在中国传统文化急待复兴的今天,"仁"的概念需要继承,更重要的是,中华民族仍然以"仁"的心理结构来践行"互谅互让",支持"全球善治",推动构建人类命运共同体。因此,从文化天下主义的角度而不是其他角度来观察中国古代国际关系理论及其概念的发生发展脉络,有利于帮助我们从历史深处把握中国外交哲学和政治文化的源头活水。

第二节　文化天下主义的特点

文化天下主义是一种古代中国人关于天下秩序的想象,反映了中国古代哲学关于理想的世界社会类型的态度,然而它并不是简单虚构出来的乌

---

① 胡鸿:《华夷》,载陈侃理主编:《变动的传统:中国古代政治文化史新论》,上海古籍出版社 2023 年版,第 205 页。

② 李泽厚:《中国古代思想史论》,安徽文艺出版社 1999 年版,第 37 页。

③ 李泽厚:《中国古代思想史论》,安徽文艺出版社 1999 年版,第 38 页。

托邦和价值依托。它是理想性、实践性与历史性的混合。

文化天下主义的理想性。文化天下主义是一种理想的世界秩序。它是儒家学说的创立者对"礼崩乐坏"的春秋时代重建世界秩序的方案设计,由以下一系列相互关联的政治哲学或政治学概念构成。所有人的都向往和平,持久的和平要在一种善的世界秩序中才能获得,这种世界秩序是一种时间概念,即"太平世"。"太平世"是实现了"天下大同"的世代。要想进入"太平世",必须先进行一番努力,结束春秋时期动荡的"据乱世",并随着秩序日渐稳定继而进入诸侯国相互尊重的"升平世",到了"升平世",再做继续的努力,就离"太平世"不远了。可是,如何结束"据乱世"呢? 就要恢复周朝的"礼"。不仅各诸侯国之间,而且各宗族之间,特别是人与人之间,也要遵循礼制。可是,国家间礼治或国际制度并不能解决根本的冲突问题,只能从外在形式上制约一些为所欲为的偶然行为。要确保"礼"的长久施行和真正实施,最为根本的还是要实行"仁",政治上的仁被称为"仁政"或"王道",而不是霸道。进一步讲,从制度上实行仁政,首先要厉行"德治"。讲求"修身""齐家",才能"治国""平太下"。这样,天下治理就与家国情怀和"德治天下"联系在一起了。以德治世,显然是理想主义理论的基本特征。

文化天下主义的实践性。文化天下主义不全是设定和推演出来的,相反,它有着坚实的历史经验作为依托。如果像有人称指的那样,把三代称为"古国时期",把夏商周称为"王国时期",把秦至近期称为"大一统王朝时期",那么,"古国时期"以"家天下"为特征的"'天下主义'是文化对政治的塑造,或者说它就是一种文化的政治";周王朝时期,出现了上层社会文化同质性的成功建构,"从这个意义上来看,在秦统一中国以前,确实存在着所谓的'天下主义'观念的,甚至在一定范围内存在着一个所谓的'天下体系'"。①即使在所谓中华"大一统王朝时期",文化天下主义作为一种观念形态也强有力地延续着,成为古代中国统治者建设持久和平的帝国的价值遵循,其不少原则也成为文人、士人出仕为官、学堂授课、清流议政的精神支撑。"大道之行,天下为公""四海之内皆兄弟""天下兴亡、匹夫有责""先天下之忧而忧,后天下之乐而乐"等警语箴言,无数仁人志士的实践,人民群众对和合世界的向往,以及历朝历代对于天下秩序的追求,共同造就了源远流长的中华文化,使文明屡经危机而不曾中断,为当下文化复兴大业奠定了基础。

---

① 胡键:《"天下"秩序:一种文化意象》,《学海》2017 年第 4 期,第 197 页。

　　文化天下主义的历史性。天下主义作为一种政治意识形态，不是静止的而是运动的，不是绝对的而是相对的。它随着中国与世界的关系、中国内部制度调整、国家综合实力、国家领导人偏好等因素的变化而变化。有学者认为，先秦时期的天下主义更多是"家天下"，文化属性突出；秦以后的帝国时期更多是"国天下"，政治属性突出，文化天下主义主要应当指代先秦的天下主义模式。①这种观点肯定了关于先秦产生文化天下主义的说法，但是提醒我们要警惕文化天下主义可能被不正确地运用这个特点。由此，我们要更加重视天下主义概念内涵的可变性。看来，天下主义在不同时期有着内涵上的侧重：文化天下主义在先秦时期体现出更多的文化多元包容、共建共享的特征，是实然色彩浓重的天下治理模式；在帝国时期则体现出更多的以夏变夷、修德来远的特征。然而，万变不离其宗，它是支撑中国古代外交家理想追求、维系中国古代国际关系理论的基本概念之一。

---

① 胡键：《"天下"秩序：一种文化意象》，《学海》2017 年第 4 期，第 202 页。

第四章 文化天下主义的形态演变

文化天下主义是中国古代国际关系理论的精神支撑,它是理想性、实践性和历史性的统一。它必然随着中国与世界的关系变化和外交实践等因素的变化,在内涵和形态上而不断发展变化。主要经历了四个时期,即系统化时期(秦汉)、黄金时代(隋唐)、转型时期(宋明)以及终结时期(清至近代)。在这四个时期里,文化天下主义由盛而衰,由理想而逐渐现实化,日益突出国家观念和国际关系思维。

第一节 文化天下主义的系统化时期: 秦汉时期

我们把秦汉时期视为文化天下主义的系统化时期,主要基于三方面的理由。一是帝国政治比分封政治更有利于天下主义的系统化;二是中国人在这个时期构建了比较完整的"大一统"天下秩序观;三是文化天下主义日益成熟,一个重要标志是它巩固了和平主义的基因。

一、文化天下主义系统化的条件及其三根支柱

先秦时期,孔孟的文化天下主义思想接受了多方面的思想资源,既有"一天下""仁天下""礼治天下"等原则体系的内涵,也将天子与诸侯、"中国"与诸夏、诸夏与夷蛮等关系纳入了理论视野。它的本意是为了恢复周礼和尊王攘夷的王道秩序,施行以夏变夷的教化策略,渐进地建设一个天下大同的和平世界。然而,春秋战国时期后迎来的是秦汉的帝国政治,而不再是分封的政治制度了。这势必对以文化天下主义为依托的古代对外关系和国际关系理论产生深远的影响,丰富了它的理论内涵和实现形式,促进了它的系统化。

大致看来,文化天下主义有三根理论上的支柱。一是文明政治论。即理想的治理模式不是暴政,而是仁政,文化天下主义讲究的是天下归心、天下仁政。二是"华夷秩序"论。即中国与夷蛮是有区分的:中国是华夏,文明程度高于夷蛮,客观上存在着"华夷之辨",应当"内夏而外夷";为了维持华夷秩序,既可以"不治夷狄",也可以修德来远;总起来讲,这是一种华夷共生共处论,或消极的"以夏变夷"论。三是"王者无外"论。这种理论主张普天之下,"莫非王土",实行政治上的"大一统"和文化上的天下仁政,换言之,要华夷一体,为了实现天下归心,要实行积极的"以夏变夷"论。

秦汉时期,中国侧重于选择"王者无外"理论,从实践上丰富了文化天下主义的理论形态。如果说在大部分先秦时期特别是在春秋时期,中原大地上还盛行着消极的"经夏变夷"学说的话,那么到了战国后期特别是秦统一六国之后,积极的"以夏变夷"政策就成为一种新的文化天下主义方式了。正如有学者分析的那样,秦汉时代,分封制下的诸侯国变成了帝国,诸夏由复数的中国变成了单数的中国,"接受帝国的统治,即被承认为'中国人',而'中国人'又能与'华夏'等义互换"①;与此同时,法令一统,结束了过去天下不能制诸侯的局面,五服制度加速衰微,风俗礼教整齐划一,出现了礼制一统天下的文化面貌。秦朝的这种"王者无外"理论,后来在汉帝国国力比较强盛的时期也有抬头之势。比如,在对西南夷用兵的讨论中,汉武帝就否决了淮南王刘安的按照古时五服制度精神用德惠怀怀柔的政策建议,而是发兵征伐,主要理由是"六合之内,八方之外,怀生之物有不浸润于泽者,贤君耻之",②意即圣王不能放弃对夷狄百姓的德化和照顾,只能去救民于愚昧野蛮之水火了。这说明,在文化天下主义的三根支柱中,若在国力大为增强且帝国领导人有远大政治抱负时,帝国就容易执行一种积极的"以夏变夷"政策,第三根支柱即"王者无外"理论就发挥更大的作用。

二、在华夷观基础上构建了"大一统"天下秩序观

由春秋战国时期的诸侯国国际关系治理转化为秦汉时期的帝国与边疆政权的关系治理,不但是政治实践的根本性转变,也是政治意识形态的根本性转变,文化天下主义的理想能否被赋予时代的内涵,并完成历史上的第一

① 胡鸿:《华夷》,载陈侃理主编:《变动的传统:中国古代政治文化史新论》,上海古籍出版社 2023 年版,第 207、208 页。
② 陈侃理主编:《变动的传统:中国古代政治文化史新论》,上海古籍出版社 2023 年版,第 211 页。

次时代转化,对于中国古代思想家是一个重要挑战。这个理论任务主要是由董仲舒和何休等人完成的。他们通过"三世""三统""大一统"及"张三世、存三统、异内外"等公羊学理论,把儒家的"华夷之辨"和春秋战国时期的"不使夷狄入主中国"转变为汉代的"用夏变夷"以至"天下一统",成功构建了汉代"大一统天下秩序"想象。①何休只不过把《春秋》中所讲的孔子的三世即"据乱世""升平世""太平世",相应地配套上"所传闻世""所闻世"和"所见世",其实暗含了汉代在政治上和外交上有可能达到"致太平"的境界,这显然是为汉代积极有为的天下一统政治实践服务的。而在承上启下、自成一统的,还要说是董仲舒多方面的理论创新。一是以"天命说"开出政治"大一统"思想。他发展了先秦时期的"天人合一"理念,提出了"天人相类""人与天地同为万物之本"等观念②,他进而提出汉天子受命于天,"唯天子受命于天,天下受命于天子",③为建立一统天下的帝国,把天下转化为国家天下,国家主义与天下主义开始结合起来;二是在前人的基础上提出新的阴阳五行学说,为天下国家内外政治变化和政权更替等提供了新的合法性注解。他把《易传》的阴阳说与《洪范》的五行说相结合,兼论阴阳与五行,"天地之气,合而为一,分为阴阳,判为四时,列为五行",④辩证地看待个人与国家、强盛与衰弱、文德与武征、王权之兴替等关系。三是梳理"三世"说,强调"太平世"的可实现性,继承较为积极的德化天下观,但是强调在德化天下的同时,须辅以征伐的手段,才能恩威并用、软硬兼施,实现一统天下的目标。

三、在理论调整中巩固了文化天下主义中的和平主义基因

秦汉时期,文化天下主义总体上侧重于大一统的考虑,希望达致董氏学说"三世异治"之最高目标即"致天下"目标,几度希望通过征伐四夷实现文化一统,其实,这便违反了文化天下主义的怀柔和德化之初衷。秦之短命,自然成因很多,其中一个即是强行实现"匡饬异俗""无不臣者"的文化一统而穷兵黩武。汉武帝通过三十余年的四方征伐后,仍然面临着消灭不完的狄夷势力,而且帝国内将之德化的任务十分繁重,武力不能解决四夷问题,

---

① 樊文礼、周桂银等人主张这种观点。见周桂银:《中国古代"天下主义"的千年传统:演进、内涵和特征》,《世界经济与政治论坛》2021年第2期,第7页。

② 张岱年:《中国哲学大纲》,生活·读书·新知三联书店2005年版,第176页。

③ 《春秋繁露·为人者天》。

④ 《春秋繁露·五行相生》。

原因在于并不具备实现其"王者无外"原则所需要的治世体制与物质力量的历史条件。现实主义的逻辑行不通,和平主义的逻辑就开始盛行。到了西汉后期,政治文化儒家化进一步加强,文化天下主义的和平主义正统原则即修文德原则重新回到实践的主流。关于汉代转向和平主义的典型例子在这里暂举一二。一是据《盐铁论》等文章所载,公元前81年汉朝进行了一场影响深远的内政外交大讨论,其中有一部分争论涉及战与和的外交路线问题。一方主张采取攻势战略和有效防御来争取周边诸国的支持,维护中国文明;另一方则认为,"代价高昂的扩张削弱了中国的力量,却不能保证它们的安全;他们不同意战争的开销是正当的那种看法。他们也不承认进出口贸易的价值"。①组织名望之士对政府以往的扩张战略进行反思与论战,这本身就说明了和平主义路线有可能回到外交选项上来。二是匈奴来朝的礼节安排问题。公元前53年,匈奴呼韩邪单于提出在公元前52年朝见汉天子,汉朝非常乐于接见,但苦于如何为单于安排礼节和座次,即是安排在诸侯之上,还是诸侯之下。一种建议认为,按照处于理论权威地位的公羊学理论,理应先诸夏而后狄夷,单于势力较大,但从礼制上讲应在诸侯之下,视之为"臣子"。另一种建议认为,匈奴不是文化关系上的狄夷,而是政治关系上的敌国,从羁縻理论来看,敌国对汉关系的不确定性较大,宜施行"让而不臣",将单于安排在诸侯之上的位次。这样做战略上的好处是,臣而纳贡是一体的,如果不把单于臣之,单于今后若不朝见和朝贡天子,汉朝也不必为了天下礼仪而出兵征伐。汉天子采纳了后一种建议。②从后来的历史看,这个方案被证明是正确的。这种方案的提出及其采纳以及后来的效果表明,文化天下主义固然不能忽视现实主义的考虑,但在这个时期就不再是积极进取的武力征伐政策了,而是转向基于实力均衡的和平主义政策,这不是简单的实力政策调整,而是在武力主义与和平主义较量之后重新向和平主义回归,和平主义与"不治夷狄"理论牢固结合,不再过分追求"王者无外"原则,在天下主义系统化之时巩固中国和平主义的文化基因。

---

① ［英］崔瑞德、鲁惟一编:《剑桥中国秦汉史:公元前221年至公元220年》,杨品泉等译,中国社会科学出版社1992年版,第173页。

② 陈侃理主编:《变动的传统:中国古代政治文化史新论》,上海古籍出版社2023年版,第213、214页。

第二节　文化天下主义的黄金时代：
隋唐时期

总体而言,隋唐时期中国国际或周边环境出现了良性互动的局面,中国政治经济得到长足的发展,对突厥的战争政策和外交政策持续取得了最后的胜利,羁縻、怀柔、朝贡、和亲、戍边等制度搭配交互使用,文治武功收到了前所未有的效果,是文化天下主义的黄金时代①,也是中国古代国际关系理论发展的重要阶段。这主要体现在以下三个方面。

第一,文化天下主义实现了从种族标准向文化标准的转化。在秦汉时期的华夷秩序中,文化有高低之分,多少与种族相联系。南北朝之后,外族成为中原王朝统治者的情形逐渐增多,以刘裕为代表的统治者宣布以汉族文化来治理国家,这似乎为隋唐帝国的重文化之同、轻民族之分奠定了基础。唐太宗平定东突厥之后,面临着如何处置东突厥遗民的问题,是将他们送到中国边关之外的草原故土,还是将他们纳入中国边关的居民。前者的好处是既可以避免他们将来在唐朝首都附近滋事,又可以造成突厥遗民的政治分裂使之不对唐朝构成威胁;后者的好处是使游牧部落从事农业,安定下来,接受中国文化和中国文化中的和平主义基因。唐朝统治者进行了激烈的讨论,天子支持了后者的方案,把突厥遗民安置在河套南部的中国境内,其中约 10 万人安置在河北至陕西的中国边境,有约 1 万人到首都长安定居。太宗自认为,"自古皆贵中华,贱夷、狄,朕独爱之如一,故其种落皆朕如父母","如今绥之以德,使穷发之地尽为编户乎!"②显然,上述理念及做法实践了"以夏变夷"的原则,并把"夷"与"夏"的关系提升到更加平等的水平。有学者认为,"华夷之辨"的内涵在唐朝发生了重大变化,即唐朝儒家并未像秦汉儒家那样重视种族或语言标准,而是更加遵循"礼仪"或文明标准,实现了从种族标准向文明标

---

① 笔者认为唐代是文化天下主义的黄金时代,主要是指下文中所论及的文化包容、夷夏平等、软硬兼施、威及四方等内容。"黄金时代"一字,借用了冯友兰的用语,他曾讲:"唐代在文化上、政治上都是中国的黄金时代,可与汉媲比,在某些方面又超过了汉代。"见冯友兰:《中国哲学简史》,北京大学出版社 2013 年版,第 253 页。

② 转引自李少军编:《国际战略学》,中国社会科学出版社 2009 年版,第 293 页。

准的转化。①这是文化天下主义的重要进化,这至少说明,到了唐代,中国对外关系理论或国际关系理论就基本上清理了西方社会在近现代史中还存在的种族主义或血统主义,为中国和平主义文化增加了新的内生因素。

第二,德化天下与武力征伐实现了良好的结合。唐朝在对外关系史上不乏用武,但是大部分情况下都是文治与武功相结合。用兵大致有三种情形:一是帝国威严与国家核心利益同时受到严重的挑战时,就从军事动员进行征伐;二是面对复杂多变的突厥政权与突厥属国关系时,通过册封其中一二部落以离间突厥,并施以军事上的威慑与打击;三是对吐蕃战争以自卫战争的形式开展并采取联盟的力量,尽量通过缔约的方式实现和平。比如,728年唐朝取得了自卫战争的胜利的情况下,在吐蕃人提出求和之后,"在以前因吐蕃人的背信弃义而仍对他们不信任的玄宗最后被说服同意议和"。②唐朝在能够不用武力达到的和平与秩序目标的情况下,尽量保持战略上的克制,依赖帝国外交来解决问题。

第三,多元文化背景下践行文化包容与战略克制。隋唐时期,中国文化出现了历史上前所未有的多元交融局面,道家的影响力进一步兴盛,佛教等外来宗教进入中国并开始实现中国化,儒释道互补的趋势进一步加强,唐代统治者因势利导,以高度的文化自信来实践德化天下的理想。一是以行"仁政"为核心的心性论儒学重归国家意识形态主流地位。唐代韩愈、李翱等人为了回答性命之学的问题、回应人们对超道德价值的兴趣,阐发"道统论",强调复性之源头在于孔孟之学,道统存在于儒、道、释的融合之中,心性论儒学由此兴起;实行由儒学经典占支配地位的选拔官员考试制度,确定心性论儒家学说为官方教义,为实行以德治国奠定了基础。二是实行文化多元主义治世理念。唐朝前期大量任用外族、外藩甚至外国的政治精英和军事精英到长安担任高级官员,或在边疆领兵打仗,实现了"大一统"原则下多种族、多民族的共同治理的政治局面。三是实行"战略克制"。公元840年,在西部的吐蕃和北部的回鹘的政治统治出现重大危机的形势下,唐朝面临着是否趁机攻打吐蕃和回鹘,收复之前丢掉的安西和北庭两大都护府,还是采取外交方式获取表面上的和平的战略选择。唐朝最后

---

① 朱维铮:《史学史三论》,《复旦学报(社会科学版)》2004年第3期,第1—12页。转引自周桂银,前引文,第8页。

② [英]崔瑞德编:《剑桥中国隋唐史:589—906年》,中国社会科学院历史研究所、西方汉学研究课题组译,中国社会科学出版社1990年版,第391页。

议定不去收复。除了统治成本较大之外,一个重要的原因是,经过外交的努力,回鹘承诺维持该地区的和平。这种选择和平方式来解决统治权问题的思维,是孔子"克己复礼"思想在唐代的延续,是文化天下主义理念的重要体现和实践。

第三节　文化天下主义的转型与文化民族主义:宋明时期

中国文化的保守主义与进步主义并行。宋明时期,特别是宋朝的大部分时间,儒家学说要应对两个方向的挑战:一是要吸取多元文化的优秀品质,形成创新意义的成系统理学体系,来反击佛教的强大影响,从而来真正复兴儒学、传承孔孟文化;二是要正视中原王朝与辽、金、夏等其他民族政权的多边互动关系,为外交理论提供意识形态上的指导。它导致宋明理学呈现出一定的文化保守主义倾向。[①]宋明理学在文化天下主义解释上显露了保守主义特点,这集中在体现在朱子讲的"华夷之防"与"德化天下"并重论,即如果中国实力弱于四夷,是要严格实行"内外之分""华夷之防",同时尽量去说服其他政权实行德治,显然后者实质是从唐朝的"华夷一体"立场上倒退,从文化开放主义回到了文化保守主义。这一时期辽、金、西夏等政权的理论家反而强调"华夷一体"[②],为周边政权入主中原提供了文化上的合法性。笔者认为,辽、金、西夏等政权的理论家的天下观和华夷观,反而是文化天下主义发展到宋明时期的创新之处,这是文化均衡性在中心—边缘互动中的真实体现。从这种意义上讲,辽、金、西夏等政权的华夷观是进步的。

中国古代国际关系理论的基本概念群开始出现。宋明时期较以往,有一个国际关系理论构建上的显著变化,就是对天下、天下国家、国家、中国、

---

① 葛兆光曾经论及这种保守主义的文化现象,认为当宋以后的"天朝"感到周边民族不仅在军事上而且在文化上也开始挑战"天朝"时,就"渐渐开始改变了唐代以来一贯自信的旧政策,特别禁止知识向外扩散,当然同时也限制了知识的向内传播"。葛兆光:《七世纪至十九世纪中国的知识、思想与信仰》(第二卷),复旦大学出版社 1998 年版,第 441—442 页。

② 转引自周桂银:《中国古代"天下主义"的千年传统:演进、内涵和特征》,《世界经济与政治论坛》2021 年第 2 期,第 7、8、9 页。

夷、内、外、分、合、天常、地理、人道、阴阳等基本概念的重新界定,从天常、地理、人道三个方面界定中国与夷狄的根本区别,提出了中国与四夷"各不相乱"、天地有"限"、"天下即民心"等中国古代国际关系理论命题。石介是宋代学者中对上述国际关系理论贡献最大的代表者之一,他指出,"二十八舍之外干乎二十八舍之内是乱天常也;九州分野之外入乎九州分野之内,是易地理也;非君臣、父子、夫妇、兄弟、宾客、朋友之位,是悖人道也。苟天常乱於上,地理易於下,人道悖於中,国不为中国矣""各人其人,各俗其俗,各教其教,各礼其礼,各衣服其衣服,各居庐其居庐。四夷处四夷,中国处中国,各不相乱,如斯而已矣,则中国中国也,四夷四夷也"①。可以理解,宋代一直面临严重的外患,与辽、金、西夏等周边政权的关系不可能一时发生改变,中华帝国体系之中的"国家"间关系是一个严酷的现实,中原王朝急需寻求新的自我身份认同,石介等人提出的"中国论",重新阐发了中国的文化界限和地理界限,是文化天下主义向现实主义的回落,他提出的中国与四夷的平等共处、"各不相乱"思想是中国古代关于和平共处思想的杰出代表,是中国现当代和平共处思想的重要思想源头之一。

文化民族主义以微弱但持续的形式发生发展。有学者认为,在古代中国,民族主义主要体现在文化上。②宋代之后,出现了文化民族主义的苗头,这种民族主义总体上是良性的。③主要有两个方面的体现。一是文化上的防卫与复兴。"佛教信仰的流行与佛教王权观念的传播,让华夷秩序的理念及其背后的华夏中心主义受到了冲击。唐朝以下,一方面中国与亚洲其他区域的交流交往范围扩大,对外界的了解更加深入,唯我独尊的'自我中心主义'进一步受到冲击;另一方面,距离中国较近的'蛮夷戎狄'人群,也在与周边多种文明的交往中获益,发展到了更高的文明阶段。……随着不再追求全方位华夏化的诸族王朝的兴起,华夏文化的普世性被部分消解,华夏也就更多地变成许多诸多族群之一的'汉人'了——尽管是较为特殊的一个。"④这包括对以佛学为代表的外来文化提出批评,改造传

---

① 石介:《徂徕石先生文集》,中华书局 1984 年版,第 116 页。

② 冯友兰:《中国哲学简史》,北京大学出版社 2013 年版,第 305 页。

③ 有学者认为,中国对于异质文明的进入,民族主义是一种自然的反应。葛兆光:《七世纪至十九世纪中国的知识、思想与信仰》(第二卷),复旦大学出版社 1998 年版,第 446、505 页。

④ 陈侃理主编:《变动的传统:中国古代政治文化史新论》,上海古籍出版社 2023 年版,第 239 页。

统儒学融合道释思想,以更加多元的文化姿势构建宋明理学知识体系,[①]对"天下""中国""四夷"等概念进行重新解读。在这种过程中形成了一定的民族主体意识。[②]与此相适应,宋代出现了"虚内守外、以防为主"的外交文化,统治者在处理对辽、西夏、金等的关系时,从自身国家实力的实际水平出发,提出"家六合者以天下为心,岂止争尺寸之事,角强弱之势而已乎,是故圣人先本而后末,安内以养外。人民本也,疆土末也";[③]提倡"去者不追,练兵聚谷,分屯塞下,来则御备,去则勿追。"[④]这可以说是先秦时期"不治夷狄"思想的新形式。二是将"中华""中国"概念务实化,以反抗外来政权。朱元璋在起兵反元时的檄文中讲过:"自古帝王临御天下,皆中国居内以制夷狄,夷狄居外以奉中国,未闻以夷狄居中国而制天下也。"[⑤]由此提出"驱逐胡虏,恢复中华"的政治口号。这是汉族政治领袖对以往天下主义的修正,将理性民族主义和现实主义思维融进了天下主义的文化维度。

---

① 程颢提出,"吾学虽有所受,天理二字却是自家体贴出来"。见《河南程氏外书》卷十二,载《二程集》,中华书局1981年版,第424页。针对程氏的这个观点,张立文指出,中国在这个阶段以兼容并蓄的方法融合了儒释道三家文化,且落实到"天理"的文化形态上来,由此开创了理学文化的新时代。见张立文:《和合学概念——21世纪文化战略的构想》,首都师范大学出版社1996年版,第117页。

② 关于中国古代民族主义的出现年代,一直有着不同的观点。以章太炎、孙中山等人为代表的观点认为,自从有了中华先人就有了民族主义,"华夷观"反映了中国古代民族主义。见冯天瑜:《中华元典精神》,上海人民出版社1994年版,第472—476页。还有一种观点认为,"华夷观"主要是文化上的区分,不是民族上的区别,因此不能称为民族主义。中国民族主义的开端虽然难以定论,但是民族主体性明显增强大概是从宋代开始,即使是第一种观点的支持者也承认这一点。见冯天瑜:《中华元典精神》,上海人民出版社1994年版,第473页。许纪霖也曾言及,中国民族主体性意识从宋代之后明显增强。参见许纪霖:《天下主义/夷夏之辨及其在近代的变异》,《华东师范大学学报(哲学社会科学版)》2012年第6期,第75页。本章取后一种观点,认为石介的中国论从政治理论上进一步支持了这种观点。

③ 《宋史·卷二百六十五·列传第二十四》。

④ 《宋史·卷二百六十七·列传第二十六》。

⑤ 《奉天讨元北伐檄文》。

第五章 民族主义和开放主义的 双重变奏：走向近代

清朝统治者正如中国历史上南北朝、五代十国以及辽、金、西夏、元等朝代的统治者一样，仍然采取了儒学治国、以德治国的路线，继承了文化天下主义的治世传统，朝贡体系、礼仪制度、怀柔做法等依然发挥作用。然而，这个时期是西方资本主义大发展、全球化迅速展开的时代，古老的中国文明像其他古老文明一样由于生产力落后，被西方资本主义经济和民族国家主权体制冲击得七零八落。中国文化的优势逐渐丧失。这时的中国文化必然被迫经历防守、反击和文化同化的进程。然而，在这一次文化融合中，中国文化不再居有优势地位，文化天下主义被迫收缩成为文化民族主义，在民族文化自主性建设的同时，又不得不进行文化开放，走向近代化，以文化天下主义为思想资源的中国古代国际关系理论与西方国际关系理论相碰撞，也逐渐将天下主义改为万国主义或国际主义。

第一节 文化民族主义的新发展： 明清两代的文化反抗

对于外来文化的进入，古代中国历来都有文化反抗和文化自主创新的传统。明清两代对于西方文化自然也有防守的反应。最初，明朝对于东南沿海参与的东南亚国际贸易体系总体上是支持的，对于西方宗教与科学技术总体上采取了宽容的文化政策。由于清朝是少数民族政权，实行的是汉化政策，遵循的是以儒学为正统的中华文化传统，因此，清军入关之后，明朝士大夫的文化反抗主要还是反对清朝的政治专制和压迫的"文字狱"政策。

清朝中后期，西方资本主义发展迅速，中国的天下体系与西方的世界贸易体系发生了激烈的冲撞，西方以科技文明、商业文明、制度文明等为主要特征的资本主义文明明显地居于攻势和优势地位,而中国的农业文明及其华夏文化体系逐渐处于守势和劣势地位。在政府层面上,清政府多次实行闭关海禁政策,也与西方传教士发生礼仪之争;在民间层面上,排外的"教案"纠纷不断发生。

然而,不是所有的文化民族主义都是以革命的形式出现的,也有一种比较温和的文化民族主义,它是理性的民族主义,秉持"夷夏之辨与天下主义互相镶嵌的历史传统","绝不排斥世界的主流文明,同时又追求本民族的文化主体性","民族的主体性因为是文化的,而不是种族的,因而是开放的,也是和平的"①,如果真的存在这么一种文化民族主义的文化脉络,它就是在反抗外来文化入侵的过程中养成的一种理性主义思维,是文化天下主义在古代中国与近代中国转型过程中的一种成功的转化。然而,这种温和的文化民族主义没有上升为文化民族主义的主流,至少在那个时代没有,真正的理性主义的文化开放要等到中国经济比较彻底地融入世界经济并得到实质性成长之后的一百年之后;那个时代的文化民族主义不是发展成为文化激进主义,就是退回到文化保守主义中去。

第二节 从"保国保种"渐次转向 被迫的文化开放

文化开放有主动的开放和被动的开放之分。清代前期,帝国有着收放自如的边关政策,若干时段的文化开放行为均是统治者从王朝利益的角度做出的自主选择。清代晚期,则实行的是被迫的文化开放主义。"众所周知,有悠久历史的中国天下主义体制,1840 年之后在列强的打击下土崩瓦解了。'积贫积弱'的中国不但失去了东亚主导大国的地位,而且连平等的对外关系身份也不可得。""面对西方列强的重压,通晓时务的思想家和洋务运动支持者最早开始了新的思考,接受了西方的实力观念,使'富强'在国家的战略思维中由一个边缘目标上升为核心目标""'适者生存、重力尚争'的思潮在士大夫甚至在民众中广泛传播。民主革命和社会主义革命的思想在

① 许纪霖:《天下主义/夷夏之辨及其在近代的变异》,《华东师范大学学报(哲学社会科学版)》2012 年第 6 期,第 75 页。

20世纪初期先后成为中国的主导政治思潮。百年间外交哲学的最根本变化就是强调救亡图存、富国强兵对自身安全的重要性。正是时代的变化,使得中国几千年的文化理想主义传统开始接纳现实主义的成分。"①这里的文化理想主义,是与文化天下主义互为建构的一体关系。富国强兵观念导致了儒家思想的衰落,民主共和思想则宣告了古代中国主张的天下等级制度和文化优越理念在现代国际法体系下走向破产,近代中国将从根本上扬弃了文化天下主义的意识形态。

然而,多大程度上扬弃文化天下主义,这在古代中国向近代中国和现代化中国的转变过程中引发了广泛的激烈的思想讨论。从某种意义上讲,这种讨论并没有完成。

第三节 批判还是扬弃:古代天下主义的终结

文化天下主义作为中国古代政治制度之主流意识形态的主要建构力量,在三千年未有之大变局下被迫退场,成为中国步入世界体系之际的批判对象。它的确要为中国在明清之后的经济落后和政治黑暗负责。一百多年前的"五四"运动和新文化运动,以民主与科学、救亡与图存的名义对孔儒学说展开了猛烈的攻击。新中国成立之后,又对孔子学说进行了持续的"文化革命"。向西方学习、向苏联学习成为中国文化的主流。中国现当代的国际关系理论也在这种文化批判和文化开放之中建立起来。

"五四"运动以来对于天下主义的批判。天下主义从根本上讲是文化的,同时古代中国本身也更多地表现为一个文明体而不是国家,因此,对于天下主义的批判也是多维的。事实上,"五四"运动以来,对于天下主义的批判往往是与对封建礼教的批判、对封建政治制度的批判以及对落后的华夷观及朝贡体系等的批判联系在一起。一是对于儒家学说的总体批判。以陈独秀、李大钊、鲁迅、胡适、蔡尚思等学者为代表的文化激进派,对于儒家思想进行了彻底的批判,把儒家学说视为反民主、反进步、反科学的封建思想集中代表,把旧中国的落后归咎于儒学的反动与封闭。②二是对文化天下主

---

① 李少军主编:《国际战略学》,中国社会科学出版社2009年版,第297、298页。
② 范国富编:《新旧之争卷》,人民文学出版社2017年版,第1—102页。

义想象的批判。天下主义理想本质上是和平主义、包容主义和仁政主义的代名词。一批学者认为,儒家所想象的平等和谐的天下秩序从来没有实现过,相反所谓"天下"秩序是无数战争的结果;[①]古代中国表面上是儒家礼制,里子却是残酷的法家刑罚统治,秦时的"焚书坑儒"、汉时的"罢黜百家"、唐时的"灭佛运动"、清代的"文字狱"等,体现不出文化包容来。三是在"大航海"时代之后,文化天下主义的基本前提已不复存在。华夏中心主义失去了现实存在;国际体系的基本制度和国际法基本原则明确反对世界中心权威的存在,主张民族国家之平等,因此,朝贡体系逐渐退出东亚历史舞台。天下主义作为整体的思想系统不再出现在国际舞台上,否则就会引发对帝国回归的想象,构成基于天下主义想象的"中国威胁论"。

对儒学思想和天下情怀的有限肯定。从"五四"运动以来,还有一批学者,尤以梁启超、梁漱溟、陈焕章等人为代表,主张打倒孔学之糟粕,发掘孔学之精华,为中国现代社会建设保留根脉。[②]这主要是因为,几千年来,在古代中国社会,孔学或儒家思想毕竟是中国文化的缩影,如果全盘否定中国传统文化,中国现代社会建设就会失去文化发展赖以生存的传统土壤。即使在国际关系理论方面,也不能全盘否定,因为中国古代国际关系理论能够为世界变迁提供整体主义观察角度以及中庸克制的处世之道。比如,有学者认为,"进一步看,国际社会在从农耕经济向工商经济转型之际摒弃宗藩体系后,又在告别威斯特伐利亚体系,酝酿着新的历史性转型。从更宽广的时空看,人类社会从最初的点上联系(氏族、部落、部落联盟内部和相互间的交往),到后来的块上联系(东亚、西欧等区域体系内或体系间的互动),再到地理大发现后的片上联系(以主权国家为单位的国际联系),经历长期的演变,正酝酿着向面上联系(你中有我、我中有你、相互之间不可分割的全球联系)转型"[③]。这些学者认为,在这个百年大转型之中,有必要正确地对比上述两种国际体系,分析两者之强弱,特别需要对宗藩体系的启示作总结,特别是比较关于整体与个体、关于有序和开放、关于中和与竞争这三对理念,进

---

① 葛兆光:《对"天下"的想象——一个乌托邦想象背后的政治》,《思想》2015年第29期。转引正王庆新:《儒家王道理想、天下主义与现代国际秩序的未来》,《外交评论》2016年第3期,第77页。

② 范国富编:《新旧之争卷》,人民文学出版社2017年版,第21—76页。

③ 胡礼忠、邢新宇:《宗藩体系与威斯特伐利亚体系》,《国际观察》2011年第6期,第8—15页。

而指出了中国古代文化天下主义及其宗藩体系的值得认真对待之处,即宗藩体系以藩属国的服从为前提,这已为近代国际社会所摒弃,但其整体观却契合全人类共同利益与命运的思想;宗藩体系过分重视秩序,导致了固化和封闭,但适当的秩序观依然是国际体系成功转型的保障;宗藩体系强调"执两用中",影响了中国对外开拓性外交,但其"和合观"对于今天日益充满竞争的国际转型是很有意义的。①还有一些学者认为,作为制度层面的文化天下主义不能也不需要复活,但作为情怀层面的文化天下主义依然有适用的必要,因为这种情怀可以激发贤人志士为世界进步作贡献的使命感,可以引导各国政要从全人类利益而不是从本国利益甚至本区域利益来思考问题,还可以培育"先天下之忧而忧、后天下之乐而乐"的全球伦理意识。

天下主义让位于国际主义的历史必然。天下主义是发生在古代中国或东亚世界体系的一种特殊思想体系,它虽然在大同主义等方面能够与世界主义对接,然而它陷入华夏中心主义和政治等级制或政治集权制的泥潭,无缘生发出一种与宋明商业经济与科技飞跃相配合的思想启蒙运动,因此备受现代中国思想家的诟病。当朝贡体系在宋明时代遇到经济全球化带来的西方殖民体系时,两种贸易体系较量虽然在初期互有胜负,但贸易体系背后的文化较量和政治制度较量却是宣告了天下主义秩序的注定失败。从此,明朝的世界观念就开始从"天下观"转向了"万国观"。到了清代晚期,战争失败以及不平等条约签署之后,清代士大夫"睁开眼睛看世界",推进西学东渐,推动洋务运动、中体西用,以理性民族主义来转变中国社会对西方文化的态度,②并以维新变法来保障这种观念创新与制度改革,这样,"万国法"就迅速转向了"国际法",天下主义经过文化民族主义、文化保守主义,进而走向文化开放主义,建构新的融入国际社会的形象。主张融入国际社会、开展国际合作,并在实现国家利益的同时注意推进国际利益的实现,拥有为人类进步作贡献的全球意识,这样的外交思想就是国际主义。美国等西方国家也有它们的国际主义,那大多是相对于其外交思想中的孤立主义、现实主义而言的,中国的国际主义除了上述基本含义之外,还有着中国传统天下主义时代转化要求以及马克思主义国际主义原则的内涵规定。第二次世界大

---

① 胡礼忠、邢新宇:《宗藩体系与威斯特伐利亚体系》,《国际观察》2011 年第 6 期,第 8—15 页。

② 李兆祥:《近代中国的外交转型研究》,中国社会科学出版社 2008 年版,第 371 页。

战中,中国为世界反法西斯战争作出了极大贡献,并为联合国的成立以及战后世界民族解放运动助力不少,这都是国际主义不同形式的体现。新中国成立后,中国从来不放弃国际主义精神,在反对帝国主义、反对霸权主义、维护世界和平、援助发展中国家等方面功劳巨大,赢得了世界人民特别是发展中国家人民的尊重。然而,不是从政治、经济而是从文化上推行国际主义,需要从根本上解决"实践主体性的缺陷"等理论问题。中国共产党人践行为人类社会进步服务的使命,克服物质条件不足的问题,履行国际义务,努力贯彻国际主义并不断发展国际主义精神。①根据历史唯物主义的观点,在中国成为世界主要经济体且着力对内注重文化复兴、对外倡导文明交流互鉴的新形势下,中国开始真正具备了推行新国际主义的历史条件和更大的现实性。

---

① 郭树勇:《从国际主义到新国际主义:马克思主义国际关系思想发展研究》,时事出版社 2006 年版,第 8 页。

第二编
中国古代国际关系
概念分论

第六章　先秦时期的国际关系概念

从第六章开始,本书选择了古代不同时期中国人使用的世界治理的概念,我们暂且称之为"国际关系概念"。通过梳理先秦时期的经典文献,我们发现先秦时期至少有17个较为明显的国际关系相关概念(包含两组对应的概念),按照类型可划分为四类。其一,与世界秩序、世界治理相关的概念,主要包括"天下""礼治""王道""仁政"与"畿服"。其二,包括"势""和""中""通""仁"等具体国际伦理特质的外交哲学概念。其三,反映对外战略观的概念。比如,反映古代先秦时期"国家间"关系的概念,主要有"不争""会盟""纵横"等。其四,两组地缘政治概念,分别是"华夏"与"四夷",以及"九州"与"四海"。

第一节　与世界秩序与世界治理观相关的概念

先秦时期,以天下为核心概念的文化天下主义思想体系开始形成,产生了一系列相关概念,比如"王道""礼治""仁政"等,它们不是针对某些具体的外交策略,而是着眼于"天下之治",用今天的话说就是世界秩序或世界治理。

一、世界政治中的"天下"及批判性思考

"天下"作为中国古代国际关系的核心概念,不仅涉及地域、时空以及人群,更代表的是天人关系、文明秩序,甚至天人互动、文明创造和秩序构造过程。"天下"不仅反映了我国的历史和文化,也展示了中国人的世界观和价值观。从概念的类型划分看,"天下"属于古代国际秩序观。在当代需要对中国古代"天下"思想再思考,实现对"天下"思想的价值重估。

(一)经典溯源

"天下"一词最早见于《尚书》和《左传》等古代文献。在古代中国,人们普遍认为"天"是宇宙之上最高的存在,掌管着一切事物,"下"则代表着人类居住的世界,有限而微小。因此,"天下"一词意味着"天地万物所在之处",

包含了整个宇宙以及我们所生活的现实世界。通过对先秦时期关于"天下"记载的主要文献梳理,发现"天下"一词具有四种蕴意。

其一,与"四海"等方位词联系在一起的"天下"。作为地域空间概念,在先秦时期的前代文献中频繁出现。这一时期,"天下"常常与"四海""海隅"等表示方位的词联系在一起。《尚书·大禹谟》记"尧,皇天眷命,奄有四海,为天下君"①。《尚书·益稷》中载:"光天之下,至于海隅苍生,万邦黎献。"②《论语》中有"巍巍乎舜、禹之有天下也而不与焉""四海困穷,天禄永终"③等句。《周礼·职方氏》中,"职方氏"掌管"天下之图",这个"天下之图"不仅包含"中国",还包括"四夷""八蛮""七闽""九貉""五戎""六狄"人民所居之地,也就是所谓"四海"。《禹贡》所描述的"天下"边界为"东渐于海,西被于流沙,朔、南暨,声教讫于四海"④。这说明,古人的"天下"虽然呈现出广阔辽远的一幕,但并非无远弗届,它似乎存在着边界。其二,作为政权统治疆域的"天下"。如《论语》记载:"泰伯,其可谓至德也已矣。三以天下让,民无德而称焉。"⑤《荀子》记载:"志意致修,德行致厚,智虑致明,是天子之所以取天下也。"⑥周天子"兼制天下,立七十一国",构成了"溥天之下,莫非王土;率土之滨,莫非王臣"⑦的统治格局。这些有关"天下"的表述可以理解为政权。其三,带有民本色彩并渗透人文意蕴的"天下"。孔子曾言:"克己复礼为仁,一日克己复礼,天下归仁焉。"⑧孔子口中的"天下归仁",当指天下之民或者说天下之人归于仁。孟子也曾言:"乐以天下,忧以天下,然而不王者,未之有也。"⑨为人君者应以天下之民的"乐"或"忧"为大事,这样没有不称王的,即孟子所谓"不王者,未之有也"。这里孟子用双重否定的语气强化了重视民政的重要性。在先秦儒家思想家看来,"天下"观念的产生是以人的存在为前提的,换言之,"天下是民的合理生存区域"⑩。其四,与

①　《尚书·大禹谟》。选自李民、王健:《尚书译注》,上海古籍出版社 2016 年版,第 27 页。
②　《尚书·益稷》。选自李民、王健:《尚书译注》,上海古籍出版社 2016 年版,第 45 页。
③　《论语·泰伯第八》《论语·尧曰第二十》。选自金良年:《论语译注》,上海古籍出版社 2016 年版,第 116、258 页。
④　《尚书·禹贡》。选自李民、王健:《尚书译注》,上海古籍出版社 2016 年版,第 57 页。
⑤　《论语·泰伯第八》。选自金良年:《论语译注》,上海古籍出版社 2016 年版,第 124 页。
⑥　《荀子·荣辱第四》。选自耿芸标:《荀子译注》,上海古籍出版社 2020 年版,第 32 页。
⑦　这句话选自《诗经·小雅·北山》,被历代帝王奉为至宝,更多地充当了政教秩序与政教理念的"布道者"。选自高亨:《诗经今注》,上海古籍出版社 2019 年版,第 153 页。
⑧　《论语·颜渊篇第十二》。选自杨伯峻:《论语译注》,中华书局 2009 年版,第 189 页。
⑨　《孟子·梁惠王章句下》。选自杨伯峻:《孟子译注》,中华书局 2008 年版,第 26 页。
⑩　甘怀真编:《东亚历史上的天下与中国概念》,台湾大学出版中心 2007 年版。

"家""国"相联系的"天下",逐渐演化为一种秩序观。①周时期中央政府的权力还是分散的,最重要的表现就是诸侯分封、王位世袭。这种情形构成了中国分封制度下的"家天下"。周的权力通过分封被分散,但其文化得以传播于"天下"。虽然权力分散,但周"天下"中的一切诸侯都必须要经过周天子才能"上通天命""上达天听"。由此可见,周是文化上的统一,周"天下"是一种文化秩序,而不是一种权力秩序。②正如许倬云先生所说:"所谓'天下',并不是真正的'普天之下',只是不同封国内城邑的居民,却还真是认同于同一个文化大系统。"③从这个意义上来看,在秦统一中国以前,确实存在着所谓"天下主义"观念,甚至在一定范围内存在着一个所谓"天下体系",但这个体系并非"一种世界制度的哲学理论"④。春秋战国时期,"天下"因社会礼坏乐崩陷入危机,诸子百家争鸣。孔子开创的儒家"天下主义"传统,经由孟子和荀子而得到发扬。孔子认为,"古之欲明明德于天下者,先治其国。欲治其国者,先齐其家。欲齐其家者,先修其身"⑤。他力图从伦理价值上恢复"天下",通过"修身、齐家、治国、平天下"来实现"天下"之太平。孟子围绕"何为天下有道"而展开他的天下论说,开启了"德化天下""王天下"⑥的传统。荀子从"王霸之辨"出发,开创了"天下主义"的"大一统"传统。他提出由一国而至天下,赞成以一国之力重回"天下有道",达成天下大治,此所谓"一天下""天下为一"。⑦在儒家以外,其他各派也有相应的天下论述。道家代表人物老子提出了超越儒家"天下有道"与"天下无道"的"天道"。⑧墨子

---

① 中国传统对政治的理解或者对社会形而上学结构的理解,存在两种秩序,一种叫作"家—国—天下",另一种叫作"天下—国—家"。参见赵汀阳:《"家—国—天下"与"天下—国—家":两种政治秩序》,载沈湘平编:《京师文化评论(2020年春季号/总第6期)》,社会科学文献出版社2020年版。

② 胡键:《"天下"秩序:一种文化意象》,《社会科学文摘》2017年第12期,第22—25页。

③ 许倬云:《三千年文明大变局》,九州出版社2023年版。

④ 天下体系试图推荐一种世界制度,以便克服世界无政府状态所导致的各种灾难,使旨在发展世界公利的世界集体理性行动成为可能。参见赵汀阳:《天下体系:世界制度哲学导论》,中国人民大学出版社2023年版,第36页。

⑤ 李学勤主编、《十三经注疏》整理委员会整理:《礼记·大学》,选自《礼记正义》,北京大学出版社1999年版,第1592页。

⑥ 《孟子·梁惠王章句上》。选自杨伯峻:《孟子译注》,中华书局2008年版,第19页。

⑦ 周桂银:《中国古代"天下主义"的千年传统:演进、内涵和特征》,《世界经济与政治论坛》2021年第2期,第1—20页。

⑧ 老子认为,"天下有道,却走马以粪。天下无道,戎马生於郊"。选自《道德经·十九章》。陈徽:《道德经(全本全注全译)》,上海古籍出版社2022年版。

从"上天""天意"出发,将宇宙分为上天、君王、臣民三个层次,"今天下无大小国,皆天之邑也。人无幼长贵贱,皆天之臣也"①。在他的政治秩序构想里,上天主宰天下,而天下由君王与臣民组成,君王代表上天,统治所有臣民。法家的"天下观"着眼于政治现实,韩非子称:"独视者谓明,独听者谓聪,能独断者,故可以为天下主。"②他从国家治理和国家强盛之道出发,以"霸天下"为目标,以"法"为手段,形成了法家的"天下主义"的"大一统"传统。之后秦统一中国,"大一统"的体制也因此建立起来。分封制下的"天下主义"实际上已经不存在,虽然皇帝仍然自称为"天子",历朝历代皇帝也是打着"奉天承运"的旗号,但这更多是为了权力的合法性。秦统一后的"天下"可以称为"国天下"的"天下主义",本质上是一种"大一统"的政治理念,是一种政治性的"天下主义"③。

(二)"天下"概念的演化——"新天下主义"的当代研究

"天下主义"是中国古代儒家精英用来处理内政外交的政治纲领和意识形态。作为政治理论和思想立场,它被称为"天下观";作为政治制度,它被称为"天下秩序",当然,它只是一种想象的而非现实的政治制度。④进入21世纪以来,对传统思想文化的继承和创新,愈益成为中国社会科学领域谋求超越西方理论的一种方式;"天下"作为一种中国对世界秩序模式的思考,从哲学界开始,逐步发展为国内学术界其他相关领域的论争议题,并且在国际上引起一定讨论。在近20年来的讨论中,国内主要有两大研究者群体。一类是以思想史研究者和所谓"新儒家"为代表的若干学者,包括葛兆光⑤、赵汀阳⑥、

---

① 《墨子·法仪》。选自张永祥、肖霞:《墨子译注》,上海古籍出版社2016年版,第46页。

② 《韩非子·外储说右上第三十四》。张觉:《韩非子译注》,上海古籍出版社2016年版,第540页。

③ 胡键:《"天下"秩序:一种文化意象》,《社会科学文摘》2017年第12期,第22—25页。

④ 参见葛兆光:《天下、中国与四夷》,载王元化主编《学术集林》,上海远东出版社1999年版;葛兆光:《中国思想史(第二册)》,复旦大学出版社2001年版。

⑤ 葛兆光认为,中国知识人始终有着很浓厚的"天下主义",这种思想资源有时能转化为一种"世界主义"的情怀,但有时又会蜕变为狭隘的民族主义。参见葛兆光:《宅兹中国——重建有关中国的历史论述》,中华书局2011年版。

⑥ 赵汀阳以"天下方法论"的概念,试图说明天下概念如何用来理解历史、制度和政治空间,甚至重新定义政治的概念。并且赵汀阳先生为未来的世界,提出一套产生于中国而价值与世界的"新天下体系"方案。参见赵汀阳:《天下体系:世界制度哲学导论》,中国人民大学出版社2011年版;赵汀阳:《天下的当代性:世界秩序的实践与想象》,中信出版社2016年版;赵汀阳:《以天下重新定义政治概念:问题、条件和方法》,《世界经济与政治》2015年第6期,第4—22页。

干春松①、姚中秋②、许纪霖③、刘擎④等人,思想史研究者强调思想史的研究方法,是"新天下主义"思想基础和历史依据的主要批评者;以"新儒学"为代表的研究者则是"新天下主义"的主要智识贡献者,是研究国际关系理论、国际秩序、中国国家身份构建等相关问题的学者,如秦亚青⑤、徐建新⑥、周方银⑦、赵思洋⑧等,这些学者中有一部分出于对中国国际秩序构想发展的考量,对"新天下主义"的哲学基础予以吸收和再创造,形成了自己的国际关系理论,另一部分学者则对"新天下主义"的现实意义提出批评,并对国际反响予以回应。此外,"新天下主义"还引发了许多海外学者的关注,大致也可以分为两类。一是长期关注中国崛起问题和中国对外政策的欧美学者,如柯岚安⑨、卡赞斯坦⑩、寇艾伦⑪等人;二是长期从事中国古代史、概念史研

①　干春松:《重回王道:儒家与世界秩序》,华东师范大学出版社 2012 年版。

②　新儒学代表人物姚中秋认为,尧舜禹时期已经构造了华夏天下,夏商也一直在拓展这一天下,周人运用联合的记忆和借助礼治秩序极大扩展了华夏天下的范围,内部联系也日趋强化、深化。参见姚中秋:《华夏治理秩序史(第 1 卷):天下》,海南出版社 2012 年版。

③　许纪霖:《家国天下——现代中国的个人、国家与世界认同》,上海人民出版社 2017年版。

④　许纪霖、刘擎编:《新天下主义》,上海人民出版社 2017 年版。

⑤　秦亚青:《国家身份、战略文化和安全利益——关于中国与国际社会关系的三个假设》,《世界经济与政治》2003 年第 1 期,第 3—15 页;秦亚青:《国际关系理论的核心问题与中国学派的生成》,《中国社会科学》2005 年第 3 期,第 165—176 页。

⑥　徐建新:《天下体系与世界制度——评〈天下体系:世界制度哲学导论〉》,《国际政治科学》2007 年第 2 期,第 113—142 页。

⑦　周方银:《天下体系是最好的世界制度吗? ——再评〈天下体系:世界制度哲学导论〉》,《国际政治科学》2008 年第 2 期,第 98—104 页。

⑧　赵思洋:《因应国际社会——论近代中国天下思想的创造性转化》,《世界经济与政治》2023 年第 5 期,第 2—30 页。

⑨　美国学者柯岚安(William A. Callahan)认为,赵汀阳先生试图用传统中国的天下概念来倡导世界的未来,与当今中国和平发展的官方政策相悖。总体上,他批判了天下体系,认为其中包含许多对于中国传统思想的误读。参见 William A. Callahan, "Chinese Visions of World Order: Post-hegemonic or a New Hegemony?" *International Studies Review*,Volume 10, Issue 4, December 2008, pp.749—761。

⑩　[美]彼得·卡赞斯坦、罗伯特·基欧汉、斯蒂芬·克拉斯纳编:《世界政治理论的探索与争鸣》,秦亚青译,上海人民出版社 2018 年版。

⑪　加拿大学者寇艾伦(Allen Carlson)天下概念作为话语传播较广,已成为中国学界探索中国特色国际关系理论的新参考点,它的出现表明中国正在重新审视当前的国际秩序。参见 Allen Carlson, "Moving Beyond Sovereignty? A brief consideration of recent changes in China's approach to international order and the emergence of the tianxia concept," *Journal of Contemporary China*, Volume 20, Issue 68, January 2011, pp.89—102。

究,包括东亚共同体的相关实践研究的东亚学者,如白永瑞①、滨下武志等人。

（三）"天下"的批判性思考

"天下"一词在正式的外交场合一般须与情怀、大道、胸怀等词语搭配使用,以形象的、修辞的方式阐发其意义,才能具有符合时代精神的内涵。而且,东亚、东南亚和欧美地区的不少学者容易把"天下"话语与中国古代的"天下主义"与"朝贡体系"等历史经验联系在一起,而这会被认为与现代社会基本价值格格不入,因此,它极易受到误解,国际传播会遇到极大困难。

进入新时代以来,习近平从阐述人类命运共同体等理念的高度,多次以扬弃的态度使用了"天下"这个用语。比如,"我们历来主张,人类的前途命运应该由世界各国人民来把握和决定。只要共行天下大道,各国就能够和睦相处、合作共赢,携手创造世界的美好未来"。又如,"中华民族历来讲求'天下一家',主张民胞物与、协和万邦、天下大同,憧憬'大道之行,天下为公'的美好世界",等等。这些涉及"天下"的话语是在极为严格的语境下来表达世界情怀的。这并不意味着中国主张"新天下主义"。这是因为,"新天下主义"无论多么富有思辨,总的意思却是主张以中国为主导的世界性制度理想模式来重构世界秩序,这种思路与全球文明倡议中的世界文明多样性原则并不一致。另外,"新天下主义"要处理的一个重大理论问题是,如何对待主权民族国家体制与联合国的历史性地位。实际上,"新天下主义"实际上力图解构世界性民族国家体制。因此,今天使用新天下主义等词汇需要持以慎重的态度。对"天下""天下观"等古代词汇进行创造性转化、创新性发展,采取历史唯物主义的态度,对"天下"话语系统进行深入批判的同时肯定其中适应时代要求的精华部分。比如,重视和提供一种协和万邦的天下观。一方面,我们倡导建立一个和谐开放的世界秩序,反对由某个霸权国家来决定世界上的事情。另一方面,传统的"天下"秩序及观念虽然有其历史合理性和道德美感,但毕竟反映的是专制主义政治制度下的对外关系,特别是等级森严的礼制秩序不适宜与现代社会对接,同时其也不符合主权国家

① 韩国学者白永瑞（Baik Youngseo）对传统中国颇有研究,他将传统的朝贡体制、文明国家说和天下观念都视为帝国话语,并认为当下中国学者研究的"新天下主义"理论如何去除传统的霸权气质,是周边国家共同担心的问题。参见 Baik Youngseo, "Implications of Chinese empire discourses in East Asia: Critical studies on China," *Inter-Asia Cultural Studies*, Volume 16, Issue 2, June 2015, pp.206—226。

体系和原则。在新时代,天下主义不宜直接应用于构建人类命运共同体的文化基础,但其和合、和平、包容等"合理内核"可以借鉴。

二、世界治理中的"礼治"

"礼",指维护贵族等级秩序的一整套社会规范和道德规范,包括政治制度、社会、家庭伦理道德规范、仪式等。儒家自孔子起即提倡礼治,要求统治阶级和人民都要各安名位,遵守礼制,以便于巩固统治阶级内部秩序和更有效地统治人民。礼治作为先秦时期儒家思想体系的核心内容之一,不仅是封建时期法律思想的基石,也影响着封建法律制度的构建,最终也演变成了我国传统文化的表征。从国际关系学角度看,"礼治"不仅涉及国家治理,而且指的是一种世界秩序观。

(一) 概念溯源

从礼的历史渊源上看,孔子认为商朝继承了夏朝的礼仪制度,周朝又继承商朝的礼仪制度,其中所废除的和所增加的内容都是有记载的,是可以被知晓的。子曰:"殷因于夏礼,所损益,可知也;周因于殷礼,所损益,可知也。"[1]这也就是说,"礼"的起源很早,至少夏朝时期就已经有了"礼",但这还不是礼的最早起源。如果再往前追溯的话,最早可以追溯到原始社会末期的舜、禹时代,如《尚书·皋陶谟》记载:"天秩有礼,自我五礼有庸哉。"[2]意思是"上天"规定了人的尊卑等级,所以要推行天子、诸侯、卿大夫、士和庶人这五种礼节,而这种区分等级礼也被用于祭祀活动中。《说文解字》有云:"礼,履也,所以事神致福也。"[3]这也就是说,"礼"的本义是动词,即击鼓奏乐,奉献美玉美酒,敬拜祖先神灵,后来才引申为动词尊敬、厚待和名词敬重的态度、言行等。由此可见,"礼"的起源虽早,但最初并不是用来治国和管民的手段,礼治思想的形成是源自西周时期的周公,形成于春秋时期的孔子。在周人看来,"礼"是治理国家的唯一准绳,这也就是说,周公制作礼乐之后,"礼"从祭祀活动已经变为了一种系统性的治国手段。孔子是"周礼"的推崇者,也是"礼治"思想的改造者。子曰:"周监于二代,郁郁乎文哉!吾从周。"[4]在礼崩乐坏的春秋时代,孔子依然主张"礼让为国",而周礼就是孔子思想形成的理论支撑,"吾从周"就是孔子的态度。

---

① 《论语·为政篇第二》。选自陈晓芬译注:《论语》,中华书局 2016 年版,第 19 页。
② 《尚书·虞书·皋陶谟》。选自李民、王健:《尚书译注》,上海古籍出版社 2016 年版。
③ (清)段玉裁注:《说文解字注》,中华书局 2013 年版。
④ 《论语·八佾》。选自杨伯峻:《论语译注》,中华书局 1980 年版,第 311 页。

（二）"礼治"的内涵

孔子思想中"礼治"的概念包含两层含义：一是礼意或礼仪，即各种仪式的程序和规则；二是礼制或礼法，即各种制度和法规。孔子的"礼治"思想主要包括以下三个方面的内容。第一，礼是强国之本。孔子指出，对于一个处于不利地缘环境且内忧外患的国家来说，国家治理的当务之急就是确立礼制。①"礼乐不兴，则刑罚不中。"②第二，礼是国际合作的基础。孔子认为，礼治规范了外交，通过礼治能够形成国际社会共同的价值观和行为规范，从而奠定国家之间友好往来和相互合作的基础。孔子特别强调大国遵守礼制对国际合作的影响，认为国际合作首先依赖于大国对礼制的遵守，大国遵守礼制能够影响小国的行为。"其身正，不令而行；其身不正，虽令不从。"③第三，礼是国际和平的保障。孔子称"礼之用，和为贵"。④后世大多将"和"理解为和平之意，由此确立孔子主义的礼治和平论。孔子认为，礼制通过约束和限制国家行为来保障国际和平，礼制缺失是国际动乱的根源之一。孔子反复强调，春秋战国时期长期战乱的主要原因就在于"礼崩乐坏"。

（三）"礼治"的意义

作为国际治理的"礼治"秩序，主要有克己复礼与礼尚往来两大原则。⑤其一，克己复礼原则。在国际关系实践中，大国的克己复礼是指避免对于权力的滥用、不轻易使用武力和减少对小国的威胁，小国的克己复礼是指避免不顾全大局的骚扰和挑起威胁秩序的不必要纷争。此外，国家还要互相尊敬、有所谦让，想他国之所想、急他国之急，积极实现仁爱。克己复礼的礼治原则一般在新王朝成立之时确立并受推崇，因为新政权尤其要借此礼仪原则来确立自身在国际政治领域的合法性从而得到他国拥护。⑥其二，礼尚往

---

① （清）刘宝楠撰、高流水点校：《论语·先进》，选自《论语正义》（下），中华书局 1990 年版，第 466—482 页。

② （清）刘宝楠撰、高流水点校：《论语·子路》，选自《论语正义》（下），中华书局 1990 年版，第 522 页。

③ （清）刘宝楠撰、高流水点校：《论语·子路》，选自《论语正义》（下），中华书局 1990 年版，第 527 页。

④ （清）刘宝楠撰、高流水点校：《论语·学而》，选自《论语正义》（上），中华书局 1990 年版，第 29 页。

⑤ 关于"礼治"秩序的两大原则，本书参考陈康令：《礼和天下：传统东亚秩序的长稳定》，复旦大学出版社 2017 年版。

⑥ 陈康令：《试论传统东亚秩序的礼治：一种分析框架》，《当代亚太》2015 年第 3 期，第 42 页。

来原则。社会学和人类学认为,礼能达到整合社会与实现行为体之间互惠互利的功能。推广到国际关系领域,要实现各国之间的彼此依赖和互利共赢,就需要国家普遍遵守"礼尚往来"原则。"礼尚往来"语出《礼记·曲礼上》:"礼尚往来,往而不来,非礼也;来而不往,亦非礼也。"①有学者认为要理解礼尚往来的原则,需要将其放到"大国—小国"和"主国—宾国"这两对交叉关和礼治的情境化空间中考量②。

三、国际政治中的"仁政"

战国时期,古代中国形成了马丁·怀特所说的古代国家体系。不少国家为了吸引人才,争取民心,增强软实力,想了不少方法。"仁政"是儒家正宗的政治学说。"仁政"是儒家思想代表孟子从孔子的"仁学"继承发展而来。孔子的"仁"是一种含义极广的伦理道德观念,其最基本的精神就是"爱人"。孟子从孔子的"仁学"思想出发,把它扩充发展成包括思想、政治、经济、文化等各个方面的施政纲领,就是"仁政"。从概念的归类上看,属于国际政治中的治理观。

（一）概念溯源

"仁政"不仅是伦理道德观念,更是一种国际治理思想。"仁政"思想主要来源于战国时期儒家思想家孟子。孟子首次使用"仁政"一词是在与梁惠王的对话中。梁惠王曰:"晋国,天下莫强焉,叟之所知也。及寡人之身,东败于齐,长子死焉;西丧地于秦七百里;南辱于楚。寡人耻之,愿比死者一洒之,如之何则可?"孟子对曰:"地方百里而可以王。王如施仁政于民,省刑罚,薄税敛,深耕易耨。壮者以暇日修其孝悌忠信,入以事其父兄,出以事其长上,可使制梃以挞秦、楚之坚甲利兵矣。彼夺其民时,使不得耕耨以养其父母,父母冻饿,兄弟妻子离散。彼陷溺其民,王往而征之,夫谁与王敌?故曰:'仁者无敌。'王请勿疑!"③这意味着方圆百里的小国只要行仁政就可以称王于天下。从孟子提出这一政治思想概念以来,"仁政"就成了中国政治的重要理想,也成了评价现实政治的重要标准。推行仁政就是所谓"王政"。在当时的环境中,诸侯国之间充斥着竞争和对抗。孟子对现实政治进行强烈的批判,充分发挥孔子德政学说并加以系统化,提出了王道思想。孟子认

---

① 《礼记·曲礼上第一》。选自胡平生注:《礼记》,中华书局2017年版,第7页。

② 陈康令:《论中国外交文化中的"礼尚往来范式"》,《国际观察》2023年第1期,第57—89页。

③ 《孟子·梁惠王章句上》。选自杨伯峻:《孟子译注》,中华书局2008年版。

为,即使一个国家的国土面积不是很大,只要该国实行王道政治和王道外交,就可以无敌于天下,也能获得王权。"以力假仁者霸,霸必有大国,以德行仁者王,王不待大。汤以七十里,文王以百里。以力服人者,非心服也,力不赡也;以德服人者,中心悦而诚服也,如七十子之服孔子也。"①

（二）仁政与国家治理

与儒家创始人孔子相比,孟子的仁政思想有着更为鲜明的至善追求。孔子对尧舜文武是一并推崇,而孟子却是"言必称尧舜"②,很少提及文武,因为孟子认为尧舜的道德品质比夏、商、周三代的开国之君更为优良,所以,"先王之道"在孟子那里就是"尧舜之道"。施仁政就是行尧舜之道,实现尧舜之治。孟子把仁政与"尧舜之道"联系在一起,实际上就是为国家治理规定了一个目的。仁政能够为社会提供稳定秩序的另一个理由,就是它能够有力地推动统一的历史进程。战国时期是中国古代社会从小邦林立的分散状态逐渐走向统一的重要阶段,"上无天子,下无方伯,力功争强,胜者为右"③。这样的社会环境,使得人们日益感受到了统一的重要性,孟子是最早把治理方式与统一联系在一起加以考虑的思想家。在回答梁襄王"天下恶乎定"的问题时,孟子说"定于一"。在孟子看来,只有统一才能实现稳定的社会秩序,仁政则是实现国家统一唯一可靠的途径。所以,在梁襄王问"孰能一之"以后,孟子肯定地说:"不嗜杀人者能一之。"④孟子坚信,"不仁而得国者有之矣,不仁而得天下,未之有也"。⑤在统一战争中的胜者,一定是有"不忍人之心",并且能"行不忍人之政"的人,仁政才是实现统一的正途。

（三）仁政与人性善

在孟子看来,仁政是唯一正当、有效的国家治理方式。仁政的关键是统治者正当地行使权力,统治者正当地行使权力的前提便是充分发挥其善良的道德本心。对于统治者来说,如果能把善的本心用于国家治理,仁政善治便是可能的,"人皆有不忍人之心。先王有不忍人之心,斯有不忍人之政矣;以不忍人之心,行不忍人之政,治天下可运之掌上。"⑥既然人与生俱来的本

---

① （清）焦循:《孟子正义》,沈文倬点校,中华书局1987年版,第221—222页。

② 《孟子·滕文公章句上》。选自杨伯峻:《孟子译注》,中华书局2008年版。

③ 《战国策·原序》。选自缪文远、缪伟、罗永莲注:《战国策》,中华书局2022年版。

④ （清）焦循:《孟子正义（上）》,中华书局1987年版,第71页。

⑤ （清）焦循:《孟子正义（下）》,中华书局1987年版,第973页。

⑥ （清）焦循:《孟子正义（上）》,中华书局1987年版,第232页。

性都是善的,那么,社会生活中的人就不该有"治人"与"治于人"的差别,任何治理结构都是不必要的。孟子似乎也意识到了这一点,于是,他转而又说:"人之所以异于禽兽者几希,庶民去之,君子存之。"[①]按照孟子的说法,虽然人与生俱来的本性是相同的,但是,一旦进入现实的社会生活,底层的民众便无法保留与生俱来的善,而作为统治者的"君子"却能够守住人之所以为人的道德底线,于是,由拥有美德的君子掌握权力既是必要的,也是合理的。

四、国际关系中的"王道"

作为中国古代国际关系中的"王道",从概念类型上看,不仅是一种治国的政治理念,从某种程度上说,更是一种国际治理观。

（一）概念溯源

探究"王道"的本源,需要将王道还原到春秋时期的历史语境中。"王"指的是天子,即整个天下唯一的最高统治者,中国古代最高统治者的称谓历经夏商周的变化,到了西周时"王"已成为天下主宰者的代名词,因而有"溥天之下,莫非王土;率土之滨,莫非王臣"之说。"王道"一词最早见于《尚书·周书·洪范篇》:"无偏无陂,遵王之义;无有作好,遵王之道;无有作恶,遵王之路。无偏无党,王道荡荡;无党无偏,王道平平;无反无侧,王道正直。"[②]此时的王道主要指的是周先王等治理天下的先王之道,是一种治国的政治思想。本书所指的"王道"是以孟子为代表的"纯粹王道",孟子基本承孔子的思想,他认为"纯粹王道"是仁政与民本,"民为贵",因此君王要实行仁政,不能使用"霸道"。

（二）"王道"的具体原则

孟子将道义至上作为国家外交的内在依据,并且强调道义至上与天人相合的超越性意义,这些内容为孟子的具体外交策略和原则提供了根本上的指导。具体说来,孟子的王道原则主要包含三点内容。[③]

其一,"大事小以仁"和"小事大以智"原则。"惟仁者为能以大事小""惟智者为能以小事大",孟子将以大事小者和以小事大者分别以仁者、智者相称,"仁者""智者"既是对国家而言,又是指人,此处含有一种借人际交往行为来规范国家之间关系的意味。"大事小以仁"要求大国保持谦逊,在处理国家

---

① （清）焦循:《孟子正义（下）》,中华书局1987年版,第567页。

② 《尚书·周书·洪范篇》。选自李民、王健:《尚书译注》,上海古籍出版社2016年版。

③ 关于孟子的王道原则这一部分来自叶自成老师的观点。参见叶自成:《论华夏主义国际关系范式的三个构成》,《国际观察》2023年第1期,第39—56页。

冲突时,应尽量保持克制。当然这不意味着大国面对小国不断挑衅,触碰底线时隐忍退让,孟子举"汤事葛"的事例来解释"以大事小",为后人理解该思想带来很大的帮助。"汤事葛"事例的具体内容见于《孟子·滕文公下》第五章:

> 汤居亳,与葛为邻,葛伯放而不祀。汤使人问之曰:"何为不祀?"曰:"无以供牺牲也。"汤使遗之牛羊。葛伯食之,又不以祀。汤又使人问之曰:"何为不祀?"曰:"无以供粢盛也。"汤使亳众往为之耕,老弱馈食。葛伯率其民,要其有酒食黍稻者夺之,不授者杀之。有童子以黍肉饷,杀而夺之。《书》曰:"葛伯仇饷。"此之谓也。为其杀是童子而征之,四海之内皆曰:"非富天下也,为匹夫匹妇复雠也。""汤始征,自葛载",十一征而无敌于天下。东面而征,西夷怨;南面而征,北狄怨,曰:"奚为后我?"民之望之,若大旱之望雨也。归市者弗止,芸者不变,诛其君,吊其民,如时雨降。民大悦。①

这反映了商汤对葛国的耐心帮助,其帮助既有物质上的援助,又有思想文化层面上的教化。然而,面对商汤的善意,葛伯却不为所动,其贪婪、野蛮、残暴的行为一次次变本加厉,不仅私吞送来的祭品,还拦路抢夺为葛国耕种者送饭的百姓所携的饭食酒肉,甚至杀害不从者,连小孩也不放过。因此商汤顺应民意民心,征伐葛国。这充分揭示了大国对小国的仁慈、宽容和克制需要底线,无原则的宽容便是纵容。反观"以小事大",则体现出小国要有一种审时度势的智慧。上述案例中葛国显然不懂"以小事大"的外交原则,他把商汤的关怀、忍让当作妥协、软弱,没有认清自身的现实处境,反而大肆挑战商的底线,结果自取灭亡。值得注意的是,"以大事小"和"以小事大"的"大""小"概念具有相对性。于一国而言,国家遇"大"则为小,遇"小"则为大,因为对象不同,其所处的"大""小"地位也会随之发生相应的变化。另外,国家实力是一个动态变化的过程,"大"和"小"并非一成不变,特别是战争胜败,往往能很快改变一国的实力,所以保持谦卑谨慎的态度、韬光养晦、慎战自保有助于国家长远的发展。

其二,"修内以安外"原则。结合儒家成人达己、内圣外王的传统,把内视、内省的思考带入国家对外实践,将国家内外职能贯通统一起来,提出了以国家内政治理和道德修养为依托的外交原则,即修内以安外。"夫人必自侮,然后人侮之;家必自毁,而后人毁之;国必自伐,而后人伐之。"②孟子强

---

① 《孟子·滕文公下》。选自杨伯峻:《孟子译注》,中华书局2008年版。
② (清)焦循:《孟子正义》,沈文倬点校,中华书局1987年版,第500页。

调内因,认为受辱和毁灭最先始于自身,外交与对外作战多半离不开国家内部因素的影响,处理好国家内政是立足解决外交问题的关键。国家对内修德,对建立"王道之国"具有重要意义。一方面,《孟子·梁惠王章句上》明确提出了"夫国君好仁,天下无敌""仁人无敌于天下"。《孟子·公孙丑章句下》也指出,"得道者多助,失道者寡助,寡助无至,亲戚畔之,多助之至,天下顺之"。①国际社会普遍喜欢与"君子之国"相交。另一方面,"四方之民,襁负其子而至矣"。②道义作为一种软实力,在国际社会能够产生强大的号召力和吸引力,百姓及一些国家出于对治世的渴望和对道德、仁义的向往,往往愿意追随"仁义之国""君子之国",进而形成王道政治的基础。

其三,王道干涉原则。孟子认为,道义的至上性在外交中不仅要求国家自觉遵守道义,而且需要国家去共同维护国际社会中的道义,即通过对不合道义的国家进行适度合理的干涉,以达到维护世界道义的目的。王道干涉、道义干涉的动机出自仁君的"不忍人之心",实行的关键在君仁,"仁不可为众也。夫国君好仁,天下无敌"。③道义干涉外交原则应警惕将道义作为外衣包装而实际进行强权霸道干涉的行为。用"价值"外衣掩饰"利益"目的的行为,显然与孟子"王道"精神指导下、真正尊重百姓意愿的道义干涉背道而驰。"以力假仁者霸,霸必有大国"④,"以力假仁"的干涉行为是霸道主义的体现,与孟子倡导的道义干涉截然不同。

(三)王道与治理

孟子是第一个提出"王道"学说的古贤。在他看来,实现王道治理的最好典范是尧、舜、禹、汤、文、武。孟子认为,一个国家治理的好坏不是以土地和人口的大小、多寡为标准的,关键在于这个国家是否施行仁政。他对王道和霸道是明确二分的,认为夏、商、周的圣王都是靠仁爱正义的理念去治理天下的。以霸道去争夺天下和治理天下,最终是行不通的。孟子说:"不仁而得国者,有之矣;不仁而得天下,未之有也。"⑤进一步来说,孟子追求王道政治,是基于人民的福祉。治理的关键在于讲民心和民意,让百姓过上一种

---

① 李双译注:《孟子白话今译》,中国书店出版社 1992 年版,第 35、58 页。
② (清)焦循:《孟子正义》,沈文倬点校,中华书局 1987 年版,第 524 页。
③ (清)焦循:《孟子正义》,沈文倬点校,中华书局 1987 年版,第 497 页。
④ 《孟子·公孙丑上》。选自杨伯峻:《孟子译注》,中华书局 2008 年版。
⑤ 《孟子·尽心(下)》。

富裕充足的生活。"民不畏死,奈何以死惧之。"①意思是说,到了老百姓连死都不怕的地步,再用死去威胁他就没有任何作用。因为当一个人活不下去的时候,他会认为铤而走险是死,等着饿死也是死,为了生存下去,他可能什么事情都做得出来,这是很可怕的。同样,孟子在这点上也说,一定要让老百姓有生存权,能够很好地生活下去。在世界历史上,发生灾荒的大多数原因并不是缺少粮食,灾难发生了,主要是因为别的地方不能把粮食拿出来供应给灾区,从而使一个地区的人在短时间内大量死亡。所以,孟子说:"狗彘食人食而不知检,途有饿莩而不知发;人死,则曰:'非我也,岁也。'是何异于刺人而杀之,曰:'非我也,兵也!'"②这是值得后人深思的。

五、世界治理中的"畿服"

"畿服"是一种由华夏上古时期的地理概念引申出的政治观念,具体指中原王朝将王都作为同心圆的圆心,以若干里数为相邻同心圆的间距,将首都以外地区按与王室的亲疏关系以及离首都的远近划分为多个同心圆区域,并对不同区域采取不同统治、外交方式的一种理想政治制度。按照对服数定义的不同,"畿服说"有"五服""三服""六服""九服"等多种说法,但一般以"五服说"为主流观点。③作为中国古代国际关系概念的"畿服",从概念类型看,可以归为世界治理一类。

(一)概念溯源

"畿服"的概念溯源中,"五服说"更具有解释力。有关"五服说"的文献论述,较早见于《尚书·禹贡》:"五百里甸服:百里赋纳总,二百里纳铚,三百里纳秸服,四百里粟,五百里米。五百里侯服:百里采,二百里男邦,三百里诸侯。五百里绥服:三百里揆文教,二百里奋武卫。五百里要服:三百里夷,二百里蔡。五百里荒服:三百里蛮,二百里流。"④《史记·周本纪第四》在记载西周卿士祭公谋父向周穆王进谏时也提到,"夫先王之制,邦内甸服,邦外侯服,侯卫宾服,夷蛮要服,戎翟荒服。甸服者祭,侯服者祀,宾服者享,要服者贡,荒服者王",⑤这说明"畿服说"的产生至少可追溯到西周立国百年之

---

① 《老子·第七十四章》。
② 《孟子·梁惠王上》。
③ 张利军:《西周五服制的国家形态与国家治理》,《中华文明》2021年第2期,第41—54页。
④ 陈襄民注译:《尚书·禹贡》,中州古籍出版社2002年版,第331页。
⑤ (汉)司马迁:《史记·周本纪第四》,中华书局1999年版,第99页。

后的周穆王时期,除"宾服"和"绥服"的差别外,《尚书·禹贡》和《史记·周本纪第四》的其他"四服"完全对应,对"五服说"的描述也基本一致。按照《尚书》的定义,"五服"分为"甸服""侯服""绥服""要服"和"荒服"。其中,"甸"即田,意为替王室耕田。"侯"意为"斥候",指为王室尽警戒侦查之义务;"绥"意为安定,指服从王室政教而获取安宁;"要"意为约束,指少数民族接受宽泛性约束;"荒"意为荒远,指少数民族居于僻远蛮荒之地,不强求其接受约束,能维系君臣名分足矣。显而易见,这些同心圆范围内的地区与王畿距离越远,当地人对王室所承担的义务越少,王室对其政治管束力也越小。

关于"畿服"中各"服"所负义务的规定,《史记·周本纪第四》中祭公谋父说:"日祭,月祀,时享,岁贡,终王。"[1]也就是说,"甸服"者按日供给王室祭祖之物,"侯服"者按月供给,"宾服"者则按季度供给;"要服"者每年上贡一次,"荒服"者一代朝见一次。《尚书·禹贡》在讲五服时更为简练,仅记甸服纳谷物赋税。《大行人》中说,"侯、甸、男、采、卫、要"六服分别于一、二、三、四、五、六年朝见一次天子,蕃国国君一生朝见一次即可。另外,六服还应当进贡祀物、嫔物(丝枲之类的嫔妇之物)、器物、服物、材物、货物,蕃国则以其所宝贵之物为礼即可。其他各说对各服义务无明确界定。虽然各种说法对服数不同的地区应承担的义务说法不一,但都有一个共同点:地区离王都距离越远,承担的外交义务越少。

(二)"畿服"对西汉外交的影响

虽然西汉内外形势与西周相比已不尽相同,但"畿服"的基本假设对于研究西汉对匈奴"羁縻外交"思想启蒙仍有借鉴意义。纵观史料中的记载,无论是采取"羁縻外交"手段中的哪一种,西汉针对匈奴的外交目标自始至终都是一致的:只谋求与匈奴保持象征性的君臣关系,不要求对方像内臣那样承担赋税、徭役、兵役等具体义务,并尊重其在内政外交上的高度自主权,这一点和"荒服"者所承担义务的定义有着惊人的相似,这显然是西汉的"羁縻外交"思想受先秦"畿服说"影响的结果。再言之,匈奴的政治中心王庭距离西汉都城长安有数千里之遥,匈奴与西汉的关系定位为"荒服"也是符合实际的。

班固在《汉书》中总结西汉与匈奴对外关系的经验教训时也说:"故先王度土,中立封畿,分九州,列五服,物土贡,制外内,或修刑政,或昭文德,远近之势异也。"[2]可见,通过西汉对匈奴外交200年来的不断实践,"畿服说"已

---

① (汉)司马迁:《史记·周本纪第四》,中华书局1999年版,第99页。
② (汉)班固:《汉书·匈奴传第六十四》,中华书局1999年版,第2830页。

被公认为中原王朝外交思想的来源之一,并且在东汉时期继续在史学界传承,这足以证明"畿服说"对西汉时期的汉匈关系起到了重大理论借鉴作用。

第二节 与外交伦理观相关的概念

中国古代社会有着强烈的政治伦理特征,其内政外交也十分注重伦理的作用,有一些十分重要的概念也就由此而诞生了,比如"中""和""势""通"等。当前的中国对外关系或国际关系思想,都多少受到这些概念的影响。

一、国际关系的"中"

"中"作为中华经典概念既指方位,也指可取的行为方式,具有平衡、和谐、合度等含义。从"中"的视角来看,国际政治发展变化的基本规律是"中道",国际体系稳定的基本形态是"中和",国际行为体相互间交往的基本原则是"中庸"。由于中国外交强调守"中道"、致"中和"、行"中庸",①因此处处体现"中"的精神,具有鲜明的尚"中"特色。从概念类型看,可以归为外交哲学一类。

(一)概念溯源

最先是如何定义或解读"中",众多解说中比较有说服力并能统摄其余的是郭沫若的"射箭之中"和唐兰的"建旗立中"。②前者是指弓箭由重要的武器功用延伸到军事、政治和生活领域,成为周礼的组成部分——射礼,成为中国古代文化的一种象征。后者可通过唐兰对甲骨文的考证来说明,他在《殷墟文字记》中做了详述:"此为徽帜,古时用以集众。盖古者庭宇有大事,聚众于旷地,先建中焉。群众望见中而趋附,群众来自四方,则以建中之地为中央矣。列众为阵,建中之酋长或贵族恒居中央,而群众左之右之,望见中之所在,即知为中央矣若为三军,则中军也。然则中本为徽帜,而其所立之地恒为中央,遂引申为中央之义,更引申为一切之中。"③这说明"中"是各部落形成联盟后的象征,标志着联盟军事首长建旗以立中之义。"中央之中"之义也由此衍生。四方、中央不仅仅体现的是空间位置的状态,还体现

---

① 本书关于"中道""中和""中庸"的梳理,参考了潘忠岐老师的观点。参见潘忠岐:《中国之"中"与中国外交的尚"中"特色》,《武汉科技大学学报(社会科学版)》2021年第1期。

② 周法高:《金文诂林》,香港中文大学出版社1975年版,第328页。

③ 唐兰:《殷墟文字记》,中华书局1980年版,第54页。

出尊卑顺序的价值观。此外,适中、恰当也是该字的基本内涵。所以,"中"不仅有方位上居中、居要位的内涵,还有行为处事恰到好处的意蕴。

(二)"中道""中和"与"中庸"

从国际政治和中国外交的角度来看,作为中国古代国际关系概念之一,"中"首先意味着平衡。《管子》更是认为,"中正者,治之本也"。①由于中国人认为"中则正"②,因此只有坚持"中道",即中正之道,才能实现天下之治,而坚持中道的根本,在于不走极端,维持平衡。《礼记·中庸》说:"隐恶而扬善,执其两端,用其中于民。"③郑玄的解释是:"两端,过与不及也。用其中于民,贤与不肖皆能行之也。"④《礼记·中庸》中唯一一处对"中"的界定是:"喜怒哀乐之未发谓之中。""喜怒哀乐"都是人的情感,"未发"就是没有爆发,不是变成要么喜要么怒,或者要么哀要么乐,而是在"喜怒"之间,"哀乐"之间维持一种调和、平衡的状态。其次,"中"意味着和谐。《礼记·中庸》在解释完什么是"中"之后,马上就解释什么是"和":"喜怒哀乐之未发谓之中;发而皆中节谓之和"。所谓"发而皆中节谓之和",是说"喜怒哀乐"虽已发,但没有走向极端,而是保持在适度的范围内。这种状态之为"和",是因为"喜怒"之间或"哀乐"之间的平衡虽然发生了变动,但还没有被打破,并且随之实现了新的平衡,也就是变动之后重新回到"中"的状态。但把"中"等同于"和",显然忽视了二者的差异,或许更准确地说,"中"是"和"的前提,有"中"才能有"和",没有"中"就不能有"和"。最后,"中"意味着中庸。"中庸"之"中"为历代人所重视并不断重新阐释。对"中"的解释大多认为是不偏不倚中度合节。"中"字在先秦古籍中有三层意义:一指中间或两者之间;二指适宜、合适、合乎标准;三指人心、内心的和谐境界。⑤有人认为不偏不倚很容易,似乎"中庸"就是折中而已,这实际上将"中"简单化了。其实,"中"既是内在的辩证规定,又是外在的超越性。

(三)"中"的蕴意

如果"中"的三重内涵——平衡、和谐、合度——分别用以"中"字为核心的三个概念"中道""中和""中庸"来表达,那么我们可以说,"中道"是国际政

① 黎翔凤:《管子校注》,中华书局 2004 年版,第 230 页。
② 陈跃文:《论中道——中庸思想的起源》,《孔子研究》1993 年第 3 期。
③④ (汉)郑玄注、(唐)孔颖达疏:《礼记正义》,北京大学出版社 1999 年版,第 1665 页。
⑤ 《左传》成公 13 年引刘子曰:"吾闻之,民受天地之中以生,所谓命也。"尧对舜说:"天之历数在尔躬,允执厥中!"参见《论语·尧曰》。

治发展变化的基本规律,"中和"是国际稳定的基本形态,"中庸"是国际行为体相互间交往的基本原则。与此相关,"中行"则是对国家对外行为的基本要求。①因此,"中"的确是我们观察、思考和研究国际政治的重要视角。

首先,"中道"是国际政治发展变化的基本规律。中国先秦思想家提出的"中道",与马克思主义所揭示的世界发展三大普遍规律(对立统一、质量互变、否定之否定)是一致的,非常适合于解释国际政治发展的一般规律。所谓"中道",就是事物发展在内部矛盾推动下由一种"中"的状态,经过从量变到质变和否定之否定的过程,发展到一种新"中"所呈现的规律。其次,"中和"是国际稳定的基本形态。《礼记·中庸》把"和"看作"中"的结果,而不是制衡的产物。尽管有"中"并不必然就有"和",但"中"显然是"和"的前提,有"中"才能有"和",没有"中"就不能有"和"。在国际政治中,"中和"状态意味着体系内的国家尽管彼此之间有矛盾和分歧,但它们都对和平相处有可靠的预期,都不会把战争作为解决其矛盾和分歧的重要手段并主动为此做准备。最后,"中庸"是国际行为体相互间交往的基本原则。在国际政治中,"中庸"之道要求国际行为体在处理各类国际问题时尽可能找到恰到好处的解决方案,关照各方的合理关切,且能做到因时因地因事而异,而不是走极端。"中庸"作为国际交往的基本原则,不是把国家假定为追求自我利益最大化的理性行为体,而是假定为在预期对方会如何行事和关照到己方行为会对他方产生何种影响的基础上选择自己行动方案的合理性行为体。

二、国际关系中的"和"

"和"文化是中国传统文化的核心理念之一。以"和"字为切入点,国际关系中的"和"主要有三种蕴意:和谐、和平与和合。从概念类型看,可以归为外交哲学一类。

(一)概念溯源

"和"字最早出自三千多年前的甲骨文,当时有多种写法。《说文解字》认为,甲骨文的"和"字意为"调和"。郭沫若对甲骨文的"和"字考察甚详。他认为,甲骨文的"和"字是指音乐之和,现代的"和"字则演变成和谐文化之"和"。②"和"字的原义是指古代用竹做成的乐器"龠"及其所发出的和声。

---

① 关于"中"的蕴意解读,参见潘忠岐:《论"中":国际政治的一般规律》,选自潘忠岐等:《中华经典国际关系概念》,上海人民出版社 2021 年版,第 199—225 页。

② 郭沫若:《甲骨文字研究·释支干》(上),大东书局出版社 1931 年版,第 104 页。

《说文解字》说"龠"是"乐之竹管",三孔,以发"和"声也。日本学者高田忠周认为音乐之和是"和"的本义,因为《说文解字》解释和字从龠,《国语·周语》也说"声相应保曰和"。正如马叙伦在《读金器刻识》中所指出:"和"的本义与音乐艺术相关。在甲骨文中,乐为琴,和为笙。郭沫若指出,"和之本义当为乐器,由乐声之共鸣始能引出相酬义,亦犹乐字之本为琴,乃引申音乐之乐与和乐之乐也"。①总之,"和"字是指由古代乐器发出的和谐之音,并逐步引申一切事物的和谐关系都称之为"和"。从国际关系角度看,"和"由"和谐"又延伸为"和平"与"和合"之意。

（二）"和谐""和平"与"和合"

"和"字主要有"和谐""和平"与"和合"三种蕴意。首先,协调统一谓之"和",和与谐是相关联的。何为"谐"?《辞海》说,谐,即调和之意。《书尧典》所说的"协和万邦",已把"和谐"引申为国家之间的协调统一关系了;后人将其进一步引申为一切事物所具有的协调统一关系。其次,和有和解、和平的意味。"和解"是指结束一切纷争甚至战争。《战国策》载:"与秦交和而舍"。《书尧典》说:"乃命议和。"所谓"和平",与战争相对,是指没有战争的社会环境。《宋史孙沔传》说:"比契丹复盟,西夏款公卿忻忻,日望和平。"最后,"和合"最早成词连用,出现在《管子》:"畜之以道,则民和;养之以德,则民合。和合故能习,习故能偕,偕习以悉,莫之能伤也。"②意思是说,畜养道德,人民就能和合,和谐团结,就不会受到伤害。

（三）"和"的蕴意

"和谐""和平"与"和合"在国际关系与中国外交哲学中,被赋予了新的时代内涵。其一,"和谐"演化为"和谐世界"。"和谐世界"是基于中国文化传统的系统观、整体观而提出的全球政治伦理、法律与国际关系建设的伟大理念,中国的"和谐世界"理论,不仅解决了中国发展道路问题,也是建立全球国际政治伦理与国际秩序的指导原则,是站在全球秩序角度,而非仅仅狭隘地站在中国自己的角度。实现各国和谐共处,建立民主的世界。只有不同国家间和谐共处、实现国际关系民主化,才是建设和谐世界、促进人类持久和平、共同繁荣的关键和前提。其二,"和平"演化为"和平共处五项原则"。"和平共处五项原则"是刚刚成立的新中国为国际社会提供的第一份

①　郭沫若:《甲骨文字研究·释和言》(上),大东书局出版社 1934 年版,第 2 页。
②　《管子·幼官》。选自黎翔凤:《管子校注》,中华书局 2004 年版。

意义非凡的公共产品,对战后初期国际秩序的构建,特别是亚洲地区的安宁与稳定产生了重大影响。直至今天,历经国际风云变幻,和平共处五项原则依然显示出强大的生命力,在促进世界和平与国际友好合作方面发挥着不可替代的作用。其三,"和合共生"来源于"和合"这一概念。和合共生的国际道德意蕴在于其蕴含着对中小发展中国家的尊重与关切,对公平正义的坚守与维护,因为"国家无论大小强弱、无论域内域外,都要共走和平发展大道,共谋合作共赢大计"。中国为促进发展中国家和欠发达国家减贫、粮食安全等问题的解决以及积极将此类主体纳入全球安全议题讨论中所作的努力,皆体现了和合共生的国际道德意蕴。

三、国际政治中的"势"及其当代价值

"势"作为中国古代国际关系的又一个特有概念,极具中国文化特色,反映了中国人的战略思维,在当代仍然具有鲜活生命力,对理解当代国际政治和中国外交具有重要指导价值,且可以在一定程度上弥补现有西方国际关系理论的缺失。①从概念的类型上看,"势"从属于古代外交哲学思想。

(一)经典溯源

在中国传统文化中,"势"一字最早出现在春秋时期的《管子》中,但"势"的概念一直缺少明确的定义。从中华经典文献来看,先秦时期众多思想家代表如孙子、韩非子、老子、庄子、管子等都有论"势","势"的内涵要义丰富,主要反映的是早期的外交哲学观观念,涵盖了军事思想、哲学思想和思维方式。王力主编的《古汉语常用字字典》、周国光主编的《古汉语常用字多用字字典》和罗竹风主编的《汉语大词典》等,都对"势"的多种含义进行了总结和归纳。②尽管具体表述有所不同,但大体上"势"的含义主要涉及权力、地位、格局和发展趋向等维度。

"势"源于"力"。"势"与"力"可组成一个合成词"势力",这表明两者之

---

① 本书关于"势"的观点解读,参见潘忠岐:《"势"及其对于理解国际政治和中国外交的独特价值》,《国际观察》2020 年第 1 期,第 69—100 页。

② 在王力先生主编的字典中,"势"主要有三种基本含义:一是势力、权力,成语有"势均力敌";二是势头、力量的趋向,引申为"趋势";三是"形势",成语有大势所趋,又作"时机"。在周国光主编的词典中,有四种释义:一是权势、力量;二是气势、威势;三是形势、态势;四是姿势、样子。在罗竹风主编的字典中,主要有五种解释:一是权力、威势;二是力量、气势;三是形势、情势;四是姿态;五是样式、架势。参见王力等编:《古汉语常用字字典》(第 5 版),商务印书馆 2005 年版,"势"条目;周国光主编:《古汉语常用字多用字字典》,安徽教育出版社 2000 年版,第 476 页;罗竹风主编:《汉语大词典》(缩印本),上海辞书出版社 2007 年版,第 1083—1084 页。

间往往存在"难分难解"的关系，有时"势"的含义等同于"力"。虽然《说文解字》中并无"势"字，但恰如段玉裁在《说文解字注》中所言，"《说文》无势字，盖古用执为之"①。也就是说，执，乃势之古字。郑珍在《说文新附考》则对"势"作了解释："势，盛力权也，从力执声。"②先秦时期兵家思想对"势"作了大量解读。据《孙子兵法·势篇》所言，转于千仞之山的"圆石"之所以能形成"势"，跟"圆石"的重量即"力"是直接相关的，且"势"的大小与"力"的大小成正比。很难想象将"圆石"替换成同样是圆形的气球或乒乓球也能形成同样的"势"。《孙子兵法·势篇》所言，"激水之疾，至于漂石者，势也"。③《孙膑兵法·势备篇》也称："弓弩执（势）也"，且进一步解释说，"何以知弓弩（弩）之为执（势）也？发于肩应（膺）之间，杀人百步之外，不识其道所至"。④由此可见，"势"并不是"力"本身，"力"能否形成"势"，在一定程度上取决于"力"的大小和速度的快慢。"势"源于地位。"势"与"位"有时会联系在一起，物或人是否有"势"，跟物所处的位置高低和人所处的地位尊卑有关。根据《韩非子·难势篇》的记载，"尧为匹夫不能治三人；而桀为天子能乱天下。吾以此知势位之足恃，而贤智之不足慕也"；"贤智未足以服众，而势位足以诎贤者也"。⑤《管子·七臣七主篇》提出："权势者，人主之所独守也。"《管子·明法篇》提出："夫尊君卑臣，非计亲也，以势胜也。"⑥由此可见，"势"显然与地位尊卑有关。"势"源于格局。"势"与"形"可组成一个合成词"形势"，"势"往往与"形"紧密相关。《孙子兵法》把"转圆石于千仞之山"称为"势"，"决积水于千仞之溪"称为"形"，并说："勇怯，势也；强弱，形也。"⑦转于千仞之山的"圆石"和决于千仞之溪的"积水"之所以能够成"势"，显然跟地形有极大的关系。《周易》中坤卦的卦象称"地势坤"，其中的"地势"就有大地形态之意。房玄龄对《管子·形势篇》的题解是："自天地以及万物，关诸人事，莫不有形势焉。夫势必因形而立，故形端者势必直，状危者势必倾。触类莫不然，可以一隅而反。"由此可见，任何物或人只要有某种特定的

① （清）段玉裁：《说文解字注》，中华书局1992年版。

② （清）郑珍：《说文新附考》，中华书局1985年版。

③ （春秋）孙武撰、（三国）曹操等注、杨丙安校理：《十一家注孙子》，中华书局2016年版，第90页。

④ 张振泽：《孙膑兵法校理》，中华书局1984年版，第79页。

⑤ （清）王先慎：《韩非子集解》，中华书局1998年版，第388页。

⑥ 黎翔凤著、梁运华整理：《管子校注》，中华书局2004年版，第913、998页。

⑦ （春秋）孙武撰、（三国）曹操等注、杨丙安校理：《十一家注孙子》，第95页。

"形",即形态或格局,便会有与之相应的某种特定的"势"。"势"源于发展趋向。老子在《道德经》第五十一章中写道:"道生之,德畜之,物形之,势成之。"①这里的"势"所指的基本含义就是事物发展的"趋向"。庄子对于"势"的理解主要体现在《逍遥游》中。书中关于鲲鹏"水击三千里,抟扶摇而上九万里"与"海运"之间的关系,说的就是借"势"的哲学。除此之外,先秦时期之后,从"势"的角度看待古代国家间政治、军事、历史等发展的论述比比皆是。如贾谊的《过秦论》提到,"仁义不施,攻守之势异也。"苏洵《六国论》中谈到"夫六国与秦皆诸侯,其势弱于秦"。柳宗元在《封建论》中更是谈到了对"势"的理解,"彼封建者,更故圣王尧、舜、禹、汤、文、武而莫能去之,盖非不欲去之也,势不可也","故封建,非圣人意也,势也"。《三国演义》开篇即为"话说天下大势,分久必合,合久必分",表达的不仅是中国古代的传统历史观,更是一种朴素的"国际政治"哲学观。

(二)"势"的现代研究

作为一个国际政治概念,"势"极具中国特色,是现有西方国际关系概念中未涉及的学术范畴。鉴于《孙子兵法》在西方的流行,加上华裔学者在英语世界的介绍,②现代西方人对"势"的概念并不陌生,但他们对"势"的认知和讨论尚处在非常粗浅的阶段,且主要囿于中国话题。③例如,法国汉学家余莲(François Jullien)出版过有关"势"的研究专著,并借此分析中国人的思维方式。④美国国防部在 2002 年的《中国军力报告》中试图说明"势"之于中国军事战略的重要性,对"势"的含义进行了解释,并同时指出,"没有一个西方概念是与'势'相对应的",因此直接使用了"势"的汉语拼音。⑤基辛格在 2011 年出版的《论中国》一书中也援引了《孙子兵法》对"势"的概念进行探讨,认为"势"是"一个西方没有直接对应概念的范畴",所以他也用汉语拼音来指代"势"。⑥西方学者对"势"的理解存在两点不足:一是不够系统,对

① 王弼注、楼宇烈:《老子道德经注校释》,中华书局 2008 年版,第 136 页。

② Lin Yutang, *The Importance of Living*, New York: Harper, 1937; David Lai, "Learning from the Stones: A Go Approach to Mastering China's Strategic Concept, Shi," Carlisle, PA: Strategic Studies Institute, US Army War College, 2004.

③ William Mott and Jae Chang Kim, *The Philosophy of Chinese Military Culture —— Shi vs Li*, New York, N.Y.: Palgrave Macmillan, 2006.

④ [法]余莲:《势:中国的效力观》,卓立译,北京大学出版社 2009 年版。

⑤ U.S. Department of Defense, Annual Report on the Military Power of the People's Republic of China, Washinton, D.C.: Department of Defense, 2002, pp.4—6.

⑥ Henry Kissinger, *On China*, New York, N.Y.: The Penguin Press, 2011, p.30.

"势"的来源、特点、在当代的表现以及应用价值研究很少；二是内容不够深入，仅局限于先秦时期兵家的解读，资料较少。因此，这一概念更值得中国国际关系学者去深入研究，以弥补现有西方国际关系理论过于注重"力"的不足。张志洲教授在国内最早对"力"与"势"进行比较，认为相对于"力"，"势"的模糊性和可感知性强于可测量性，而这正是中国传统文化思想和思维方式的重要特征，"势"可以发掘成为当代国际政治理论的一个学术概念，基础在于解释的有效性。①潘忠岐教授认为，国家间的"势"对比跟"力"对比一道决定国际体系的基本结构及其稳定性。中国人在思维方式上贵"势"不贵"力"，提出了系统的用"势"之道。其中，"度势""随势"和"谋势"最为重要，并深刻地影响着当代中国外交的理论与实践。②从两位学者的研究来看，中华经典概念中的"力"思想非常丰富，既包含了"力"，又超越了"力"，可以作为早期较为系统的外交哲学观观念之一。

（三）"势"在当代国际政治中的应用

中华经典文献中有关"势"的表述及其释义，创造了丰富的有关"势"的话语，如气势、形势、情势、态势、局势、趋势、姿势、架势、乘势、借势、造势、势必、势不可当、势均力敌、蓄势待发，等等。"势"成了对事物状态、前景、格局、规律、矛盾等方面作出的一种判断、一个视角。用来阐述对国际政治认知的话语不免要论及"势"，不仅一般的报刊评论如此，领袖们的论述以及党的报告中更是如此。毛泽东直接以"国际形势"为题谈国际政治的论述很多，如1946年4月的"关于目前国际形势的几点估计"、1957年11月的"国际形势到了一个新的转折点"，③等等。邓小平关于"国际形势"或"世界局势"的论述也有很多，如1985年《在军委扩大会议上的讲话》中对当时的"国际形势"作了深刻分析，认为"在较长时间内不发生大规模的世界战争是有可能的，维护世界和平是有希望的"④。党的十六大报告则专门有名为"国际形势和对外政策"的部分，从"势"的角度论述了国际政治。⑤党的十七大报告中对

---

① 张志洲：《国际政治中的"势"》，《国际论坛》2008年第9期，第37—43页。

② 潘忠岐：《"势"及其对于理解国际政治和中国外交的独特价值》，《国际观察》2020年第1期，第69—100页。

③ 中华人民共和国外交部、中共中央文献研究室编：《毛泽东外交文选》，中央文献出版社、世界知识出版社1994年版。

④ 《邓小平文选》第3卷，人民出版社1993年版，第127页。

⑤ 江泽民：《全面建设小康社会开创中国特色社会主义事业新局面》，人民出版社2002年版。

时代主题、时代发展潮流、国际力量对比有明确的判断,结论为"国际形势总体稳定"。①中共十八大报告中关于不同语境、指涉对象不同,"势"的内涵表述也不尽相同,如针对国内外情况,会用"保持国际形势总体稳定";针对经济发展情况,会用"着力培育开放型经济发展新优势";针对政治反腐情况,会用"惩治腐败高压态势",等等。②党的十八大以来,习近平总书记对"国际形势"作出了一系列重要论述。党的十九大报告中关于"势"的表述有多处,如"国内外形势正在发生深刻复杂变化,我国发展仍处于重要战略机遇期""乘势而上开启全面建设社会主义现代化国家新征程""适应世界新军事革命发展趋势和国家安全需求""和平发展大势不可逆转",③等等。党的二十大报告中提及"势"的地方有37处,主要与"优势""态势""形势""势力"相关,关于国际政治的判断则用"大势"来表述:"当前,世界之变、时代之变、历史之变正以前所未有的方式展开。一方面,和平、发展、合作、共赢的历史潮流不可阻挡,人心所向、大势所趋决定了人类前途终归光明。另一方面,恃强凌弱、巧取豪夺、零和博弈等霸权霸道霸凌行径危害深重,和平赤字、发展赤字、安全赤字、治理赤字加重,人类社会面临前所未有的挑战。世界又一次站在历史的十字路口。"④这是从"势"的角度看当前国际政治现实状况的典型文本。由此可见,党的报告中对国际政治所作的论述单纯从权力关系、国际格局、国际秩序等概念无法准确概括,却可以从"势"的角度将诸多内容统一起来。

总体说来,从"势"看国际政治是中国在自己文化传统之下一种自然而然的观察角度,是中国外交哲学观的重要内容之一。基于"势"思想、"势"思维和"势"视角,会看到从西方思维和西方的学术概念出发所看不到的国际政治状态、性质、矛盾和前景等方面。基于对"势"的理解,有助于使自己在国际政治中处于有利的"位势"。

四、国际关系中的"通"

作为中国古代国际关系概念之一,"通"体现了中国古代开放包容的外

① 胡锦涛:《高举中国特色社会主义伟大旗帜 为夺取全面建设小康社会新胜利而奋斗》,人民出版社2007年版。

② 胡锦涛:《坚定不移沿着中国特色社会主义道路前进 为全面建成小康社会而奋斗》,人民出版社2012年版。

③ 习近平:《决胜全面建成小康社会 夺取新时代中国特色社会主义伟大胜利》,人民出版社2017年版。

④ 习近平:《高举中国特色社会主义伟大旗帜 为全面建设社会主义现代化国家而团结奋斗》,人民出版社2022年版。

交哲学观。先秦时期古籍尤其是《易经》中对"通"的阐发，为当代中国的政治思想和外交思想，提供了一些可资参考的样本。

（一）概念溯源

《说文解字》中关于"通"的解释是："通，达也。从辵，甬声。"形声字，本义是到达；通到。从外交哲学思想的角度来说，"通"主要有五种用法。其一是贯通。《易·系辞上》："一阖一闢谓之变，往来不穷谓之通"①。一闭一开叫作变化，来来往往地变化无穷叫作贯通。其二是流通，交换。如《荀子·儒效》："通财货，相美恶，辩贵贱，君子不如贾人。"②使财物流通，鉴别货物的好坏，区别货物的贵贱，君子不如商人。其三是交往、交好。《左传·隐公元年》："惠公之季年，败宋师于黄，公立而求成焉，九月，及宋人盟于宿，始通也。"③（鲁）惠公的晚年，在黄地打败了宋国。鲁隐公即位，要求和宋人讲和。九月，和宋人在宿地结盟，两国开始交好起来。这个"通"，类似建立外交关系。其四是平正；顺畅。《尔雅·释天》："四时和为通正。"郭璞注："通，平畅也。"邢昺疏："言上四时之功和，是为通畅平正也。"其五是通情达理。《荀子·不苟》："上则能尊君，下则能爱民，物至而应，事起而办，若是则可谓通士矣。"杨倞注称："通者，不滞之谓也。"上能尊敬君主，下能爱抚民众，事情来了能应付，事件发生了能处理，像这样可以称为通达事理的人了。

（二）"通达"

"通"和"达"，在中国古代的政治语境中，是一对核心的互文概念。④首先，这一概念是多元的，既指向个人，又可以用以形容政治人物的声誉，指的是"誉满天下"，用来指政治成就的话，所描述的则是一种具有广泛认同与向心力的典范。其次，这一概念是外向的，而非内向的。自春秋始，达（通）就指闻名于各诸侯间的声势。一国之政若臻于善境，便一定名扬四海。这甚至升华为某种上下一心的政治信仰。

五、国际关系中的"仁"

"仁"是儒家思想的核心，也是中华经典国际关系概念之一。李泽厚所言："仁在《论语》中出现百次以上，其含义宽泛多变，每次讲解并不完全一

① 《周易·系辞》。选自杨天才注：《周易》，中华书局 2022 年版。
② 《荀子·儒效》。选自耿芸标：《荀子译注》，上海古籍出版社 2020 年版。
③ 《左传·隐公元年》。选自郭丹注：《左传》，中华书局 2016 年版。
④ 朱小略、翟昆：《论"通"：互联互通的逻辑》，载潘忠岐等著：《中华经典国际关系概念》，上海人民出版社 2021 年版。

致。这不仅使两千年来从无达诂,也使后人见智见仁,提供了各种不同解说的可能。"①据杨伯峻《论语译注》统计,《论语》全书有 104 个"仁"字。从概念的归类上看,"仁"属于国际关系伦理观。

(一)概念溯源

"仁",《说文解字》中解释为"亲也,从人从二……仁者兼爱也,故从二如邻也"②。从中华经典典籍来看,在先秦思想家中,孔子对"仁"的论述最多,他在个人和国家两个层面都有关于"仁"的论述。从个人层面看,"仁人志士"比普通民众具有更大的勇气和决心,即便是面对生死选择也毫不退缩,"志士仁人,无求生以害仁,有杀身以成仁";③从国家层次看,"仁义之邦"能够在国际社会赢得巨大的国际影响力,获得更多的国际支持,"仁者无敌"。然而,孔子也认为国家的仁义属性需要长时间的积累绝非一朝一夕或者一两项政策就能够造就一个仁义国家,"如有王者,必世而后仁"。④有学者将孔子的国际关系思想概括为"身—家—国—天下"一体的孔子范式。⑤孔子范式的整体思维,反映国内政治与天下政治一体,身—家—国—天下一体观的核心概念是"仁"。"仁者,人也。"仁学就是人学,仁的本质就是爱人。如《礼记·祭义》曰:"天之所生,地之所养,无人为大。"⑥即天地之间没有比人更伟大的。孔子的"仁"思想反映到治国中就表现为以人为本和以民为本。对统治者来说,国家治理的最高境界,就是要广施于民而能济众。如《论语·雍也第六》提及,"如有博施于民而能济众,何如? 可谓仁乎?子曰:"何事于仁? 必也圣乎! 尧舜其犹病诸。"⑦将"仁"思想推及国家间关系,则是赋予国家人格化、个体化。在孔子看来,人—家—国—天下是一体的,"家"是"人"组成的家,"国"是由"家"构成的"大家"。在这个体系中,居于中心地

---

① 李泽厚:《中国古代思想史论》,生活·读书·新知三联书店 2008 年版,第 16 页。

② (清)郑珍:《说文新附考》,中华书局 1985 年版。

③ (清)刘宝楠撰、高流水点校:《论语·卫灵公》,选自《论语正义》(下),中华书局 1990 年版,第 620 页。

④ (清)刘宝楠撰、高流水点校:《论语·子路》,选自《论语正义》(下),中华书局 1990 年版,第 531 页。

⑤ 叶自成认为中国政治文化、价值文化的核心,在于道儒法三家,更具体地说是在老子、孔子、商子(商鞅)的思想中。老子范式、孔子范式、商子范式的核心和思想共同构成了华夏主义。参见叶自成:《论华夏主义国际关系范式的三个构成》,《国际观察》2023 年第 1 期,第 39—56 页。

⑥ 刘兆伟译注:《论语》,人民教育出版社 2015 年版,第 64 页。

⑦ 来可泓注:《大学直解·中庸直解》,复旦大学出版社 1998 年版,第 81 页。

位的不是权力、利益、价值或身份之类的抽象物,而是一个由有血有肉的人构成的社会,是以"仁"为核心的伦理价值体系。

（二）"仁"与西方社会契约伦理的比较

"仁"体现的是人与人之间的具体、有机关系。西方现代社会契约伦理的底层结构则是抽离了所有具体关系后的抽象个体,所以西方社会契约是建立在抽象基础上的结合。而西方个人权利之权利"right"一词是西方现代性的产物,"right"在现代之前的古典时代表示"正确",即德性。近几十年来,西方政治哲学自身已在反省、批判将权利由古典的德性下降为现代的权利的后果。权利背后是欲望,个人权利背后的预设是个体的欲望,而现代性的奥秘在于不断制造各种欲望和需求,从而形成新的消费市场,所以权利并非最高阶的价值,德性比以欲望作为底层结构的权利更高阶。因此,在探讨应如何让仁爱观念与现代个人权利意识更好结合这一点上,中华文明的仁爱思想可以给西方社会契约伦理的抽象性增加具体关系的有机性,尤其是更深层的天人相应性。

仁之德性,可以给西方现代个人权利意识以及底层的欲望逻辑增加以天理制约人过度欲望的德性新规定,以仁的价值超越西方社会契约伦理与个人权利。这也就是孔子所说的"道之以政,齐之以刑,民免而无耻。道之以德,齐之以礼,有耻且格"。

（三）仁对当代中国发展的意义

仁贯通天、地、人,通贯性地处理人与人、人与社会、人与自然等各种关系。五经之首《周易》首卦乾卦代表天,"天地之大德曰生",天之德可以概括为生。乾卦卦辞为"元亨利贞",代表乾的四种德性,也就是生的动态持续发展过程,乾元之德在天道为生,在人道则为仁。"元亨利贞"象征人道、人事,有初始的仁之善,才有事业的亨通广大,事业的大发展才会产生大的利益。"利者,义之和也",照顾到所有人、人人皆得其宜的利益才是真正长久永固的利益。"元亨利贞"四德合在一起是"可大可久之道",既能因其仁而大发展,又能因其着眼于所有人、人人皆得其宜的利益而能长久永固发展。[①]从中华文明史来看,正是因为有讲仁爱,才有中华文明"可大可久之道"的不断发展,并保持了文明未断裂的连续性,这使得中华文明成为世界文明史上唯

---

① 谢茂松:《中国式现代化的三重主体性与人类文明新形态》,《开放时代》2023 年第 3 期,第 13—26 页。

一连续未断裂的文明。

"仁"的文明原理使得中国无论国力强大或弱小,始终尊重基于各自不同特性基础上的独立自主发展,即"乾道变化,各正性命",具有如同天地一样的巨大包容性。"君子以厚德载物""君子以同而异",都表明中华文明重视相辅相成、相互之间的融合发展,这就是为什么中国历史上多次发生民族大融合,而没有引起过一次文明的冲突,更没有发生过宗教战争。

第三节　对外战略概念

战争与和平的关系是国际关系的基本问题。战争是政治的继续,也是政治的重要内容。在中国先秦时期对外关系智慧中,包含着大量的战略概念,比如"不争""会盟""纵横"等,它们深深地影响了中国人的外交思维。

一、国际关系中的"不争"

不争是中国伦理思想史用语。在不同的学派中有不同的含义,道家视其为一种天道自然准则。作为古代中国国际关系概念之一,"不争"概念及其思想来源于老子,"不争"反映了国家相处之道,从概念类型上看,属于国家对外战略观。

(一)概念溯源

老子认为"不争"是一种顺应自然之道的重要品德,是与"天之道"对应的"人之道"。在《道德经》①中,"不争"一共出现了10次,分布在7个章节里。"善为士者,不武;善战者,不怒;善胜敌者,不与;善用人者,为之下。是谓不争之德,是谓用人,是谓配天,古之极也","天之道,利而不害;人之道,为而不争","不尚贤,使民不争;不贵难得之货,使民不为盗;不见可欲,使民心不乱","水善利万物而不争","夫唯不争,故天下莫能与之争","以其不争,故天下莫能与之争","天之道,不争而善胜,不言而善应,不召而自来,繟然而善谋","夫唯不争,故无尤"。②对国家来说,都难免要面临"争"的问题。即使老子提出"不争"的理念,不可否认很大一个原因也是为了"莫能与之争"。毋庸讳言,"不争"是一种道德选择,也是一种现实策略。问题在于如何去争,是零

---

① 所引《道德经》原文,均出自陈鼓应:《老子注译及评介》,中华书局 2009 年版。
② 陈鼓应:《老子注译及评介》,中华书局 2009 年版,第 68、81、3、8、22、66、73 章。

和游戏,还是在你追我赶中实现双赢,考验着每一个行动体的智慧。

（二）"不争"的应用

老子提出,依据自然而然之道,大国与小国的存在是一种自然现象,老子并不主张小国与大国的平等,认为大小有别,想得的利益也不同,大国要的是小国的尊重,小国要的是大国的保护,应当以不同的方式满足和实现这些不同的利益。[1]"大邦者下流也,则大者宜为下。"[2]大国好比江河的下游,好比天下物类的雌性,它是天下众水的汇流处。大国对小国谦下,就能取得小国信任,小国对大国谦下,就能被大国信任。老子提倡"无事取天下",[3]就是让每个国家按照自己的历史文化、民族习惯、道德信仰自然而然地生存发展,国家之间的关系,也应该按照自然而然的天道,相互尊重,任何一个国家都不得对其他国家的事务进行强制干预。在对待小国大国关系上,也是理想主义和现实主义兼具。

（三）"不争"的意义

"不争"不是放弃斗争、否定斗争,不是不能争、不敢争、不要争,而是对"争"的一种超越性认识,其中既有被动的谦守,也有主动的进取。"不争"作为一种手段,是从大处着眼,从高处着眼,以全局性、长远性的战略眼光,实现对局部斗争、当下斗争的超越;"不争"作为一种目的,既可以通过"不争"的方式实现,也可以通过"争"的方式实现,指向的是一种在和平框架之下充满活力的治理体系与国际关系。老子在对大国与小国关系的认识,反映了他的战争和平观,他所言的"小国寡民""老死不相往来",在一定程度上道出了现实。的确,如果国家之间互相不来往,不接触,每个国家都关注于国内事务,而不关注外部事物,那么,国家之间的冲突或许会显著减少甚至消失。但是,这充其量是一种自然规律,而不是人类和国际社会的历史发展方向。

二、国际关系中的"会盟"

"会盟",作为重要的古代国家间关系概念之一,起源于春秋时期,反映了"国家间"的对外交往。春秋政治形态一个显著的特点就是会盟制度。当时不仅盟会的召集人由周天子下降到了诸侯大夫,盟会的参与者也从单纯的贵族扩大至士、庶人、家臣等个体,他们代表着一种新兴的政治力量,也塑

---

[1]　本书关于"不争"的解读受到叶自成的启发。参见叶自成:《叶自成〈老子〉全解》(今帛简本综合版),上海远东出版社 2019 年版。

[2]　叶自成:《叶自成〈老子〉全解》(今帛简本综合版),第 150 页。

[3]　叶自成:《叶自成〈老子〉全解》(今帛简本综合版),第 141 页。

造着崭新的政治秩序。会盟在春秋时期是十分有影响力的,几乎每年都有,甚至一年数次,会盟虽是为了协和邦交,进行到中后期已无君臣之实、上下尊卑之分。

（一）概念溯源

会盟缘起于先秦时期。"时见曰会,涖牲曰盟。"①会就是相约到一个地方会面,盟就是众人在神明的见证下进行约定,不仅要使用牺牲,还会记下约定的誓言,违背誓言的会受到惩罚。会与盟本是周代宾礼的应有之义。会就是王与诸侯、诸侯与诸侯相见;盟就是王与诸侯、诸侯与诸侯互相约信。会盟的意义就在于勠力同心、熙和天下。②1965 年山西侯马盟书的出土,使得周代的会盟之礼更加具象化了。根据出土的盟书及《左传》等传世文献对于会盟的记载,以及包括郭沫若先生、张颔先生及陈梦家先生等史学家的考述,周代的结盟之法可叙列如下:其一是盟期,凡是会盟之前,先遣传令之人到各参与国确定具体日期。③《左传·隐公八年》记载:"齐侯将平宋、卫,有会期。宋公以币请于卫,请先相见,卫侯许之,故遇于犬丘。"④其二,确定了会盟日期之后,国君在临行之前要到祖庙中拜祭祖先,外事活动归国之后,也要先到祖庙中报到,无论外出还是归来,史官都会立于一旁并将此事书于简册。《左传·桓公二年》曰:"冬,公至自唐,告于庙也。凡公行,告于宗庙,反行饮至,舍爵策勋焉。礼也,特相会,往来称地,让事也,自参以上,则往称地,来称会,成事也。"⑤其三是贽见,贽见就是相见礼之意。《左传·定公八年》:"公会晋师于瓦,范献子执羔,赵简子、中行文子皆执雁,鲁于是始尚羔。"⑥最后,用牲歃血。有《史记·晋世家》记载可知:"智罃迎公子周来,至绛,刑鸡与大夫盟而立之,是为悼公。"⑦以上便是会盟之礼的大概。依周礼规定,盟会只能是事关天下之利害,诸侯与大夫不可私会与私盟。然而通观《春秋》与《左传》,信手一翻,会盟之事比比皆是。

---

① 《礼记·曲礼下》。

② 郭萍:《儒法邦交思想及其时代性省察——基于春秋时期齐鲁会盟的分析》,《孔子研究》2023 年第 4 期,第 40—50 页。

③ 吴柱:《关于春秋盟誓礼仪若干问题之研究》,《中国史研究》2015 年第 4 期,第 5—24 页。

④ 杨伯峻:《春秋左传注》,中华书局 1990 年版,第 58 页。

⑤ 杨伯峻:《春秋左传注》,中华书局 1990 年版,第 91 页。

⑥ 杨伯峻:《春秋左传注》,中华书局 1990 年版,第 1565 页。

⑦ 陈曦等注:《史记》,中华书局 2022 年版。

（二）"会盟"的意义

春秋的盟会有事则会，主要可以分为"内安诸夏"和"外攘夷狄"两方面。①讨不庭、定位和救患，是"内安诸夏"的主要内容。《左传·襄公十六年》记载："于是叔孙豹、晋荀偃、宋向戌、卫甯殖、郑公孙虿、小邾之大夫，盟曰，同讨不庭。"诸侯有不臣天子之心，皆曰"讨不庭"。《左传·昭公二十七年》记载："秋，会于扈，令成周，且谋纳公也。"诸侯王被逐出之后迎回，以及国君新立，可依靠会盟安定君位。《左传·僖公元年》记载："秋，楚人伐郑，郑即齐故也，盟于荦，谋救郑也。"诸侯国有难，盟誓以相救。春秋时期，由于国运不济，外患频仍。当时华夏与夷狄杂处，更没有清代以来所谓"边界"与"界碑"等领土观念，周王室常常受到强大起来的外族侵扰。除此之外，和夷狄交壤的齐、楚、秦、晋等大国，更是时常受到夷狄的迳犯。《左传·义公七年》记载："狄侵我西鄙。秋，八月，公会诸侯，晋大夫，盟于扈。"②虽说这个时期的会盟不脱讲信修睦的宗旨，但其具体的形式、参与人员以及实际目的，都同时代的脉搏一起跃动。会盟这一外事活动也对当时的贵族政治产生了影响，瓦解了周天子的权威，并使政治的权柄不断下移。

（三）"会盟"的评价

"会盟"的初衷是为了协同诸侯，然而春秋时期频繁的盟会本身也是包括周王室在内的各国信用沦丧的产物。春秋时期，不仅盟会的召集人由周天子下降到了诸侯大大，盟会的参与者也从单纯的贵族扩大至士、庶人、家臣等个体，他们代表着一种新兴的政治力量，也塑造新的政治秩序。贵族制度越发展越不如初创之盛，是与西周对于诸邦的管理模式分不开的，周初分邦建国，周是最大的邦。所分封下去的大小邦国，就像是周的复制品，不仅有经济的自主权，还有政治和军事的自主权。它们对于周的服从是建立在周的绝对实力的基础上，周所创立的"朝聘"制度也就是以"恩惠换忠诚"③，即诸邦前来表示尊王，王给予赏赐。后来王室衰微，能够给予的恩惠越来越少，诸侯的离心力增加，频繁的私会与私盟便屡见于史籍了。诸侯国内也是一样，尤其是诸夏国家，其境内的大夫都有相当的自主权，公室一旦衰弱，就

---

① 莫金山：《春秋列国盟会之演变》，《史学月刊》1996 年第 1 期。
② 杨伯峻：《春秋左传注》，中华书局 1990 年版。
③ 李峰：《西周的灭亡：中国早期国家的地理和政治的危机》，上海古籍出版社 2014 年版，第 58 页。

是卿大夫之家主政的时机。因此春秋时期贵族制度的式微和贵族之间互相争夺有关,也和分封制下诸侯离心有关。

三、国际关系中的"纵横"

"纵横",是战国时期纵横家提出的外交策略。从概念的类型上看,属于对外战略观。

(一)概念溯源

纵横即合纵连横,是中国古代战国时期外交战略的结晶与浓缩,其核心是"纵""横"二字。"纵""横"二字之前只是表方向的概念,到战国时期演变为政治概念。纵是合纵的简称,即"合众弱以攻一强",以三晋为主,北连燕,南连楚,形成南北纵线,主要对抗秦齐。横是连横的简称,即"事一强以攻众弱","以秦为中心,联合山东任何一国,形成东西横线,分化瓦解山东六国,进而吞并天下,统一中国"。[①]纵横战略兴于各国竞相实施变法和兼并的战国中期(约公元4世纪中期),衰于秦占据实力绝对优势的时期(约公元3世纪中期)。在齐于前3世纪末近乎为燕所灭之前,各国合纵的主要对象是秦齐,之后主要针对秦国。连横战略多为秦齐两国所实施,其中最主要是秦国。[②]诞生了诸多纵横家,如苏秦、张仪、公孙衍等。

就连横战略而说,秦国体现得最为明显。这百年中,秦国涌现出张仪、范雎等出色的政治家和外交家,力劝秦国奉行连横战略,张仪曾于前312年成功离间齐楚联盟,化解了当时两大强国对秦国的威胁,之后秦国又多次破解了以魏国为首的合纵,最著名的一次是在前247年。战国后期秦的连横战略主要体现在范雎提出的"远交近攻"上,合燕国而伐赵,合齐国而攻韩魏,都取得了非常大的成功。秦国除了连横,还不失时机地开展合纵战略,如于前284年支持乐毅复燕,同其他四国一起攻伐齐国,一举削弱了自己的心腹大患齐国,之后步步顺利取得霸权。相对于连横战略,合纵战略组合更为零散,目标难以集中明确,实施难以整齐划一,各国彼此之间还相互不信任,相互攻伐,因而实施效果大不如前者。主张合纵的代表人物,前期有公孙衍,后期有苏秦。前323年,公孙衍发动"五国相王",联合魏、韩、赵、燕、中山五国来对抗秦国,但由于齐魏和楚魏之间的矛盾而顷刻瓦解。前318年,

---

① 刘雯芳:《三十年来战国纵横家研究综述》,《山西大学学报(哲学社会科学版)》2004年第7期,第55页。

② 于泽民:《〈孙子〉纵横战略》,长江文艺出版社2016年版。

公孙衍以魏相致命,再次联合魏、赵、韩、燕、楚五国合纵抗秦,声势浩大,联军势如破竹直抵函谷关,但实际出兵作战的只有魏、赵、韩三国,燕国远在千里之外,楚国则按兵不动。[①]秦国依此离间楚国与中原三国关系,稳住楚国后,大举进攻这三国,合纵之势不久即溃,这是战国最大规模的一次对秦合纵。

（二）"合纵连横"战略的实现环境

合纵连横的实现环境,一是国际系统内国家数量相对较多,各国的相对实力较为平均(如战国中期),没有出现实力足以压倒别国之和的霸权(像战国后期的秦国已不用连横战略,而是运用兼并战略),这与欧陆传统均势的前提较为相似;二是各国均以变法图强作为本国最终目标,政策上争相招贤纳士,各国游士阶层的兴起又为其提供人才基础;三是当时周王室衰微,处于"礼崩乐坏"之时,道德与政治的疏离愈加普遍,马基雅维利式的君主思想和富国强兵思想成为各国统治者的共识,纵横家作为谋政者和谋生者,不再拘泥于对一国的忠诚,在宽松而自由的社会氛围中,在国家间思想的市场中为自己定位,表现出较强的地域流动性。朝秦暮楚,在当时看来无可指摘,但在之后民族国家形成后却难成气候。这些是实现合纵连横的社会基础。

（三）"合纵连横"战略的实施效果

从实施效果而言,连横战略要远胜于合纵战略。合纵战略的形成就颇费周折,其实施又受制于各国间关系。在分析合纵同盟时,张仪也指出了其中的弊端:"今从者一天下,约为昆弟,刑白马以盟洹水之上,以相坚也。而亲昆弟同父母,尚有争钱财,而欲恃诈伪反覆苏秦之余谋,其不可成亦明矣。"[②]由此不难看出,张仪认为合纵联盟的问题在于其成员国结成了如兄弟般的比较平等的关系。然而,亲兄弟亦有为了钱财而争夺之时,更何况是这些各为私利的诸侯国呢?许田波在《大一统对抗制衡》一文中做过一些统计:"公元前356—221年,秦国发动了51场扩张战争,其中只遇到了8次联合反击。秦国挫败和瓦解了其中的5次,虽在另外3次对抗中失败,但都不是决定性的,不足以阻止秦国的崛起。"[③]由此可见,连横战略不仅更易形成,而且由于牵涉国家较少,决策权相对集中,因而实施更为迅捷,成功率也更高。

---

① 于凯:《战国史》,上海人民出版社 2016 年版。

② 《史记·张仪列传》。

③ 许田波:《大一统对抗制衡》,《国际政治科学》2005 年第 1 期,第 94 页。

第四节　地缘政治概念

古今中外的国际关系理论都十分注重时间与空间的概念,而尤以中国古代国际关系理论为甚。中国古代社会是农业文明,安土重迁,将地缘关系视为政治操作的最重要的参照之一,因此,形成了一系列十分重要且有效的地缘政治概念,比如"华夏"与"四夷","九州"与"四海",等等。

一、国际关系中的"华夏"与"四夷"

"四夷"与"华夏"作为中国古代国际关系的一组对照概念,主要属于中国古代地缘政治的周边疆域观。从概念的生成逻辑上看,二者都形成于中国古代先秦时期。先秦的"四夷"认知,与"华夏"族群的形成有着紧密的关联。华夏是古代居住于中原地区的原住民的自称,以区别四夷(东夷,南蛮,西戎,北狄),又称中华、中夏。四夷,本质上则是"周朝"单方面对周边各族的定义,而且是"四夷"缺少话语权的情况下,所以这种定义肯定是片面且狭隘的。

(一)概念溯源

从中华经典文献来看,华夏,也称"华""夏"或"诸夏"等。"华夏"一词最早见于《尚书·周书·武成》:"华夏蛮貊,罔不率俾。"[1]华与夏曾相互通用,两字同义反复,华即是夏。"中华"又称"中夏"。如《左传》定公十年载孔子语云:"裔不谋夏,夷不乱华。"这里的"华"亦即"夏"。孔子视"夏"与"华"为同义词。大约从编著《尚书》起,我国古籍上开始将"华"与"夏"连用,合称"华夏"。而四夷,是古代对中原周边各族的统称,即:东夷、南蛮、西戎和北狄的合称,亦泛指外族。《尚书·大禹谟》:"无怠无荒,四夷来王。"[2]《孟子·梁惠王》:"莅中国而抚四夷也。"《礼记·王制》:"东曰夷、西曰戎、南曰蛮、北曰狄。""夷"的族称,今所见为当时确证的,以甲骨卜辞关于尸(夷)方的记录为最早;古籍记载则夏代的东方已有众多夷人的方国部落。《后汉书·东夷传》说:"夷有九种,曰畎夷、于夷、方夷、黄夷、白夷、赤夷、玄夷、凤夷、阳夷。"这九种夷[3]都见于古本《竹书纪年》关于夏朝与东方诸夷关系的

---

[1][2]　《尚书·周书·武成》。选自王世舜译注:《尚书》,中华书局 2023 年版。
[3]　"九"仅言其多,不必拘泥于九种。

记载。"西戎"的称谓最早来自周代,是古对西方少数民族的统称,即以戎作为对西方所有非华夏族的泛称。应劭《风俗通义》说:"戎者,凶也。"《诗经》中常有周朝与西戎战争的史诗,比如"赫赫南仲,薄伐西戎"①。"南蛮"与"北狄"的称谓最早记载来自周代的《礼记·王制》:"南方曰蛮,雕题交趾,有不火食者矣。北方曰狄,衣羽毛穴居,有不粒食者矣。"②

(二)"华夏"与"四夷"的形成

华夏作为一个族群名称和一种文化观念,也是自西周时期开始出现,至春秋时期才最终形成的。可以说,周人有意识地塑造"华夏共同体",是有其战略意义的。不管是在军政实力上,还是在文化传统上,周人都明显落后于殷商,但为了实现与"大邦殷"的抗衡,周人自称为"小邦周",开始以"有夏"自居,形成自己的军事联盟。关于这点,《尚书》的《周书》诸篇中多有记载:"惟乃丕显考文王……用肇造我区夏。越我一二邦,以修我西土。""惟文王尚克修和我有夏。"③周人灭商,实行分封制,彻底打破了古代部族之间的血缘壁垒,形成了混居和相互融合的新局面,最终促成了华夏民族的形成。关于"四夷",周有严格的划分标准。《国语·郑语》载史伯对郑桓公之言曰:"王室将卑,戎狄必昌,不可逼也。当成者,南有荆蛮、申、吕、应、邓、陈、蔡、随、唐,北有卫、燕、狄、鲜虞、潞、洛、泉、徐蒲,西有虞、虢、晋、隗、霍、杨、魏、芮,东有齐、鲁、曹、宋、滕、薛、邹、莒,是非王之支子母弟甥舅也,则皆蛮夷戎狄之人也。非亲则顽,不可入也。"④从这段话可看出,周人将天下邦国主要分为两类:一类是"亲",即周王室所封的同姓诸侯和异姓诸侯,同姓诸侯往往是周王室地方势力的代表,多被分封到抵御夷狄侵扰的前线,异姓诸侯多是与姬姓世代通婚的氏族,主要是姜姓、任姓等。⑤他们共同构成了周人政治共同体;另一类是"顽",则是蛮、夷、戎、狄这些与周王室没有血缘关系的族群,因被周人轻贱,故称"顽"。他们与周王朝时时发生冲突。随着平王的东迁,"华夏"又一次被提出来,扩大到广大的中原地区,成为凝聚周共抗"四夷"的核心观念。⑥只不过这时的"夏"不再是"有夏",而是变成了"诸夏",又

---

① (汉)应劭撰、王利器注:《风俗通义校注》,中华书局 2010 年版。

② 《礼记·王制》。

③ 《尚书·周书·康诰》。

④ 沈长云注:《国语》,国家图书馆出版社 2020 年版。

⑤ 胡鸿:《能夏则大与渐慕华风:政治体视角下的华夏与华夏化》,北京师范大学出版社 2017 年版。

⑥ 付林鹏:《四夷认知的形成与华夏观念的确立》,《北方论丛》2020 年第 6 期,第 6—15 页。

称"诸华"。翻检《左传》《国语》等典籍会发现,"诸夏""诸华"成为名义上尊奉周天子的中原各诸侯国的自称,如《左传·闵公元年》载管仲对齐桓公言曰:"戎狄豺狼,不可厌也。诸夏亲昵,不可弃也。"将"诸夏"与"戎狄"并举;《襄公四年》载魏绛言曰:"劳师于戎,而楚伐陈,必弗能救,是弃陈也。诸华必叛。戎,禽兽也,获戎失华,无乃不可乎?"①则是将"诸华"与"戎"对举。在这些典籍中,"诸夏""诸华"往往与"四夷"并举,成为自我身份认同的价值符号。

(三)"华夏"与"四夷"的关系

西周以后,中原大地上的邦国林立局面基本结束,原来的四夷或融合于诸夏,或退居周边更远地区,华夏与四夷的界限更加清晰。换句话说,中央王朝与边疆部族分野更加清楚,华夏之人与四夷之人也愈加明确。所谓"内其国而外诸夏,内诸夏而外夷狄",既是中原王朝对当时天下政治现实的描述,也是中原王朝划分内外的依据。②

但值得注意的是,"四夷"在先秦之后的演变中,与"外国"概念不同。从对外关系的角度看,自《汉书》始,部分王朝就以政治主体的身份对四夷与外国两个不同的对象做出了初步区分。③譬如《汉书》从体例上就区分了匈奴与西域诸国的异同:《汉书·匈奴传》单独列传,而西域51国另列于《西域传》下,分开视之;不仅如此,其曰:"匈奴,其先夏后氏之苗裔,曰淳维。唐虞以上有山戎、猃狁、薰粥,居于北边,随草畜牧而转移……无城郭常居耕田之业,然亦各有分地。"指出匈奴与汉有共祖之血缘关系。另外,少数民族入主中原加速了"夷夏之辨"的易位。④在二十四史中,《宋史》为元人所纂,《明史》为清人所纂,这两部史书在夷外关系上的认知远较其他王朝开明。这也是由于现实促使政治思想自我调整所形成的新局面。

二、国际关系中的"九州"与"四海"

"四海"与"九州"这一组对照概念,从概念的生成上看,二者都形成于中国古代先秦时期,属于地缘概念。"九州"最早出现在先秦时期典籍《尚书·

---

① 《左传·襄公四年》。选自郭丹注:《左传》,中华书局2016年版。
② 马大正主编:《中国边疆经略史》,中州古籍出版社2000年版,第441页。
③ 参见王义康:《中国古代的外国与外臣考》,载《西北民族论丛》第十二辑,第301—304页。
④ 朱小略、叶自成:《"攘夷"与"徕外"——传统社稷安全观的对象与对策》,《世界经济与政治》2016年第12期,第106—121页。

禹贡》中，是中国汉族先民自古以来的民族地域概念。自战国以来，九州即成为古代中国的代称。"四海"这个概念最早是出现在《山海经》这本书中，《山海经》经常会使用"四海"这两个字来代表方向。

从中华经典文献来看，九州，又名汉地、中土、神州、十二州，自战国以来即成为古代中国的代称，自汉朝起成为汉族地区的代称，又称为"汉地九州"。汉族先民自古就将汉族原居地划分为九个区域，即所谓"九州"。根据《尚书·禹贡》的记载，九州顺序分别是：冀州、兖州、青州、徐州、扬州、荆州、豫州、梁州、雍州。①《尔雅》中有幽州与营州，没有青州和梁州。《周礼》中有幽州与并州，没有徐州和梁州。

古以中国四境有海环绕，各按方位为"东海""南海""西海"和"北海"，但亦因时而异，说法不一。《书·益稷》："予决九川，距四海。"孔传："距，至也。决九州名川遇之全海。"《孟子·告子下》："禹之治水，水之道也，是故禹以四海为壑。"《淮南子·俶真训》："神经於骊山、太行而不能难，入於四海、九江而不能濡。"晋葛洪《抱朴子·明本》："所谓抱萤烛於环堵之内者，不见天光之焜烂；侣鲥鲦於迹水之中者，不识四海之浩汗。"现"四海"通常指世界各地。

---

① 《尚书·禹贡》。选自王世舜注：《尚书》，中华书局 2023 年版。

第七章　汉唐时期的国际关系概念

汉唐时期是古代中国的鼎盛时期,东亚社会和东亚国际关系得到很大发展。通过梳理汉唐时期的经典文献,我们发现汉唐时期约有 11 个较为明显的国际关系相关概念(包含一组对应的概念),按照类型可划分为三类。其一,与世界秩序观相关的概念,主要包括"羁縻""一"与"夷夏"。其二,包括"朝贡""藩属""和亲""互市""赂遗"等反映"国家间"对外关系的概念。其三,包括"正统""义与利"等外交伦理观。

第一节　与世界秩序观相关的概念

汉唐时期,中原王朝面临着周边少数民族政权的强有力的挑战,因此需要采纳一些新的观念、办法和制度。这些观念和制度类似于今天的国际秩序观和世界秩序观,尽管我们在第一编中已经反复说明,中国古代的"国际关系"与今日之国际关系迥然不同。

一、国际关系中的"羁縻"

在中国古代史上,羁縻制度是维护国家统一、保障中央政权对周边有效统治、避免民族战争和社会动荡的一种有效手段。汉代史籍中的"羁縻"为"系联不绝"之意,是指汉王朝对周边少数民族采取的拉拢、稳定政策,并非直接控制,被羁縻者有较强的独立性,有自己的政权形式。因其萌生于先秦而确立于两汉,将这一概念放入汉唐时期更适宜。作为中国古代国际关系概念之一,从类型上可归为国际治理观。

(一)概念溯源

羁縻的源头可上溯至商朝时期,大规模实行羁縻制度始于汉武帝时期。《史记·司马相如传·索隐》解释说:"羁,马络头也;縻,牛靷也。"[①]引申为

---

① 《史记·司马相如传·索隐》。选自陈曦等注:《史记》,中华书局 2022 年版。

笼络控制,指汉、唐、宋、元、明、清诸朝对承认当地土著头目封以王侯或许以厚禄、纳入朝廷管理的制度。所谓"羁縻",就是一方面要"羁",用军事手段和政治压力加以控制;另一方面用"縻",以经济和物质的利益给予抚慰。《史记·卷二五·律书》称:"故偃武一休息,羁縻不备。"《汉书·卷六一·张骞传》记载:"大宛以西皆自恃远,尚骄恣,未可诎以礼羁縻而使也。"①

（二）汉代"羁縻"政策评析

"羁縻"的实施与"大一统"观有关。董仲舒阐释的"大一统"观从两个方面影响汉代周边政策。一方面将"外攘四夷""天下率服,遐方各衣其服而朝"作为追求目标,这就不会安于同周边平等甚至屈辱的地位,而要用征伐以服四夷;另一方面又要行王道,施仁政,"以德怀远,说德归谊",要周边悦服而不能专靠征服。武帝及以后诸帝,随着国力的强弱、政局的治乱、君主的好恶和双方力量的消长,或是征伐,或是和亲,与四夷的关系彼此消长起伏,贯穿了整个汉代周边关系史。但有一点可以肯定,这些政策都出于儒家的大一统理论,而这种儒学又揉进了黄老的清静无为。两汉时代执行羁縻方略,一些具体措施开始制定、实施,并逐渐制度化。这些具体措施包括公主下嫁、裂地封王、以夷制夷、输赐金帛、纳贡称臣、开放边市、徙民屯田等。

二、国际关系理念中的"一"

"一"是一个包含许多政治秩序信息的汉字,它有普遍性、正统性、统一法则和真理的含义。一种政治秩序的形成是以统一的价值体系、一致自洽的制度等为标志的,或者说,政治秩序经常围绕着代表"一"的普遍性、正统性、统一法则的建构来实现。因此,作为中国古代国际关系概念的"一"来说,从概念类型看,可以归为世界秩序一类。

（一）概念溯源

《辞海》中关于"一"的解释有很多,大致有以下三种。第一,"一"为大,为始,为不杂,为全,所以才有"六王毕,四海一"。"一也者,万物之本也,无敌之道也。""圣人抱一为天下式。"第二,在对立对称中求得"一",所谓"不有两则无一"。第三,"一"有法则和标准的含义。②从汉字的历史演进角度看,汉朝时,《说文解字》中的"一"字,变得比睡虎地秦简里的"一"字还要规整,将横平做到了极致。汉代以后,随着华夏文化不断深入发展,最终,"一"字

---

① 陈曦等注:《史记》,中华书局 2022 年版。

② 夏征农、陈至立主编:《辞海（第六版彩图本）》,上海辞书出版社 2009 年版。

传出了许多传抄版本的古文字形态。自此,"一"字由最初的"最小原始单位"之缘起,在经历朝代的更迭、文化的不断发展后,有了"一统""统一""大一统"等含义,算是完成了终极升华。与"一"有关的另一个字是"统"。"统"纲领、纪纲,有了"一",则可一脉相承,一以贯之,以一统之,进而有大一统之说。无论是国内政治秩序还是国际政治秩序,往往围绕"一"的建构来展开。《汉书·匈奴传》记载,匈奴不愿意移风易俗归化于汉,也就是匈奴担心"引弓之国"被"冠带之室"同化,这背后关涉的是"一""统"之争。结合运用的广度与深度,将"一"纳入汉唐时期"大一统"秩序考察更为合适。

(二)多元文明与"一"

在考察国际关系尤其是文明间关系时,会发现文明之间、国家之间达成一种和平共处、和谐共生的秩序往往并不容易,其中很重要的一个原因在于文明之间或者国家之间由于对"一"的相争而充满不和。①假设"一"代表绝对理或普遍法则,那么"一"的所有对立面应该是谬误或者虚假;这个时候,在多个政治秩序的正当性"一"之间,就会因为不兼容或者排他,而必然出现水火不容的关系。人类文明的发源地或者各个独立的文明体,必以"一""统"为核心来缔造精神和世俗秩序。

(三)世界秩序中的"一"

在世界秩序构建问题上,人们越来越多地在两个前提下形成了共同的认识。②第一,对于世界是多样的、文化是多元的、发展道路是多条的这一事实,人们并不怀疑,西方自由民主理论也承认这一点,因为一旦否认这个事实,就等于否定了其自身所竭力主张的基本观念。中国先贤早就洞察了这一事实,早有"夫物之不齐物之性也"这样的描述。第二,对于万物并育共生比万物千篇一律更符合世界本来状态这一事实,人们也并不怀疑。西方自由主义理论一旦否定这一前提,无异于站到自由的对立面独裁一边。中国先贤就此则指出"万物并育而不相害,道并行而不相悖"的互不干涉思想。显然,关于世界秩序构建的上述两个共识基础越广泛,以自己的"一"改造世界的"多"的普遍主义就会愈益没落,陷入此路不通的尴尬境地。

三、国际关系中的"夷夏"

汉代,大一统政权的主体民族汉族已经形成,在民族关系中处于中心地

---

① 关于"多元文明"中的"一",主要参考苏长和的文章《论"一"与"和":世界秩序之争》,载潘忠岐等著:《中华经典国际关系概念》,上海人民出版社 2021 年版。

② 本书关于世界秩序中的"一"观点,参见苏长和:《世界秩序之争中的"一"与"和"》,《世界经济与政治》2015 年第 1 期,第 26—39 页。

位,汉民族与各少数民族的民族一体性得到前所未有的加强。在这样一种民族关系背景下,普遍重视维护大一统、强调礼义文化而非种族血缘之辨以捍卫华夏文明,便成为汉代夷夏之辨的主要特点。从概念类型上看,夷夏观属于一种国际治理观。

（一）概念溯源

正统,出自儒教《春秋》一书,又称法统、道统、礼仪之统,意思是以宗周为正,尊先王法五帝,为天下一统,指王朝的合法继承,也指学派、党派等一脉相传的嫡派。《汉书》曰:"《春秋》法五始之要,在乎审己正统而已。"①其中包括血统上的嫡长子继承制以及文化上的华夷之辨。周礼和春秋大义是衡量正统的标准,以获得政治上的统治合法性。对正统的追求称为拨乱反正、尊王攘夷。

（二）汉代公羊学派的"夷夏"之辨

汉代公羊学派重视夷夏之辨,始于其奠基之作《公羊传》。《公羊传》的夷夏之辨思想,从思想渊源来讲,是来源于先秦孔孟的夷夏观念。②其一,重视宣扬"异内外"的思想,也就是要"严夷夏之别"。在《公羊传》看来,《春秋》将天下分为京师（国）、诸夏和夷狄三类,它们之间有着内外之分,在京师与诸夏之间,京师为内,诸夏为外;在诸夏与夷狄之间,则诸夏为内,夷狄为外。内外不同,政治治理的方法也不同。③其二,《公羊传》对夷狄仰慕、遵守礼义者则"中国之"。如鲁定公四年,楚伐蔡,蔡求救于吴,《春秋》书曰:"蔡侯以吴子及楚人战丁伯莒,楚师败绩。"《公羊传》说:"吴何以称子? 夷狄也,而忧中国。"肯定了蛮吴帮助中原蔡国打败荆楚的忧中国之心和正义之举。其三,《公羊传》对中国违背礼义者以"夷狄之",这与先秦时期孟子的"吾闻用夏变夷者,未闻变于夷者也"④的夷夏观相比,则是一个重要发展。如《春秋·桓公十五年》载:"邾娄人、牟人、葛人来朝。"《公羊传》说:"皆何以称人? 夷狄之也。"何休随文注曰:"桓公行恶,而三人俱朝事之。三人为众,众足责,故夷狄之。"这就是说,邾娄、牟、葛然都是中原之国,但由于它们行事违背礼义,所以《公羊传》要"夷狄之"。作为汉代公羊学的集大成者,东汉末年

① （汉）班固撰、（清）王先谦补注:《汉书》,上海古籍出版社 2022 年版。
② "夷夏之辨"观点参考汪高鑫的文章。参见汪高鑫:《论汉代公羊学的夷夏之辨》,《南开学报》2006 年第 1 期,第 87—92 页。
③ 《公羊传》成公十五年,《十三经注疏》本,中华书局 1980 年影印版。
④ 《孟子·滕文公上》,诸子集成本,中华书局 1954 年版。

的何休对于自《公羊传》、董仲舒以来的公羊学传统夷夏之辨作了系统总结和重要发展。何休的夷夏之辨思想,主要表现为将"张三世"说与"异内外"说相结合,即用一种历史发展的观点来看待夷夏关系问题。何休的"三世"说,是以"衰乱世""升平世"和"太平世"来解说《公羊传》的"所传闻世""所闻世"和"所见世"的,从而赋予了传统公羊"三世"说以进化之义。当何休运用"三世"说来解说"异内外"时,他肯定了夷狄也处于一个不断进步与发展过程。何休认为,在"衰乱"之世,诸夏尚未统一,故夷狄"未得殊也",只需要"内其国而外诸夏"。①何休主张诸夏应该共同尊王攘夷,以捍卫华夏文明,②而对华夏自退为夷狄、自绝于中国的行为则加以谴责,③同时对于那些仰慕诸夏文明、自觉行仁讲义的夷狄,则可以"中国之"。

（三）汉代史学家的"夷夏"之辨

汉代史学家的"夷夏"之辨,以司马迁和班固的夷夏观为代表。④司马迁的夷夏之辨,首先是肯定华夷各民族同源共祖,故而主张不必斤斤计较于夷夏之辨。司马迁认为,从政治统治而言,历史上颛顼、帝喾、尧、舜、禹等古圣王都是黄帝的后代,他们"同祖于黄帝";从民族渊源来讲,历史上的华夷各民族也是同源共祖于黄帝及其后代的。如在春秋时期,吴、越、楚、秦各诸侯国被人们视为蛮夷之国,《史记》则明确认为,这些蛮夷之国的诸侯王都是黄帝等古圣王的后代。如《越王勾践世家》说"越王勾践,其先禹之苗裔",《楚世家》说"楚之先祖出自帝颛顼高阳",《吴太伯世家》称吴的始祖太伯是周太王古公亶父的长子(《三代世家》认为周始祖后稷是黄帝之后),《秦本纪》说"秦之先,帝颛顼之苗裔"。即使到汉朝仍被视为蛮夷如匈奴等,《史记》也肯定其与黄帝有着血脉关系,《匈奴列传》说:"匈奴,其先祖夏后氏之苗裔也,曰淳维。"当然,承认华夷同源共祖,却并不能因此而否认夷夏有别的事实。夷夏之别,只是社会发展水平和文明程度存在高低,与民族属性、特性并没有关系,故不可斤斤计较。其实,从夷夏各民族发展史来看,历史上既有夷出自夏而后落后于夏的状况,也存在着夏或出自夷或变为夷的现象。如圣王大禹便是"兴于西羌",⑤与羌族有渊源关系,后来却成了华夏祖夏后氏的

①　何休、陆德明:《春秋公羊经传解诂》,国家图书馆出版社 2003 年版。

②　参见《春秋公羊传解诂》襄公十二年、僖公四年等。

③　《春秋公羊传解诂》成公三年。

④　汉代史学家"夷夏之辨"观点论述,参见汪高鑫:《汉代民族关系与夷夏之辨》,《人文杂志》2011 年第 2 期,第 130—134 页。

⑤　《史记·卷 15·六国年表》,中华书局 1959 年版。

始祖。"帝颛顼之苗裔"的秦,是到先祖大费以后,其子孙才"或在中国,或在夷狄"的①。周人在夏商文明的基础上建立起了"郁郁乎文哉"的发达礼乐文化,可是,周的先世却是"奔戎狄之间",只是到了古公亶父时期,才开始"贬戎狄之俗"②。因此,蛮夷与华夏本来就存在着密不可分的关系,夏可变为夷,夷也可变为夏,二者不是泾渭之分,而是你中有我、我中有你的关系。与司马迁相比,东汉史学家班固的夷夏观念则显得比较落后。首先,班固主张对于夷狄要实行羁縻政策。班固对蛮夷的偏见较深,认为他们"贪而好利,被发左衽,人面兽心"。③其次,班固从维护大一统政治出发,也重视宣扬德化夷狄思想。对于夷狄的主动归化,班固还是能给予充分肯定的。

两汉时期的夷夏之辨,归根结底是礼义文化之辨,而非种族、血缘之辨,其目的是捍卫华夏文明。第一,他们定义夷夏的标准是华夏礼义,而非种族或血缘。如以《公羊传》、董仲舒和何休为代表的公羊学派,他们都普遍明确以是否符合华夏礼义作为"中国"或"夷狄"的标准;史家司马迁的思想更为激进,他从族源上就肯定了夷夏同祖,明确指出所谓夷夏之别只是文明程度的高低,从根本来说,"中国之虞与荆蛮勾吴兄弟也"。第二,他们普遍重视捍卫华夏礼义文明。如公羊学派对于那些违背华夏礼义的人以"夷狄之",对于那些自觉维护华夏礼义的人则"中国之",便是运用褒贬书法自觉捍卫华夏礼义文明的做法。史家司马迁认为,所谓夷夏之辨,其实就是文明程度高低之辨,显然也是从维护华夏礼义文明出发的。

第二节　对外关系概念

汉唐时期,中原王朝建立了集中统一的国家,形成了对外关系的观念体系,也建立了像朝贡体系之类的各种对外制度安排。

一、对外关系中的"朝贡"

"朝贡"是中国古代史、近代史讨论传统中国对外关系的重要议题,但中外学界一直以来就其定义、范围、作用争论不休。归根结底则由于"朝贡"作

---

① 《史记·卷5·秦本纪》。
② 《史记·卷4·周本纪》。
③ 《汉书·卷94下·匈奴传》,中华书局1962年版。

为传统经史中对外关系的知识,被近代知识体系碎片化地整合为一"朝贡制度"的"学术概念"。汉代郑注《大行人》的"六服"为"朝"与"贡"提供了连用的根据。①因此,将这一概念放入汉唐时期更适宜。作为中国古代国际关系概念之一,从类型上看归为国家间关系或外交行为。

（一）概念溯源

"朝"与"贡"在先秦典籍中本是分开使用的。"朝"屡见于《尚书》《毛诗》《春秋》《礼记》《仪礼》《周礼》,其中以《周礼》的论说最具代表性。《周礼·春官·大宗伯》载"以宾礼亲邦国。春见曰朝",②而贾公彦、孙诒让认为"邦国互通"都是指"诸侯"。③所以郑玄注《周礼·秋官·大行人》中"春朝诸侯而图天下之事,秋觐以比邦国之功,夏宗以陈天下之谟,冬遇以协诸侯之虑,时会以发四方之禁,殷同以施天下之政"一条,也指"此六事者,以王见诸侯为文"。总之,"朝"的古义,只适用于诸侯,主要指天子见诸侯。《礼记》的《曲礼》《王制》与《明堂位》亦提到"君天下曰'天子',朝诸侯","天子无事,与诸侯相见。曰朝"与"昔者周公朝诸侯于明堂之位"。④

"贡"则据《尚书·禹贡》载"禹别九州,随山浚川,任土作贡"⑤,郑玄认为是"从下献上之称"。孔颖达进一步解释为"禹分别九州之界,随其所至之山,刊除其木,深大其川,使得注海。水害既除,地复本性,任其土地所有,定其贡赋之差,史录其事,以为《禹贡》之篇"⑥,所以"贡"必然是"九州之界"内"从下献上之称"。而这一点正与《周礼·天官·大宰》的"以九贡致邦国之用"⑦与《职方氏》的"凡邦国,小大相维。王设其牧,制其职,各以其所能,制其贡,各以其所有"⑧意义相通。所以"贡"也是用于"邦国""诸侯"而不出

---

①　《周礼·秋官司寇·大行人》。

②　(汉)郑玄注、(唐)孔颖达疏、龚抗云整理、王文锦审定:《周礼注疏》卷18《春官大宗伯》,《十三经注疏整理本》第8册,北京大学出版社2000年版,第546页。

③　(汉)郑玄注、(唐)孔颖达疏、龚抗云整理、王文锦审定:《周礼注疏》卷2《天官大宰》,《十三经注疏整理本》第7册,第29页;孙诒让:《周礼正义》卷2《天官大宰》,中华书局1987年版,第60页。

④　(汉)郑玄注、(唐)孔颖达疏、龚抗云整理、王文锦审定:《礼记正义》卷4、12、31《曲礼下第二》《王制》《明堂位第十四》《十三经注疏整理本》,第12、13、14册,第143、432、1085—1086页。

⑤　《尚书·禹贡》。

⑥　《尚书正义》卷6《夏书禹贡》,《十三经注疏整理本》第2册,第158页。

⑦　《周礼注疏》卷2《天官大宰》,《十三经注疏整理本》第7册,第45页。

⑧　《周礼注疏》卷33《夏官职方氏》,《十三经注疏整理本》第9册,第1033页。

"九州"的范围。

"朝"与"贡"连用并扩展至九州之外，关键则在于《周礼·秋官·大行人》。郑玄注"其朝贡之岁，四方各四分趋四时而来，或朝春，或宗夏，或觐秋，或遇冬"。①孙诒让指郑玄此义其实与马融相通，同时利用"大宗伯四时朝觐，并云'见'"，说明"朝、觐、遇、宗"与"见"是等同的。因此，郑注《大行人》的"六服"为"朝"与"贡"提供了连用的根据。更为重要的是，"九州之外谓之蕃国，世壹见，各以其所贵宝为挚"，换言之，"朝贡"其实也适用于"九州之外"，特别是郑玄曾引用"若犬戎献白狼、白鹿是也。其余则《周书王会》备焉"②，说明"朝贡"曾用于域外的事实。

《汉书·王莽传》中《谢益封国邑》载"臣莽国邑足以共朝贡，不须复加益地之宠，愿归所益"，③反映"朝贡"在西汉已具有政治臣服的意义。郑注则为"朝贡"赋予更丰富的意涵与经典的依据。同时，东汉的"朝贡"亦渐与外夷相关，特别是应劭《汉官仪》与蔡质《汉官典职仪式选用》于"正旦朝贺"都提到"正月旦，天子幸德阳殿，临轩。公、卿、将、大夫、百官各陪朝贺。蛮、貊、胡、羌朝贡毕"。④"朝贡"遂成为描述域外政权与中国建立或维系政治关系的一种方式。"朝贡"自东汉起渐与四夷论述关系密切，"朝贡"的记述也自然落入正史的相关记述，尤其是四夷传、外国传。

（二）"朝贡制度论"评析

中西交通史的错落，使得"朝贡"在近代学术体系的转型落入中国近代史的范畴。1941年，费正清与邓嗣禹在《哈佛亚洲研究学报》刊登的《清代朝贡制度》，⑤奠定了费氏"朝贡制度论"的主要观点，认为"朝贡制度"是基于中国悠久文化的优越性并以贸易为基础形成。⑥费正清将"朝贡"视为外交问题，其实是继承自蒋廷黻"强调中国传统'朝贡制度'和鸦片战争后'条

---

① 《周礼注疏》卷37《秋官大行人》，《十三经注疏整理本》第9册，第1175页。

② 《周礼注疏·卷三十七》。

③ （汉）班固：《汉书》卷99上《王莽传第六十九上》，中华书局1962年版，第4051—4052页。

④ （汉）应劭著，陶宗仪辑：《汉官仪》；蔡质：《汉官典职仪式选用》，载孙星衍等辑、周天游点校：《汉官六种》，中华书局1990年版，第115、210页。

⑤ John King Fairbank, S. Y. Teng, "On the Ching Tributary System", *Harvard Journal of Asiatic Studies*, Vol.6, No.2, 1941, pp.135—246.

⑥ John King Fairbank, *Trade and Diplomacy on the China Coast: The Opening of the Treaty Ports, 1842—1854*, Cambridge Mass: Harvard University Press, 1953, pp.23—38, 462—468; John King Fairbank ed., *The Chinese World Order: Traditional China's Foreign Relations*, Harvard University Press, 1968, pp.1—33.

约制度'差异"的观点。

"朝贡"自汉代始形成域外政权对中国臣服的意涵,并落在正史、史部地理类、政典、礼典仪注等四类传统经史的范畴。但随着晚清民初国族意识的形成,中国的历史知识面临从传统至近代的转型。在转型过程中,"朝贡"作为对外关系的知识,却失落于本应关系最接近的"中西交通史",反而由于被视作引发中西贸易冲突的外交制度,落在"中国近代史"的领域。费正清的"朝贡制度论"正是在这一脉络下出现,当中的观点正反映当时的学术脉动,诸如重视"朝贡"当中商业贸易的性质,以会典为依据。这导致其"朝贡制度论"存在根本性的缺憾,诸如对"朝贡"的定义模糊不清,以会典为史料令研究视野过于狭隘,集中于"贡物"与"回赐",忽视了礼仪、文化交流等种种范畴。

二、国际关系中的"藩属"

"藩属"是指西汉将表示顺从的匈奴部众列为属国臣民,在塞外划出一定土地作为其领地,听任其遵从本族风俗自治,使其成为西汉抵御侵略之屏障的手段。在藩属的制度基础上,西汉和匈奴确立了宗主国和藩属国的关系,但只要求匈奴承认名义上的君臣关系,不要求其承担具体的臣子义务。[①]详细地说,西汉尊重匈奴本族风俗、政治制度和法律体系,不干涉匈奴内政和外交事务,不在匈奴境内驻扎军队、设置官吏、征收赋税和派发徭役,匈奴则在保持国家独立的前提下尊奉西汉为正朔,按规定拱卫边塞,朝觐汉天子和向西汉朝廷进贡。作为中国古代国际关系概念的"藩属",从概念类型看,可以归为对外关系(外交)行为一类。

(一)概念溯源

西汉对匈奴采取"藩属"这一外交手段可追溯到汉武帝元狩二年。当时"匈奴昆邪王杀休屠王,并将其众合四万余人来降"[②],汉武帝为安置匈奴降众,"乃分徙降者边五郡故塞外,而皆在河南,因其故俗,为属国"[③]。中华书局版《史记》在该文后所附的《正义》就此事进一步解释道:"五郡谓陇西、北地、上郡、朔方、云中,并是故塞外,又在北海西南。"[④]可见,这些藩属国名义上归属陇西、北地、上郡、朔方、云中五郡,但其地理位置均分布在西汉境外,且内政管理完全遵照匈奴传统风俗,这说明这五个匈奴藩属国和西汉的关

①　黄松筠:《中国古代藩属制度研究》,吉林人民出版社 2008 年版。
②　《汉书·武帝纪·刘彻传》。
③④　(汉)司马迁:《史记·卫将军骠骑列传第五十一》,中华书局 1999 年版,第 2243 页。

系实际上是一种特殊的关系。

（二）"藩属"的演化

随着西汉征伐匈奴的军事力度和通过"封赏"来分化匈奴的政治攻势的加强，西汉对匈奴"藩属"政策也发生了一定的变化，尤其是呼韩邪单于归顺西汉之后，西汉对南匈奴的"藩属"政策进一步放宽，汉元帝甚至对发生在初元元年秋八月的"上郡属国降胡万余人亡入匈奴"的大规模越境行为也不加深究——要知道汉律对民众自由迁徙是严令禁止的。这既说明西汉法律不适用于匈奴藩属国，也说明当时西汉与南匈奴的关系处在黄金时期，西汉希望南匈奴发展壮大成为一支能够替西汉抵御北匈奴、西羌、乌桓等外来威胁的战略力量，所以才对南匈奴接纳外来降众的出格举动睁一只眼闭一只眼。如汉元帝永光元年，"匈奴呼韩邪单于民众益盛，塞下禽兽尽，单于足以自卫，不畏郅支，其大臣多劝单于北归者。久之，单于竟北归庭，民众稍稍归之，其国遂定"①。在未上报西汉朝廷的前提下，呼韩邪单于做出北还故地这样重大的决定，从外交角度看是欠妥的，而西汉使臣车骑都尉韩昌、光禄大夫张猛就在南匈奴，但他们二人并没有对匈奴单于施加干涉，只是和呼韩邪单于订立友好互助同盟条约，西汉朝廷得知此事后也没有问罪，这说明呼韩邪单于在决策上不受西汉朝廷制约，西汉王朝和南匈奴的关系已超越了中央王朝与诸侯国的关系。

（三）对"藩属"手段的评析

西汉针对匈奴的"藩属"政策不是一成不变的。无论是匈奴藩属国的具体数目、民族结构还是政治地位，都会根据实际情况进行灵活调整。②据《史记》《汉书》记载，出于控制针对属国的外交援助开支的目的，西河属国曾一度被撤销，但后来又重设；设置在安定郡三水县的北地属国也曾两度设立，只不过第一次只是安置匈奴降众，第二次则同时安置匈奴和西羌降众，以便实现"以夷制夷"。从政治地位上看，当初汉武帝分置匈奴降众为五属国显然有"分而治之"以防止心怀不轨的匈奴贵族聚众叛乱的考虑，这时的属国不过是边塞州郡的附庸。到汉元帝时期，西汉为使呼韩邪部担当起西汉在塞北地区利益代言人的角色，开始通过经济援助大力扶持南匈奴属国，甚至

---

① 　（宋）司马光编：《资治通鉴卷第二十八·汉纪二十》，中华书局 1956 年版，第 917—918 页。

② 　黄松筠：《中国古代藩属制度研究》，吉林人民出版社 2008 年版。

默许其吸纳其他属国的流亡人口以增强实力。

历史证明,西汉用"藩属"手段控制和笼络匈奴部众,维护自身国家利益的外交尝试是成功的,汉武帝时期匈奴藩属国多次出兵援助汉军,汉元帝时期南匈奴构成了西汉塞北防线之外的战略缓冲区,不仅消除了北匈奴卷土重来的可能性,也有效防止了西羌、丁零、乌桓等游牧部族抢占匈奴故地发展壮大进而威胁西汉边疆安定,从而为西汉王朝的长期繁荣稳定奠定了坚实的外部基础。如果把中原政权藩属国与当代国际关系中主导国的盟国相比,显然前者更自愿并认同权威核心国的领导地位与文化体系,而这个国际体系也更加包容开放。这也一再说明,古代中国有着体系领导力的智慧,而不是一味追求单边主义。

三、国际关系中的"和亲"

"和亲"是古代中国中原王朝与边陲民族政治社会交往的重要方式,对各民族文化的兼收并蓄具有重要作用。作为古代中国国际关系概念的"和亲",从概念类型看,可以归为对外关系(外交)行为一类。

(一)概念溯源

一般认为,和亲起源于汉初"白登之围"与刘敬献策。公元前200年,刘邦率32万大军出击匈奴,被围困于白登山,解围后采用刘敬和亲之策,以宗室女假称公主嫁给匈奴冒顿单于。此后,汉与匈奴多次和亲。[1]随着两汉时期统一的多民族国家建设步伐加快,汉与乌孙、匈奴与乌孙、乌孙与龟兹、焉耆与车师、莎车与于阗、大月氏与康居等政权纷纷和亲,推动各民族文化频繁接触深度交流。南北朝时期,各政权出于结交同盟等目的相互和亲,各民族文化交往交流程度进一步加深。隋唐时期,中原王朝建立起多层次的和亲关系,各民族文化互动交融现象臻于鼎盛。

中国文献中有明确记载的和亲至少有360次,汉唐时期诸史书记载中成功的和亲就有112次,约占中国历代和亲总数的三分之一。[2]其中,汉代细君公主与解忧公主远嫁乌孙、昭君出塞以及唐代文成公主与金城公主进藏,是汉唐时期最具代表性的和亲事件,不同程度地推动了各民族文化的兼收并蓄。

---

① 崔明德、王硕:《中国古代和亲与各民族文化的兼收并蓄》,《中南民族大学学报(人文社会科学版)》2023年第3期,第103—111页。

② 崔明德:《中国古代和亲通史》,人民出版社2007年版,第445、485页。

（二）"和亲"概念内涵及其实质

关于和亲政策概念的内涵问题，很早就有学者进行过探讨。①1929 年，王桐龄在《汉唐之和亲政策》一文中明确提出："和亲政策者，汉族皇帝以本国公主嫁与外国君主，与之讲求婚媾之谓。"②从"公主嫁与外国君主""婚媾"等表述来看，作者将和亲政策的内涵界定为政治联姻。这大概是目前所知对和亲政策概念内涵的最早界定。这一界定在当时学界产生了深远影响。如 20 世纪 30 年代，钱穆《国史大纲》一书在论述汉与匈奴和亲问题时，明确指出和亲政策是"藉胡汉通婚之名义"③进行的贿赂与通商。又如 20 世纪 40 年代周予同在编写《本国史》教材时，完全接受了工桐龄等人的观点，他在介绍汉与匈奴和亲问题时，将和亲政策解释为汉朝"用结婚的方法"与匈奴讲和，是"将平民的女子装作公主，嫁给单于，和他通亲"④。中华人民共和国成立后，对和亲政策概念内涵的这一界定得到长期坚持与沿用。如 1961 年翦伯赞《从西汉的和亲政策说到昭君出塞》一文认为，和亲政策，在古代封建社会时期是维持民族友好关系的一种最好的办法；在当时的历史条件下，要维持民族友好关系，主要是通过两种办法，或者质之以盟誓，或者申之婚姻，后者就是和亲。⑤1964 年，梁多俊在《关于我国历史上的和亲问题》一文中明确指出，一般所说的和亲，是指中原王朝与边疆少数民族上层缔结的婚姻关系。⑥1980 年李新达《和亲"简议"》一文认为，和亲有广义与狭义之别，狭义的和亲指汉唐封建王朝与西北边疆少数民族的联姻。⑦1993 年陈育宁的《论历史上的和亲》认为，历史上的和亲，通常是指中原朝廷的皇帝以尚公主、降宗女、赐嫁妆的形式与游牧民族的君主联姻，也指游牧民族的君主之间采取同样的形式实行联姻。1994 年崔明德与周兴《"和亲"探源》一文认为，和亲是两个不同民族政权或同一民族两个不同政权首领之间，出于"为我所用"的目的所进行的联姻。⑧显然，不同研究者虽然用语有

① 关于和亲研究的梳理，参见崔明德：《中国古代和亲通史》，人民出版社 2007 年版。
② 王桐龄：《汉唐之和亲政策》，《史学年报》1929 年第 1 期，第 9—14 页。
③ 钱穆：《国史大纲》，商务印书馆 2010 年版，第 201 页。
④ 周予同：《本国史·第 1 册》，开明书店 1947 年版，第 72 页。
⑤ 翦伯赞：《从西汉的和亲政策说到昭君出塞》，《光明日报》1961 年 2 月 5 日。
⑥ 梁多俊：《关于我国历史上的和亲问题》，《学术研究》（社会科学版）1964 年第 5 期，第 56—63 页。
⑦ 李新达：《和亲"简议"》，《北方论丛》1980 年第 4 期，第 101—103 页。
⑧ 崔明德、周兴：《"和亲"探源》，《东南文化》1994 年第 3 期，第 60—64 页。

所不同,但都将和亲政策的内涵界定为政治联姻。

（三）和亲的国家建设价值和国际政治社会学价值

一方面,在中华民族共同体的成长进程中,和亲发挥了重要作用。铸牢中华民族共同体意识是新时代党的民族工作的主线,对中国古代和亲与各民族文化兼收并蓄的互动过程进行系统探讨,也有助于全面认识和亲历史文化对铸牢中华民族共同体意识的重要意义。其一,历史上,各民族通过和亲与联姻,增加了相互学习借鉴的机会,建立了血脉相连的情感联系,加深了荣辱与共的心灵共鸣,夯实了共存、共荣的政治、经济和文化基础,从而形成了紧密相连的共同体关系,这为铸牢中华民族同体意识提供了历史记忆和历史镜鉴。其二,在和亲过程与相关活动中形成了丰富多彩的物质文化和精神文化,对铸牢中华民族共同意识具有重要价值。①细君公主、解忧公主、王昭君、文成公主、金城公主等和亲人物形象是各民族共享的中华文化符号与中华民族形象的典型代表;细君公主墓、昭君墓、布达拉宫、大昭寺、小昭寺、文成公主庙、日月山、倒淌河、康定公主桥、王昭君纪念馆、文成公主纪念馆、汉家公主纪念馆、中国古代和亲文化馆等与和亲相关的遗存、场所,以及"昭君文化节"、文成公主诞辰等节日纪念活动为各民族交往交流交融提供了广阔的场域和平台;"昭君出塞""文成公主进藏""汉日天种"等和亲事件及传说,更是中华民族一家亲的重要见证。形式各样的和亲文化在潜移默化中提升了各民族对伟大祖国的认同、对中华文化的认同、对中华民族的认同,推动构筑中华民族共有的精神家园,不断增强各民族休戚与共、荣辱与共、生死与共、命运与共的共同体理念。

另一方面,和亲政策或和亲政治也为不同文化背景且地理相邻的"政体间关系"的共同体建设提供了智慧与方案。当经济竞争与军事斗争都不能解决两国冲突时,政治家可以采取政治联姻的方式来解决争端,或缓和冲突的烈度。近代欧洲社会也有大量的宫廷联姻。然而,古代中国的联姻与近代欧洲的联姻也有不同,主要表现为两个方面。一是法律地位不同。近代欧洲王室联姻往往是谋求以非武力手段获取大量土地,因为欧洲的继承者不只有男性皇室成员,女性皇室成员同样拥有土地和王位继承权。所以联姻,尤其是与有土地继承权的女性皇室成员结婚,是当时欧洲各国和亲的首选。中原王朝的和亲公主们嫁到目的地政权后,如果不是做妃子,而是做王

---

① 崔明德:《论和亲文化》,《中国边疆史地研究》2021年第2期,第182—193页。

后,这就是她们最理想的结局,但永远不可能当女王,这是由目的地政权的法律地位所决定的。二是目的不同,主要表现为通过和亲对土地觊觎的差异。欧洲的联姻外交则经常出现一国的王子通过联姻成为另一国的国王。比如,西班牙哈布斯堡王朝的家族成员,曾出任神圣罗马帝国皇帝,奥地利公爵、皇帝,匈牙利国王,波希米亚国王,葡萄牙国王、西班牙国王以及意大利、法国、尼德兰、比利时等若干地区的国王、大公及公爵,可以说足迹几乎遍布整个欧洲大陆。到16世纪中期,哈布斯堡王朝通过联姻控制了整个欧洲,家族权势达到顶峰。中国历史上的和亲,尽管背景和动机不尽相同,但都在稳定地区局势、促进民族团结进步、加强经济文化交流及密切双方关系等方面发挥了重要作用。①文献中虽有借和亲要求对方割让土地的个别案例,但并没有实现,这迥异于其他国家借联姻兼并对方领土的诉求。

四、国际关系中的"互市"

互市的全称应当为"通关互市",是指西汉和匈奴在西汉边塞实行通商贸易、交换商品,达到互通有目的的一种经济行为。从概念类型上看,属于古代外交战略。

(一)概念溯源

西汉之所以能够将"互市"作为"羁縻外交"理念下具体的外交战略,主要原因在于西汉农耕经济与匈奴游牧经济之间存在巨大的互补性和不平衡性,所谓互补性是指匈奴从西汉获得丝绸、粮食、漆器、铜镜等生活必需物资,而西汉从匈奴获得牲畜、奶酪、皮毛、珠宝等物作为回报;所谓不平衡性是指"匈奴方面对汉朝生产的生活物资的需求量多、依赖性强,而汉朝对匈奴方面的特产物品的需求量少、依赖性弱",②因此西汉强大的经济优势,很容易使匈奴形成高度经济依赖性,西汉因此可以在外交上对其施加影响力。正因为"互市"不仅仅是一种经济行为,也有外交战略上的深层含义,故西汉政府对出塞贸易商品实行管制制度,兵器、铁器、粮食、牲畜等战略物资都在出口管制清单之列。如汉景帝中元四年"御史大夫绾奏禁马高五尺九寸以上,齿未平,不得出关"③。

(二)"互市"的内容

关于西汉和匈奴通关互市的详细情况,西汉文献中有相关记载。《盐铁

---

①　崔明德:《和亲文化的世界性及中外比较》,《世界民族》2023年第2期,第24—35页。

②　廖健太:《略论西汉对匈奴的和亲政策》,《兰州大学学报》2007年第3期,第23页。

③　(汉)班固:《汉书·景帝纪第五》,中华书局1999年版,第106页。

论·力耕第二》云:"夫中国一端之缦,得匈奴累金之物,而损敌国之用。是以骡驴馲驼,衔尾入塞,驒騱騵马,尽为我畜,鼲韶狐貉,采旃文罽,充于内府,而璧玉珊瑚琉璃,咸为国之宝。"①这段珍贵的史料说明了三个史实:第一,两国的贸易路线必须通过西汉的边塞;第二,西汉在双边贸易中处于顺差地位,匈奴处于逆差地位;第三,汉匈贸易商品主要有四类,第一类是骡、驴、骆驼、良马等家畜,第二类是鼠皮、貂皮、狐貉等贵重皮料,第三类是彩色毡子、花纹毯子等装饰品,第四类是璧玉、珊瑚、琉璃等珠宝工艺品。

(三)"互市"的意义

互市对于西汉对匈奴的"羁縻外交"具有三大重要意义。首先,贸易路线必须通过西汉边塞,贸易的主动权掌握在西汉手中,那么西汉就能将通关互市与否作为外交谈判条件,一旦匈奴违约袭扰西汉边境地区,西汉将关闭边塞对匈奴进行经济制裁。其次,在自然经济条件下,两国在一定时期内的社会财富总量是基本恒定的,西汉坐享高额贸易顺差意味着社会财富将从匈奴大量流向西汉,这不仅将使得双方的经济实力差距更加悬殊,也极大地弥补了西汉"赂遗"匈奴的花费。最后,西汉通过与匈奴互市,获得良马、骆驼之类中原紧缺的战略物资,大大增强了自身的军事实力,也为武帝时期推行强制性"羁縻外交"打下了基础。汉唐时期的互市本质上是基于互利的情况下进行的商业贸易,目的是实现共同的利益,某种意义上是当今对外关系贸易的一种演化,对于参与国家而言,它可以提供额外的经济收益,并且可以促进国家之间的友好合作关系。互市贸易也可以促进贸易伙伴之间的技术转移,这使得贸易合作进一步得以加强,从而促进全球市场的发展。

五、对外关系中的"赂遗"

"赂遗"是汉初对匈奴"羁縻外交"这一国际治理理念下的对外关系手段之一,其形式主要是定期赠予一定数量的西汉富余而匈奴缺乏的奢侈物品、生活物资,并以这些物质利益作为交换条件,诱使匈奴放弃或减轻对边境地区的骚扰,从而达到保境安民、休养生息的目的。对西汉来说,虽然付出了一定的经济代价,但这和匈奴杀掠边境造成的巨大损失相比还是值得的,况且损失还能通过通关互市获得的关税收入来弥补。对匈奴来说,与西汉交好即可轻易获取大量物资,这也是经济相对落后、生活物资贫乏的匈奴人乐

---

① 桓宽:《盐铁论·力耕第二》,冶金工业出版社1975年版,第19页。

于接受的。从概念类型上看，属于古代外交战略。

（一）概念溯源

从相关史料文献记载中发现，汉文帝曾为缔结和亲条约而"赂遗"匈奴老上单于"服绣袷绮衣、长襦、锦袍各一，比疏一，黄金饬具带一，黄金犀毗一，绣十匹，锦二十匹，赤绨、绿缯各四十匹"。①当然，这些物品属于外交礼仪性质的国礼馈赠，还不能涵盖西汉对匈奴"赂遗"的全部情况。又如，投降匈奴的宦官中行说反驳西汉使者时曾说："汉使无多言，顾汉所输匈奴缯絮米蘖，令其量中，必善美而已矣，何以为言乎？"②武帝时，匈奴单于在与西汉的国书中也说："岁给遗我蘖酒万石，稷米五千斛，杂缯万匹，它如故约，则边不相盗矣。"③由此可见，西汉"赂遗"匈奴的大宗物资以绸绢丝绵、精米酒曲等生活必需品为主，而且这些物资质地还需十分精良善美，以满足匈奴上层贵族奢侈享受之需求。

（二）"赂遗"的影响

西汉"赂遗"匈奴有更深层次的用意，那就是通过向物质相对匮乏的匈奴输送大量金银珠宝、精美器物和珍馐美味，一方面，极力炫耀中原高度发达物质文明的优越性，打击匈奴对本民族风俗习惯的文化自信心；另一方面，诱使匈奴对进口西汉物资产生严重依赖性，使其吃苦耐劳、忍饥耐寒的意志力削弱甚至丧失。如此一来，西汉就可用经济攻势和文化渗透逐步瓦解匈奴桀骜不羁的民族性格，从而在博弈中达到不战而胜的目的。

关于西汉"赂遗"匈奴属经济攻势和文化渗透一事，相关史料中也有类似记载。如汉初智囊贾谊所作"五饵三表"之说中提及"赂遗"的目的是："赐之盛服车乘以坏其目；赐之盛食珍味以坏其口；赐之音乐妇人以坏其耳；赐之高堂邃宇府库奴婢以坏其腹"，④上述文字清楚无误地表明西汉的"赂遗"意在让匈奴沉溺于奢侈享受，从而腐蚀其剽悍民风，逐步瓦解其斗志。又如中行说曾因担心"单于好汉缯絮食物"而向其进言道："匈奴人众不能当汉之一郡，然所以强之者，以衣食异，无仰于汉。今单于变俗好汉物，汉物不过什二，则匈奴尽归于汉矣。"⑤中行说投降匈奴之前是汉朝宦官，能经常入宫接

①　（汉）班固：《汉书·匈奴传第六十四》，中华书局 1999 年版，第 2781 页。
②　（汉）班固：《汉书·匈奴传第六十四》，中华书局 1999 年版，第 2783 页。
③　（汉）班固：《汉书·匈奴传第六十四》，中华书局 1999 年版，第 2796 页。
④　（汉）班固：《汉书·贾谊列传第十八》，中华书局 1999 年版，第 1738 页。
⑤　（汉）班固：《汉书·匈奴传第六十四》，中华书局 1999 年版，第 2782 页。

触皇帝和大臣,自然知道西汉"赂遗"匈奴的真实意图,为了向新主人表示"忠心",才力劝单于不要依赖西汉的衣食物资,实际上全盘托出了西汉的外交策略。为报复西汉强行派遣自己出使匈奴受苦,中行说还积极为单于出主意,增强匈奴对西汉经济攻势和文化渗透的抵抗力:"其得汉絮缯,以驰草棘中,衣裤皆裂弊,以视不如旃裘坚善也;得汉食物皆去之,以视不如重酪之便美也。于是说教单于左右疏记,以计识其人众畜牧。"[1]中行说处心积虑地夸大西汉絮缯和食物的缺点,正是为了阻挠西汉对匈奴的"羁縻外交"政策生效,这恰恰从反面印证了"赂遗"的潜在效力是可观的。

(三)"赂遗"的评价

西汉在对匈奴外交中取得优势地位之后,"赂遗"作为"羁縻外交"理念下的一种具体手段,依然发挥着重要的作用,只不过和汉初相比其内在含义已有所不同。汉初的"赂遗"是作为换取匈奴不入侵边关的物质奖励条件,而呼韩邪单于归顺汉朝之后的"赂遗"更多意味着对匈奴的安抚和褒奖,特别是在匈奴遭遇灾荒之时给予救济,使之不致因生活物资缺乏而产生异心。比如元帝初元元年,"匈奴呼韩邪单于复上书,言民众困乏"[2]。为了不使南匈奴政权因缺粮而土崩瓦解,元帝"诏云中、五原郡转谷二万斛以给之",通过接济粮食缓解了匈奴的粮食危机,履行了援助职责。

第三节　外交伦理概念

中国古代国际关系理论有一个十分鲜明的特点,就是伦理政治在世界治理中居于重要的地位。汉唐时期,这种伦理政治具备了深刻的实践性和丰富的制度性,这在其若干概念中得以体现。

一、国际关系中的"正统"

"正统"是古代中国政治中的核心概念之一,牵扯到国家政权的正当性、权威性和合法性问题。由于中华民族注重传统,古代中国统治讲究规矩和出身,因此,正统就成为巨大的权威来源。什么时候中国出现了分裂,什么时候就会有正统之争。在处于分裂的情况下,"中国"就成为王朝法统的同

---

[1] (汉)班固:《汉书·匈奴传第六十四》,中华书局1999年版,第2782页。

[2] (汉)班固:《汉书·匈奴传第六十四》,中华书局1999年版,第2784页。

义词,成为分裂的双方或各方争夺的主要目标。任何一个王朝无不想一统天下,即使是少数民族建立的政权,不少也以"正统"自居。从概念类型看,可以归为外交伦理观一类。

（一）概念溯源

正统,出自儒教《春秋》一书,又称法统、道统、礼仪之统,意思是以宗周为正,尊先王法五帝,为天下一统,指王朝的合法继承,指也学派、党派等一脉相传的嫡派。[1]《汉书》曰:"《春秋》法五始之要,在乎审己正统而已。"其中包括血统上的嫡长子继承制以及文化上的华夷之辨。周礼和春秋大义是衡量正统的标准,以获得政治上的统治合法性。对正统的追求称为拨乱反正、尊王攘夷。

（二）历史的演化[2]

《资治通鉴》作者司马光认为在夏商周三代,海内诸侯,成千上万,小邦小国之君比比皆是,但只有王者才凌驾于诸侯之上,成为唯一的君主。王者受到万民的拥戴,人们认为他的统治不仅是正当的,而且是唯一的。这才是真正的"正统"。当西周崩溃之后,诸侯相继崛起,用"霸道"取代了"王道"。此时的楚国虽然强大,但它不尊崇天子,所以被视为蛮夷;而齐、晋两国都曾会盟诸侯,朝拜天子,所以成了中原的霸主。王者只能有一个,霸主却可以有很多个,这是二者的区别——"唯一性"已经消失了。到了战国之时,霸主们不再共奖王室、恩养万民,而是强弱相兼、争夺土地,最终秦国胜出并成为最大的霸主。此时的霸主也失去了正当性,它们的统治是强加于民众的,并非民众自发拥戴。所以,秦国很快就被西楚霸王项羽屠灭了。之后,汉高祖刘邦诛秦灭楚,又消灭韩信、彭越、英布等霸道诸侯,成为唯一的王者。汉儒们为了论证汉朝统治的合法性,便开始推论五德生胜,认为秦朝统治时期就像闰年那样,是多余出来的,故而称为"闰位";秦朝在木火之间,所以"霸而不王"。汉朝则与夏商周一样,居于"正位",此时霸主尽灭,王者归来,不仅正当,而且唯一——这便是"正闰之论"。在两汉之前,历史上统一的时间长,分裂的时间短,所以"正位"和"闰位"的区别很容易分辨。但随着东汉覆灭,三国鼎峙、南北分治、五代迭起,"闰位"越来越多,"正闰之论"也就逐渐变

①　杨念群:《汉代"正统论"溯源——从"灾异天谴论"到"符命授受说"的历史演变》,《河北学刊》2021 年第 1 期,第 68—79 页。

②　关于汉代正统的解读,参见汪文学:《正统论:中国古代政治权力合法性理论研究》,贵州人民出版社 2019 年版。

得面目全非了。三国互称对方为"贼",南朝呼北朝为"索虏",北朝骂南朝作"岛夷"。司马光认为,"此皆私己之偏辞,非大公之通论也"。后世的史官在修史时,不能采取前朝人的观点,否则将失去公正性。所以,唐朝人编的《南史》和《北史》修正了《宋书》和《魏书》里的狭隘性,将南朝与北朝并列为正统。

二、国际关系中的"义"与"利"

"义""利"对举,最初见于《论语》中的"君子喻于义,小人喻于利"①。但"义"与"利"这两个字在儒家出现之前就具有了伦理规范与道德准则的含义,自孔子始,历代儒家因应时代对其进行扩展、深化、丰富。汉代儒家义利观虽然是继承先秦儒家义利观而来,但并非一成不变。当汉代儒家思想吸收各家各派思想后,汉代儒家义利观也表现出"儒道融合"、"儒法融合"等特点。随着汉帝国国运的起伏,汉儒在思考义利问题时也表现出很强的现实性,所提出的观点往往是为了解决当时面临的主要政治问题和社会问题。因此,作为中国古代国际关系概念的"义"与"利",从概念类型看,可以归为外交伦理观。

（一）概念溯源

繁体的"義"最初由"羊"和"我"两部分组成。据考证,羊在上古时代被视为一种聪明、正直、公忠、无私、极有理智的动物,所以《说文解字》中认为羊就是美善吉祥的象征:"羊,祥也。"②《说文解字》中对"我"字的解释为:"施身自谓也。从戈。一曰古杀字。徐铉曰,从戈者,取戈自持也。"③可见,"我"字的本义是指一种戈形状的兵器,后来被假借为第一人称代词。"义"字综合了"羊"与"我"的含义,即以"我"的力量捍卫美善吉祥的事物。而戈的威力,使美善具有神圣不可侵犯与威慑的作用。④在此基础上,"义"字逐步演进出两个层次的含义:第一层含义,己之威仪。所谓"威仪",《左传》解释为:"有威而可畏谓之威,有仪而可象谓之仪。"⑤"义"作为"己之威仪",通过展现令人有所敬畏的外在形象,而获得相应的威严。第二层含义,宜。"义者,宜也。"⑥指人在一定的社会活动中,自己的衣服冠履、举止言行符合

---

① 程树德撰:《论语集释·里仁(下)》,中华书局2013年版,第309页。
② (汉)许慎撰:《说文解字》,中华书局2013年版,第72页。
③ (汉)许慎撰:《说文解字》,中华书局2013年版,第267页。
④ 张传开、汪传发:《义利之间:中国传统文化中的义利观之演变》,南京大学出版社1997年版,第2页。
⑤ 杨伯峻编著:《春秋左传注·襄公三十一年》,中华书局2009年版,第1194页。
⑥ (宋)朱熹撰:《四书章句集注·中庸章句》,中华书局2012年版,第28页。

自己身份的责任义务,而成为一个真正意义上的人,倘若人人都如此,整个社会就会有序运行,不至于陷入混乱。"义"是一种道德原则,"义"要求人们在社会生活中须对是非进行价值判断,并规定应该做哪些事情、不应该做哪些事情,即"义"是人们行为的标准。

《说文解字》这样解释"利":"利,铦也。从刀,和然后利。"[①]"利"字最初的构成方式暗含了"利"的不可或缺性。因为一个人要想生存,首先要获得一定的食物,"禾"作为主要的食物来源,在人们的生产生活中占有重要地位。"利"是获取"禾"的意思,"利"从最开始就代表着一个人生存的必要保障,为了满足物质生活需要,人必须获取一定的物质生活资料,拥有一定的物质财富,谋求一定的物质利益。否则,人们的日常生活将难以为继,社会也不可能存在和发展。谋利计功,趋利避害,这是最普遍的社会活动,任何人都不可能脱离"利"而存在。"利"不仅指经济意义上的财货之利,也指与"义"相对的伦理道德上的规定,即利益、结果、事功等方面的价值追求。[②]无论从哪个方面来讲,"利"都与人们的生存和发展密切相关。

(二)"义"与"利"的关系

义利关系主要探讨的是如何处理"义"与"利"之间的关系问题。中国传统文化中对义利关系的探讨不仅形成了意蕴丰富的思想体系,也深深影响着人们的行为和价值导向,并成为社会生活的基本伦理准则。在对义利关系的论述中,有一个基本的前提,即"利"不仅是社会生活的基础,也是人们生活的基本条件,人无法离开"利"的需求而生存。但是,"利"虽然必要,却不能不加节制,倘若任其自由发展,人对"利"的追求将似溃堤之洪水一发不可收拾,整个社会也会因此失序。这时就需要用"义"去制定人们的行为准则,供人遵守,以形成相应的社会共识。简言之,中国传统文化中对义利关系的思考主要指围绕道德行为与物质利益的获得与获得原则、方法和途径等问题进行的一系列讨论。

"义"与"利"应是既对立义统一的辩证关系,二者的对立表现在:"义"与"利"是主体不同的价值追求,在实践中有些人可能为了"利"而牺牲"义",也可能为了"义"而忽视一定的"利"。二者的统一表现在以下两点。其一,"利"的存在促进了人们对"义"的思考,如何对"利"进行合理地、适宜地占有

---

① (汉)许慎撰:《说文解字》,中华书局 2013 年版,第 85 页。
② 龚长宇:《义利选择与社会运行》,中国人民大学出版社 2007 年版,第 7 页。

与分配便是"义"的重要内涵之一,"义"对"利"有制约和指导作用。其二,"义""利"之间相互渗透。作为人们思想和行为应当遵循的善的准则时,"义"一定表现为"利",包含着对人、对社会的"利",只有符合"义"的原则,才能保证根本利益、整体利益以及长远利益的实现。同样,"利"本身也包含了"义",如把国家和人民的"利"放在首位就是"义"。

(三)"义利观"在汉代的体现

汉代儒家义利观虽然是继承先秦儒家义利观而来,但却并非一成不变。其一,糅合多家思想于一体。汉初受黄老思想影响,陆贾与贾谊的义利观有着明显的道家思想烙印。陆贾的义利观虽以儒家为主,大力倡导仁义的价值观念,如"仁者道之纪,义者圣之学",①但同时包含着道家思想。"君子行之于幽闲,小人厉之于士众。老子曰:'上德不德,是以有德而不虚也。'"②通过直接引用老子的言语,劝诫统治者要正确处理利益的得失。贾谊同样将道家思想融入他对义利问题的思考。对汉代儒家义利观影响最深的莫过于法家思想。早在汉初贾谊的义利观中,就已经表现出法家思想的影响。"仁义恩厚,此人主之芒刃也;权势法制,此人主之斤斧也。"贾谊以屠牛为喻,指出在用仁义不能解决问题时,就要用权势法制。汉代义利观体现的是一种文化上的整合,其结果是"形成了礼法并用、德刑兼备、王霸结合的基本构架,这其中王霸结合是整体的概括,礼法并用、德刑兼备是其不同侧面的展开和延伸"③。其二,具有强烈的现实性。汉初,陆贾与贾谊从时势的视角出发,认为取天下与守天下应持有不同的义利观。按照"逆取顺守"和"攻守转换"的要求,二人都认为在取天下时可以以利为重,通过对功利的重视和追求,以实现快速统一天下、减少民众苦难的目的。一旦成功夺取天下,在巩固统治、治理天下时就必须及时做出调整,应以仁义为重,大行仁义之政。

---

① 王利器撰:《新语校注·道基》,中华书局1986年版,第34页。
② 王利器撰:《新语校注·道基》,中华书局1986年版,第168页。
③ 阎振益、钟夏校注:《新书校注·制不定》,中华书局2000年版,第71页。

第八章　宋明时期的国际关系概念

汉唐之后,中国进入了一个多元政权并存发展的历史时期,外交文化更加内向与保守。古代中国的外交思想向两个方向发展,一是更加现实化,二是伦理特征更加突出。在宋明时期的经典文献中,我们梳理出 7 个比较突出的外交或国际关系概念,按照类型可划分为三类。其一,与世界秩序观相关的"华夷"等概念。其二,包括"阴阳""太极"等外交哲学概念。其三,包括"诚""理""气""心"等外交伦理观。

第一节　与世界秩序观相关的概念

宋明时期的中国古代国际关系概念更接近今天我们讲的国际关系概念,一个重要的原因是,虽然古代中国没有严格意义上的国际关系,但宋明两朝都遇到了多个"邦国"的外交威胁,辽、金、西夏等少数民族政权与中原五朝形成了很像国际关系的"国际关系"。另外,宋明两朝也因发展对外贸易,与欧洲主导且勃兴的国际贸易体系发生了联系,"万国"概念开始出现。

一、"华夷"

"华夷"在不同时期都有反映,比如先秦时期的"四夷"与"华夏",汉唐时期的"夷夏"之辨,到了宋代,则为"华夷一体"。从概念的类型上看,"华夷"可归类为外交哲学观。

（一）概念溯源

北宋疆域的缩小、少数民族政权的压力,导致了对自我文化的强烈认同,刺激了民族意识的凸显。虽然,华夷之辨在中唐以后即有逐渐收紧的迹象,但真正严格区分"中国"与"四夷",且开始在原本的天下观里头掺进"边界"的意识,则是宋代才出现的新现象。在《中国论》一文中,石介论述了中国古代的华夷之辨:

"夫天处乎上,地处乎下。居天地之中者曰中国,居天地之偏者日四夷。四夷外也,中国内也。天地为之平内外,所以限也。夫中国者君臣所自立也,礼乐所自作也,衣冠所自出也,冠昏祭祀所自用也,縰麻丧泣所自制也,果瓜菜茹所自殖也,稻麻黍稷所自有也。东方曰夷,被发文身,有不火食者矣。南方曰蛮,雕题交趾,有不火食者。西方曰戎,被发衣皮,有粒食者。北方曰狄,毛衣穴居,有不粒食者。其俗皆自安也,相易则乱。仰观于天则二十八舍在焉,俯察于地则九州分野在焉,中观于人则君臣、父子、夫妇、兄弟、宾客、朋友之位在焉。非二十八舍、九州分野之内,非君臣、父子、夫妇、兄弟、宾客、朋友之位皆外裔也。二十八舍之外,干乎二十八舍之内是乱天常也;九州分野之外,入乎九州分野之内,是易地理也;非君臣、父子、夫妇、兄弟、宾客、朋友之位,是悖人道也。苟天常乱于上,地理易于下,人道悖于中国,不为中国矣。……曰各人其人,各俗其俗,各教其教,各礼其礼,各衣服其衣服,各居庐其居庐。四夷处四夷,中国处中国,各不相乱,如斯而已矣,则中国中国也,四夷四夷也。"[①]

(二)石介的"华夷"观

不同于先秦时代那种含义较为"松散"的"中国"概念,石介的"中国"概念已很"紧密",表明在宋代面临严重外患的背景下,士人强调宋朝正统,要凸显"中国"的意象,这同时也是在东亚大陆列国并存局面之下宋人寻求自我身份认同的体现。另外,石介关于"中国"与"四夷"的论说既有新的成分,也有旧的成分,新的一面,在于论说所针对的敌人,既有文化上的敌人又有政治、军事上的敌人。文化上的敌人,一是被认为是经由"四夷"传来的佛教和道教以及"四夷"的饮食、衣着、风俗等对于"中国"的侵入和浸染;政治、军事上的敌人就是北方的强大异族政权,斗争中宋时时处于下风却又要不停地与之相周旋。至于旧的一面,则在于思想资源,几乎是原封不动地袭取了先秦儒学所建构起来的天下观,只是由于新的时局而略有变异。

第二节　外交哲学概念

宋明时期,中国人的哲学世界发生了重大转型。儒学有了新的阐发,道

---

① (宋)石介著、陈植锷校:《徂徕石先生文集》,中华书局1984年版,第116页。

家思想受到重视,这都与中原王朝实力下降,不得不借助观念变迁来调解人与世界关系的张力等因素有关。由此,"太极""阴阳"等外交哲学概念风靡一时。

一、"太极"

"太极"是中国传统文化最具辨识度的符号之一,最早见于《庄子》,本为道家哲学概念,后经北宋儒学大师周敦颐对其含义的不断发展与丰富,逐渐成为中国传统哲学体系中最为重要的元概念之一。从国际关系角度看,"太极"是对二元冲突的西方地缘政治观的超越,力图构建出一个互为中心、相互依存、平等的共生体系,[①]从运用的深度与广度看,将这一概念纳入宋明时期考虑更为适宜。

（一）概念溯源

先秦时期,"太极"概念的意义主要体现在宇宙论的层面。《周易·系辞上》说:"是故易有太极,是生两仪,两仪生四象,四象生八卦。"这段话有两个方面的意义:一是说占卜的方法,二是说宇宙万物的生成论原则。《庄子·大宗师》和《周易·系辞》中都用到"太极"一词,朱伯崑先生说:"此处(《庄子·大宗师》)太极与六极对文,太极指空间的最高极限,《系辞》说的'太极',指大衍之数或奇偶两画未分的状态,乃卦象的根源,故称其为太极。庄文说的'太极',当是此辞的最初含义,而《系辞》则是借用庄文的'太极'解释筮法。"[②]伴随着中国儒家理学的发展,特别是在宋明时期,"太极"的概念构建有了质的飞跃。北宋大师周敦颐对"太极"的概念作了较为全面、系统的论述。作为周敦颐思想之结晶的《太极图说》,承袭了《易传》的太极观念,建立了一个以太极阴阳为主要观念的本根论。《太极图说》中说道:"自无极而太极。太极动而生阳,动极而静,静而生阴。静极复动……阴阳,一太极也。太极本无极也。"[③]朱熹曾解释说:"无极,只是极至,更无去处了,至高至妙,至精至神,是没去处。濂溪恐人道太极有形,故曰无极而太极。"[④]结合朱熹的解释可见,周敦颐的人极与无极似乎为宇宙之形而上学本体的本质与形式,乃一体之内外两面。

---

① 参见张艳璐:《论"太极":对西方二元冲突地缘政治观的超越》,载潘忠岐等著:《中华经典国际关系概念》,上海人民出版社 2021 年版。

② 朱伯崑:《易学哲学史》(上册),北京大学出版社 1988 年版,第 91 页。

③ (宋)周敦颐:《周敦颐集卷一太极图说》,中华书局 1990 年版,第 3—4 页。

④ (宋)黎靖德编:《朱子语类卷九十四》,中华书局 1986 年版,第 2367 页。

（二）"太极"式地缘政治观

地缘政治是一种关于空间决定一切政治过程的学说，是从空间或地理视角出发的国际关系研究。地缘政治观是将地理环境与政治权力联系起来，并让地理与政治各为一端，分析二者之间的互动关系，进而实现对客观世界的认知。以"太极"的思维看待地缘政治，两极彼此共存，没有一方，相对立的一方也不能存在，因为一方为另一方的生存和转化提供条件。①正如太极图像所表述的那样，两者在互容性关系中共生共存，形成一个有机整体。②也就是说，不同空间存在的不平等可以通过时间上的线性发展加以弥补。不同"中心"拥有不同的资源禀赋、文化特性、发展模式，如何保障不同的"中心"在参与国际互动的过程中充分发挥自身优势，并在保持其独特位置的基础上争取在其他领域获得更好的发展，是问题的关键所在。这就需要超越过于稳定的中心—边缘关系，实现所谓互为中心、互为边缘及起源的非起源化，建构起超越自我中心的等级史观。这种历史观不是像殖民主义者和帝国主义者那样，将世界建立为一个以自我为中心、其余地区为依附于这个中心的边缘或亚边缘的等级体系，而是要建立一个互为中心、相互依存、平等的共生体系。

（三）"太极"式地缘政治观的文化意义

"太极"式地缘政治观具有实现多元文化融合的创造发展价值。它倡导"和为贵、和而不同"，强调尊重多元文化的多元共存、兼容并包，追求的是不同文化之间相互学习、取长补短，并认为不同文化之间不应是此消彼长的对立关系，而是可以共生共荣的。考察历史上的地缘冲突，世界各民族、各种文化对"不同"的包容程度不同而导致争议、争执、指责，甚至大动干戈，造成世界纷扰浮躁、动荡不安；若以太极思维看待国家间关系，对不同的文化怀抱包容之心，尊重不同文化的存在价值，吸收、借鉴人类一切优秀的文化成果，有利于形成世界文化发展的繁荣景观。

二、"阴阳"

"阴阳"这一组概念是中国古代先贤哲人认识世界万物运行的一种思想。从国际关系角度看，"一阴一阳谓之道"，③掌握阴阳之道，便掌握了天

---

① 秦亚青：《关系与过程：中国国际关系理论的文化建构》，上海人民出版社 2012 年版，第 94 页。

② 秦亚青：《关系与过程：中国国际关系理论的文化建构》，上海人民出版社 2012 年版，第 78 页。

③ 《黄帝内经·素问·阴阳应象大论》。

地运行的法则,也就能用以解释世界政治和国际关系的变化规律与趋势。阴阳之道包含着阴阳对立、阴阳互根、阴阳消长、阴阳平衡、阴阳转化等几个基本法则。①从概念的类型上看,可以归类为外交哲学观。从运用的深度与广度看,将这一概念纳入宋明时期考虑更为适宜。

（一）概念溯源

从经典文献来看,"宋人之治经学,谈义理者则言《易》",②宋人论"理""道"时相当注重阴阳,③所谓"离了阴阳更无道",④唐代《周易正义》中解释"一谓无也",故所谓一阴一阳便是"无阴无阳",这是东晋韩康伯的看法。⑤但到了宋代,刘牧就提出"夫且一阴一阳者,独阴独阳之谓也。独阴独阳且不能生物,必俟一阴一阳合,然后运其妙用而成变化",⑥由此阴阳二气各自独立,又必须相互配合,方能生万物。邵雍也说:"阳不能独立,必得阴而后立,故阳以阴为基;阴不能自见,必待阳而后见,故阴以阳为唱。"⑦程颐则有,"道非阴阳也,所以一阴一阳道也,如一阖一辟谓之变",⑧"阴阳,气也;气是形而下者,道是形而上者"⑨等论述。换言之,到了宋代,"一阴一阳"的

---

①　关于阴阳法则的基本观点,参见王志远、潘忠岐:《论"阴阳":国际关系研究的独特路径》,载潘忠岐等著:《中华经典国际关系概念》,上海人民出版社 2021 年版。

②　牟润孙:《两宋春秋学之主流》,载氏著:《注史斋丛稿》,中华书局 1987 年版,第 140—151 页。欧阳修亦说:"孔子之文章,《易》、《春秋》是已,其言愈简,其义愈深。"见欧阳修著、李逸安点校:《易童子问》卷 3,《欧阳修全集》卷 78,中华书局 2001 年版,第 1120 页。

③　如宋神宗曾与王安石论兵事,神宗认为能够通晓阴阳五行的道理,就能够掌握用兵的秘诀,"要在通理"。王安石的回答便具代表性,他说:"天地乃为阴阳五行所使,通阴阳五行之理,是所谓精义入神以致用,所为无不可者,何但兵而已。"见李焘:《长编》卷 248,"熙宁六年十二月庚辰"条,第 6058 页。

④　(宋)程颢、程颐著,王孝鱼点校:《伊川先生语·入关语录》,《河南程氏遗书》卷 15,中华书局 2004 年版,第 162 页。

⑤　(清)阮元校刻:《系辞上》,《周易正义》卷 7,影印清嘉庆刊本《十三经注疏》,中华书局 2009 年版,第 161 页上栏。又如唐代李鼎祚《周易集解》中亦采此说,见李鼎祚撰、王丰先点校:《系辞上传》,《周易集解》卷 13,中华书局 2016 年版,第 401 页。

⑥　(宋)刘牧:《易数钩隐图》,《影印文渊阁四库全书》经部第 8 册,台湾商务印书馆 1983 年版,第 140 页上栏。有关刘牧易学的内容与影响,可参考朱伯崑:《易学哲学史》第二卷,华夏出版社 1995 年版,第 25—45 页。

⑦　(宋)邵雍著:郭彧整理:《观物外篇下之上》,《邵雍集》,中华书局 2010 年版,第 145 页。

⑧　(宋)程颢、程颐著,王孝鱼点校:《二先生语·伊川先生语》,《河南程氏遗书》卷 3,第 67 页。

⑨　(宋)程颢、程颐著,王孝鱼点校:《伊川先生语·入关语录》,《河南程氏遗书》卷 15,第 160 页。

意涵从"无阴无阳"向"阴阳并立、交替"转变,"一阴一阳"成为宋人贯通形而下与形而上之理则,①如张载所言:"无无阴阳者,以是知天地变化,二端而已。"②在周敦颐看来,"阴阳"这一概念与"太极"紧密联系,"天以阳生万物,以阴成万物",③意指太极动而生阳,静而生阴,阳变阴合,以生水火木金土。而五行一阴阳,阴阳一太极,又从五行返回阴阳、太极,这样就构成了一个有太极经阴阳的变化而化生五行万物的系统。

(二)"阴阳"的基本法则

阴阳之道包含着阴阳对立、阴阳互根、阴阳消长、阴阳平衡、阴阳转化等几个基本法则。④其一,阴阳对立,既矛盾又斗争。阴阳对立是指世界上一切事物的本质与现象均存在着相互对立的阴阳两面,而对立的阴阳之间则彼此相互制约,"阴制于阳,阳制于阴",这是中国最朴素的辩证法。"阴阳者,一分为二也。"⑤其二,阴阳互根,相互依存。所谓"阴阳互根"一方面是指阴阳二者相互依存、相互为用、相互滋生、相辅相成,这就是"阴能生阳,阳能生阴","阳根于阴,阴根于阳","阳依存于阴,阴依存于阳"。⑥其三,阴阳消长与阴阳平衡。所谓"阴阳消长",是指相互对立互根的阴阳二者,并非处于绝对静止的稳定固化状态,而是处于两者不断相互消长的运动变化过程,时而"阴消阳长",时而"阳消阴长"。此外,阴阳不断运动消长的过程中存在着一种彼此相对平衡的状态,此即所谓的"阴阳平衡"。其四,阴阳转化。"阴阳转化"是指一种阴阳之间"物极必反"的特殊状态,亦即在极端条件下,阴阳二者也可以向彼此的对立面互相转化,这就是"重阴必阳,重阳必阴"。

(三)"阴阳"在国际关系中的运用

首先,关于阴阳对立原则。阴阳学说指出,天地万物均可以阴阳分之,世界政治的运行莫不如此。因此,国际关系学界所关注的各项重大问题,包括战争与和平、冲突与合作、进化与退化、全球化与反全球化、统一与分裂、一体化与碎片化、信任与不信任等,均可以阴阳分之。其次,阴阳互根原则

---

① 庞朴:《"一阴一阳"解》,《清华大学学报(哲学社会科学版)》2004年第1期;雷博:《范围天地,通乎昼夜——张载〈正蒙〉"一阴一阳"概念解析》,《中国哲学史》2017年第2期。

② (宋)张载:《正蒙》,《张载集》卷1,中华书局点校本,1978年版,第10页。

③ (宋)周敦颐:《周敦颐集(卷二)通书》,中华书局1990年版,第22页。

④ 王志远、潘忠岐:《论"阴阳":国际关系研究的独特路径》,载潘忠岐等著:《中华经典国际关系概念》,上海人民出版社2021年版,第81—111页。

⑤ 《黄帝内经·素问·阴阳离合论》。

⑥ 李宝玉:《易经阴阳和谐思想及其评价》,《求索》2008年第6期,第58页。

也可以应用于国际关系当中。再次,在国际关系当中,阴阳消长与阴阳平衡的概念可以应用于战争与和平、冲突与合作、全球化与反全球化、统一与分裂、进化与退化、信任与不信任等研究中,这些相互对立又相互依存的阴阳关系也在不断消长与相对平衡中发展演变。最后,在世界政治中有关阴阳转化最经典的例子,便是大战之后的和平与大乱之后的大治。中国历朝历代以来的朝代更迭,通常要经过十分动乱的年代与战争,之后才能迎来较长一段时间的和平。在西欧近代史中,拿破仑战争结束后,大国协调带来了欧洲近百年较为稳定的局面。经过两次世界大战之后,大战期间惨绝人寰的悲惨记忆,使得西欧国家不愿再重蹈历史的覆辙,西欧的区域体系文化终于从反映丛林政治的霍布斯文化转为爱好和平的康德文化,迎来了欧洲大陆历史上难得的和平。这些例子都是"重阴必阳"与"阴极反阳"的表现。

第三节　外交伦理概念

宋明时期的外交哲学概念中有一类比较独特,我们在这里单独列出,暂且把它们划入外交伦理概念,主要是考虑到,它们多少与中原人对道德的期待有关。"诚""理""气""心"等概念都能从道德哲学上找到联系。

一、国际关系中的"诚"

从运用的深度与广度看,将"诚"这一概念纳入宋明时期考虑更为适宜。周敦颐以诚为本的伦理观、陈诚的亲诚外交理念都有体现"诚"。"诚"从概念的类型上看,可归类为外交伦理概念。

（一）概念溯源

中国传统文化对"诚"的探究,最早可以追溯到《尚书》,那时"诚"主要是指对鬼神的虔诚。《周易》指出,"修辞立其诚,所以居业也",意即君子说话做事要做到诚实勿欺如此才能建功立业。这里的"诚"已经具有日用伦常的道德意义。

（二）"诚"的运用

周敦颐认为,"寂然不动者,诚也",[1]并进一步提出了以诚为本的思想。首先,从宇宙本体论和生成论的角度来看,周敦颐熔铸了《易传》中的思想,

---

① （宋）周敦颐:《周敦颐集》,陈克明点校,中华书局 2009 年版,第 17 页。

将"诚"纳入《易传》的宇宙论体系。《通书·诚上》云:"'大哉乾元,万物资始',诚之源也。'乾道变化,各正性命',诚斯立焉。纯粹至善者也。"①这就是说,诚是宇宙的精神实体,在宇宙的建构中具有根本性的地位。其次,诚还是道德的本原。《通书·诚下》曰:"圣,诚而已矣。诚,五常之本,百行之源也。"②圣人之所以能称圣,便是因为把握了诚之理,诚决定着仁、义、礼、智、信以及孝、悌、忠、信等品质的涵养和养成,是最高的道德原理。以诚为本的伦理原则是实现政德的基础。其原因在于,中国古代伦理学总是与认识论、世界观以及政治学说等融为一体。这一原则在周敦颐的思想体系中即体现为以诚为本。这一功用落实到现实政治的各个层面,就能使个人的政治品德达至一种完美的境界。

陈诚以"亲诚"理念实践丝路外交。永乐五年,在得知帖木儿国进行皇位内斗时,陈诚立即向朱棣建言"迅速派遣使者前去调解,和平解决这一事件足以宣示天朝威德"。在第二次出使西域归国后,陈诚向朱棣建言明朝应开放与西方诸国的双边贸易,称此举不但能够"消减边关之患",更能"岁增巨赋,收百年之利"。朱棣采纳了陈诚的建议,在哈密、凉州设立贸易点,允许西域各国商队在此进行贸易。帖木儿国也重修了因战火而废弛的伊朗西部古驿道。因元末战乱和割据一度阻塞的丝绸之路,又出现商旅相望于途、使节络绎不绝的盛况。

二、国际关系中的"理"

从运用的深度与广度看,将这一概念纳入宋明时期考虑更为适宜。由于宋代朱熹系统提出了"理学治国"思想,本部分主要分析朱熹的理学思想及其在国际关系中的体现。"理"从概念的类型上看,可归类为外交伦理概念。

(一)概念溯源

理学是两宋时期的主要儒家学说。"理学之名,自宋人始有之。宋明理学,禅学也,不取之五经,舍圣人之语录而从事于后儒,此之谓不知本也。"③重要的理学家有北宋五子,南宋的杨时、朱熹、柴中行、林希逸,以及元朝刘因、郝经、姚枢、廉希宪、张文谦、刘秉忠、赵汸、汪克宽、华幼武、吴海、戴良、

① (宋)周敦颐:《周敦颐集》,陈克明点校,中华书局2009年版,第13—14页。
② (宋)周敦颐:《周敦颐集》,陈克明点校,中华书局2009年版,第15页。
③ 钱穆:《宋明理学概述》,九州出版社2010年版。

李祁、张宪、梁寅、苏天爵、张昶,等等,他们哲学的中心观念是"理",认为"理"是产生世界万物的精神的东西。[1]理学的出现对后世政治文化产生了深远影响。

（二）"理"学治国思想

朱熹是"理学"思想的集大成者,著述甚多,有《四书章句集注》《太极图说解》《通书解说》《周易读本》《楚辞集注》等。他在呈送孝宗皇帝的封事中曰:"人主之学当以明理为先,是理既明,则凡所当为而必为,所不当为而必止者,莫非循天之理。"[2]要当今皇帝首先明白纲常伦理的天理,以此来治国理政。也就是把内在于人心的仁义道德,运用到外在的政治事务中去,以实现仁政德治的施政方针。朱熹宣扬夏商周三代开国帝王仁义最好,能以德政治天下,所以天理流行,社会上一切都是光明的、至善的,是王道政治。三代以后,以至秦汉和唐,帝王以功利治天下,所以人欲横流,社会上一切都是混乱的、黑暗的,是霸道政治。[3]他要南宋皇朝推尊王道,贬贱霸道,以儒家思想治国平天下,实现宋代王道中兴。

（三）朱熹的"理学"思想评析

朱熹生长的时代,是金兵南下、中原沦陷、两帝(即徽宗、钦宗)被虏、北宋灭亡的南宋前期,面对的是山河分裂、国家危难的乱世、衰世。经过父辈、老师的儒学训蒙和爱国熏陶,朱熹早就怀着忧国之心、报国之志,长大成人后,更有治国之策、复国之愿。他把儒道理学的思想致用于政事,提出了"修政攘夷"的政治主张,即内修政事,外攘夷狄(指入侵的金国)。但需要指出的是,朱熹的爱国主义思想并不是大汉族主义,他反对的是发动侵略的少数民族统治者,对于广大少数民族的人民,他继承了前人"和合"思想,强调"以夏化夷",曰:"夏,诸夏之礼仪之教也。变夷,变化夷狄之人也。"[4]希望用汉族先进文化融合、感化较为落后的少数民族,实现中华各民族共同进步、发展和文明。

三、国际关系中的"气"

从运用的深度与广度看,将"气"这一概念纳入宋明时期考虑更为适宜。"气"从概念的类型上看,可归类为外交伦理概念。

①　陈来:《宋代理学概说》,《社会科学文摘》2023 年第 9 期,第 23—25 页。
②　(宋)朱熹:《宋本大学章句宋本中庸章句》,国家图书馆出版社 2016 年版。
③　余英时:《朱熹的历史世界》,生活·读书·新知三联书店 2011 年版,第 37 页。
④　(宋)朱熹:《近思录集释》,岳麓书社 2010 年版。

（一）概念溯源

"气"的概念在先秦儒学中早已出现,如本吾人生活经验而言"屏气"（呼吸）、"血气"（内息）（《论语》），或抽象化而言,其为吾人身体生命的构成且可被转化,"气,体之充也""夫志至焉,气次焉""我善养吾浩然之气"（《孟子》），或进一步抽象化而言,其为一切存在物的基质,"水火有气而无生"（《荀子》），但都非儒学的核心观念。两汉儒学受先秦以降阴阳五行学说的影响,故甚讲求气,但依此建立的一套以宇宙论为中心的道德哲学则属另辟蹊径,未可谓之善绍。[①]到了宋代,儒者既欲重振淡泊儒门抗衡佛老,则自应充分使用既有的传统资源。为了展示儒学对天地万物（包括人在内）有迥异于佛老的解说,除归本于《易》外,张载特别检出气的概念作为建构其学的枢纽,确能继往开来,亦奠定了"气"在理学中的关键地位。

（二）"气"在古代道德层面的运用

在道德性命方面,则吾人的本性本心遂亦先是以感通来规定,并由感通再进而体认仁义;此即明白感通是仁、感通为应然是义。这与径直根据孟子学以仁义礼智的道德道理来界说本性本心实有不同。虽然仁之恻隐亦是感通,但以仁为理则所重乃在为道德树立准则并依此断制行为。然而仔细阅读《正蒙》，我们不难察觉张载是紧扣感通言性与心的。例如,《诚明篇》云："天所自不能已者谓命,不能无感者谓性。"《乾称篇》云："感者性之神,性者感之体。"又云："若圣人则不专以闻见为心,故能不专以闻见为用。无所不感者虚也,感即合也,咸也。"此即明白说性与心皆以感通为用。若非以感通为用,则如何能使有无、虚实、内外等通而为一,《乾称篇》云："有无虚实通为一物者,性也;不能为一,非尽性也。"

（三）宋明时期"气"的现代运用

在中国传统文化中,特别讲究"气"的概念。"气"是生命的象征,在山西农村有个说法,"三寸气在千般用,一旦无常万事休"。气功是中国特有的健身方式,注重呼吸吐纳的内功,确也是一种有效的强体健身之术。在围棋文化中也讲究"气",气长,则腾挪自如;气短,则处处局促。在近现代中国,"气"还被视为一种精神状态、一种意志力。朝鲜战争时,毛泽东曾以"铁多气少"形容美国。精神状态和意志力在人类的种种博弈中有很大的作用,这也是不争的事实。当然,"气"也不能是某种虚渺的精神自洽,它要有物质支

---

① 郑宗义：《论张载气学研究的三种路径》，《学术月刊》2021 年第 5 期，第 29—38 页。

撑，要有"底"。中国外交的底气足，是中国发展水平的体现。比如，中国划设东海防空识别区，固然是因为有国际先例和许可，但更重要的是，中国具有在这一区域"看见"的能力。中国外交每走一步棋，背后都是有国力支撑的，一步一步，走得很稳，很有底气。至于民族自豪和文明自信的问题，确实值得认真讨论。从较长时空上看，中华民族的形成，是融合的产物，中华文明是一个相当开放的系统，吸纳了各种文明的优秀成果，同时又保持了文明的主体性和延续性。中华文明历经数千年不曾中断，这是人类文明史上罕见的特例，这也是我们自豪和自信的原因。

四、国际关系中的"心"

从运用的深度与广度看，将这一概念纳入宋明时期考虑，更为适宜。由于宋代陆九渊系统提出了"心学治国"思想，本部分主要分析他的心学思想，以及在国际关系中的体现。"理"从概念的类型上看，可归类为外交伦理概念。

（一）概念溯源

作为系统性政治哲学概念的"心学"最早可推溯自孟子，北宋程颢开其端，南宋陆九渊则大启其门径，与朱熹的理学分庭抗礼。陆九渊的心学主要是治国，在他之后，心学的集大成者是王阳明。王阳明的心学，其实源自孟子思想中"良知"的概念。孟子认为，人们都具有一种与生俱来的道德规范，也就是良知，这种规范已经存在于我们的内心之中。王阳明在此基础上，开创了以心为本的心学思想体系。

（二）"心"学：治国思想与道德规范

南宋政权之危机，直接催生了有识之士政治意识的觉醒。生于斯时的陆九渊，对南宋社会、经济、政治隐忧不绝。"风俗积坏，人材积衰，郡县积弊，事力积耗，民心积摇，和气积伤，上虚下竭，虽得一稔，未敢多庆。如人形貌未改而脏气积伤，此和扁之所忧也。比日所去之蠹，可谓大矣。燮调康济，政而惟难。"①陆九渊对南宋政权之积弊连用六个"积"字形容之，并辅以"坏""衰""弊""耗""摇""伤"等词语描绘当时社会状况，对南宋政权的腐朽落魄气象描绘得淋漓尽致。时代的呼唤需要重振儒家纲常伦理，作为士大夫的政治主体意识，则有为天下之担当精神。陆九渊的这种精神，彰显出作为士人的精神生命与儒家的真精神。"象山面对的时代课题，一是将士人的

---

① （宋）陆九渊：《陆九渊集》，钟哲点校，中华书局1980年版，第121页。

精神生命,从科举中拯救出来。二是从当时物欲意见之风习中,透出圣贤学问之真精神。"①以文化挽救政治,以思想拯救时代。"宋代出现'士以天下为己任'的主要原因"是"他们已自认为是政治主体,不仅仅是文化主体或道德主体而已"。②

王阳明的心学思想则包括了一系列深刻的理论,其中最为核心的就是"心即理"的概念。王阳明主张,心即理,一切事物都存在于个人的内心,而人们的世界观、价值观、思想观和行为则都来自个人的心理状态。因此,了解和认识自己的心态,直接决定了一个人的思想和行为方式。当心态稳定、充满爱与善的时候,所做的一切事情都能够获得最佳效果。

(三)"心学"在对外关系中运用

"心学"思想在处理事情时,讲"物来顺应",也就是要顺应当时的环境,王阳明将这个方法运用得淋漓尽致。对当今对外关系来讲,"心学"作为中国古代重要的哲学思想体系,不仅在国内具有重要影响,还远播海外,特别在与中国地理相邻、文化相近的日本、朝鲜半岛尤盛。

---

① 蔡仁厚:《宋明理学:南宋篇》,吉林出版集团有限责任公司2009年版,第140页。
② 何俊:《余英时学术思想文选》,上海古籍出版社2010年版,第568页。

第三编
中国古代国际关系概念的
当代阐发

第九章　"和合"概念的当代阐发[①]

　　中国古代国际关系思想与西方国际关系理论、马克思主义国际关系理论共同构成了有中国特色的国际关系理论体系不可或缺的三个组成部分。中国古代国际关系思想本身也是一个复杂体系,其中,天下主义的世界观、以朝贡为和谐特征的国际体系模式,以及和平主义战略等,都是这个庞大体系的基本组成部分。然而,这些世界观、战争观与和平观并不是孤立的,而是与人生观、社会秩序观有着密切的联系。深入理解中国古代国际关系思想,不能绕过对中华秩序观和人生观的理解,从某种程度上讲,中国人的人生观和社会秩序观往往是世界观与战争观及和平观的先导和前提。"古之欲明明德于天下者,先治其国;欲治其国者,先齐其家;欲齐其家者,先修其身……"(《大学》),古代中国人的天下观或国际关系观念,是建立在对人生和社会秩序的看法之上:做一个有道德的人,懂得以礼德之心与他人和谐相处,才能在世界治理问题上有所作为。中国人的人生观和社会秩序观是一个相互交融的整体,其核心就是"和合"文化理念。本章试图阐述"和合"文化的基本内涵,并从中分析其对于国际关系思想的意义。

第一节　中华民族"和合"文化的基本含义

　　"和合"属丁中华民族独特的优秀伦理道德范畴,由于中国的伦理秩序居于社会秩序的核心地位,因此"和合"文化又是中华文明中关于社会行为体相互关系的基本思想、观点和信念之一,成为中国独特的社会秩序哲学思想。和合,就是认可世界的和谐本质,以和平与合作的手段谋得利益,达到

---

　　①　本章大部分内容曾发表于郭学堂主编:《国际关系学:理论与实践》,时事出版社 2004年版。

一种和睦而至大同的境界。

作为一种社会秩序观,"和合"文化的缘起和含义不可避免地与古代中国人的基本秩序观结合在一起。与西方人不同,中国人的社会秩序观基本上是一种自然观与社会观的混合物。中国古代思想史上对社会秩序观影响甚大的一个核心命题是"天人合一"。"天"主要指神秘化了的自然,而人指整体化了的社会,故先秦思想家们普遍把自然秩序与社会秩序混为一谈,人类秩序"必本与太一,分而为天地,转而为阴阳,变而为四时,列而为鬼神",①社会与天道本不可分。自然界万物是和谐的,"天地以合,日月以明,四时以序,星辰以行",②因而社会各行为体关系"无一不与天合",③因而也是和谐的。"和合"是存在的最高境界。

关于"和合"文化的确切含义,我们可以从考古学和谱系学的角度加以理解。近年来的考古发现表明,"和"与"合"字最早出现在甲骨文和金文中,"和"的本意是声音相应,"合"的本意是上下唇合拢,在后来的文字发展中,"和"演化出和谐和平、和睦、和善、祥和等意义,"合"演化出汇合、结合、融合、联合、合作等意义。④周朝时,"和""合"开始结合出现,故有"商契能和合五教,以保于百姓也"⑤的说法。但只是到了春秋思想家管子那里,汉语严格意义上的和合概念,才有了第一次权威性的陈述:"畜之以道,养之以德。畜之以道,则民和;养之以德,则民合。和合故能习,习故能偕,偕习以悉,莫之能伤也。"在管子眼里,和合是社会伦理在民众层次上的一种基本体现和要求,追求和合的道德境界,把和合这个道德标准加以社会化,就会产生出"莫之能伤"的强大精神力量,起到安定团结、富国强兵的作用,显然管子主要从工具理性角度阐述和合思想的。这种实用主义的和合理念,到了战国时代得到了进一步的继承,比如,墨子把家庭成员之间"不能相和合"视作天下大乱的重要原因;荀子也认为造成"夫忠臣孝"社会秩序的原因之一,就是社会成员之间的"欢欣和合"。⑥然而,将和合观念进行阐述的最著名论断恐怕是《易传》中的那句话了:"乾道变化,各正性命,保合太和,乃利贞。"我国

① 《礼记·礼运》。
② 《荀子·礼论》。
③ 《诸子语类·卷八十四》。
④ 李少军:《国际政治学概论》,上海人民出版社 2002 年版,第 528 页。
⑤ 《国语·郑语》。
⑥ 楚庄:《挖掘"和合"文化遗产》,《人民日报》1997 年 8 月 30 日。

当代学者认为,这句话代表了中国"和合"文化的最完整意义和最高境界:世界万事万物的运行,尽管有各自的特殊性,但始终保持着整体的组合,最高程度地达到和谐,这才是最为光明的前景。[①]这已经不只是从管子所谓的工具理性的角度看待和合,而是具有了价值理性的高度,达至了人文主义存在论的境界。

第二节 "和合"文化在中国社会秩序文化中的重要地位

"和合"文化在中华社会秩序文化体系中居于重要地位,这种重要地位可以从三个方面来理解。首先,从自然秩序观来看,讲究辩证逻辑的中华文化,把自然界理解为一个阴阳和合的统一体,"天地和合,生之大经也",自然界的本质就是和谐,道的本质也就是和谐,因为"道生一,一生二,二生三,三生万物",道是世间最高的存在,因此,和合概念与中华文化的基本认识相一致。其次,自然秩序创造了社会秩序,"君臣、父子、夫妇之义,皆取诸阴阳之道","是故仁义制度之数,尽取之天",[②]天从根本上讲是和谐的,由天对照创设的社会秩序(即礼),其内在要求也必然是和谐的,孔子的"礼之用,和为贵"是对"和合"文化精粹的集中概述。再次,社会秩序就是自然秩序,即"天人合一",自然界的一切和谐的本质,毫无例外地普遍适用于社会领域,两个领域是统一的整体。"天人合一"思想凝结了中华民族关于社会秩序包括国际关系和人际关系的最基本的观念,成为中华文化源远流长的核心思想。

"和合"文化是中华礼文化的基本构成方面。"和合"文化是一种认同体系,它在社会层面上的制度化形式就是"礼"。中国社会秩序现体系是庞杂的,包括等级秩序观、礼治观以及"和合"观,"和合"观是一种认同体系,是社会制度的思想基础,没有它,礼就无从建立起来。整个社会要达到整体的和谐,就必须遵守礼。"礼便是和",君君臣臣父父子子各得其位,"甘心为之,皆合于礼","君臣父子夫妇兄弟之义,自不同,似不和。然而,各正其分,各

---

① 雷洁琼:《发扬"保合太合"精神》,《人民日报》1997 年 8 月 30 日。

② 《春秋繁露·基义》。

得其理,便是顺利,便是和处"。①所以,中华文化中的和合思想有着等级秩序的影子,这种影子随着经济基础的发展而日趋消亡,和合思想却永久性地留在中华民族最内在的特质里。

"和合"文化是中华文化中的一个特质和独创。第一,虽然外国文化中不乏"和平""和谐""和睦"和"合作"的思想或概念,但是,西方人没有把这些概念作为一个整体看待,即不能建构一个整体意义上的和合概念,西方文本中的合作与和平有着明确的意义区分和领域区分。第二,中国文化中的和合概念,除了有团结与和睦等状态含义外,还有"朝着一个中心聚拢""围绕着一个最高目标而努力团结"的动态含义,它能够反映中华文化中大一统的基本理念。第三,正如天下主义与世界主义的区分一样,东方的和合思想往往体现了中国独特的地缘环境下农耕文化的消极主义的人生态度和价值理性的天人关系,它强调的是人与自然界的和谐共处,而不是西方商业文化下积极主义的"征服自然与改造自然"的人生态度以及工具理性的天人关系。关于和合文化在中华文明中的地位,李少军曾说得很透彻:

"'和合'文化体现了中国人最根深蒂固的一个愿望,即和谐。在中国最早的文献中,就有关于和谐的思想。《尚书》中就有这样的词句:'协和万邦'。对中国人来说,不论是就自我修养而言,还是就一般世事而言,和谐都是关键。在美德的施行上,他们强调肉体与灵魂的和谐;在家庭里,他们强调父子、兄弟、夫妻的和谐;在与自然的关系中,他们强调天与人的和谐;在社会关系中,他们强调君与臣的和谐。在经济生活中,他们强调不患寡而患不均,说到底,也是为了和谐。"②

第三节 "和合"文化与中国理想
主义国际关系思想

中国传统政治哲学思想有一个基本共识,即国际关系是扩大了的人际关系,人际关系的本质是合作与和谐的,国际关系的最佳状态也应体现这一点。可见,"和合"文化对于理解中国传统"国际关系"思想以及建构新型国

---

① 《朱子语类·卷二十二,卷六十八》。

② 李少军:《国际政治学概论》,第528—529页。

际关系,均有着相当重要的意义。建构有中国特色的国际关系理论,如果要从古代中国政治思想中挖掘深厚资源的话,那么天下主义、和合主义无疑属于最值得重视的方面,其中,"和合"文化具有独特的地位。

我们认为,"和合"文化是中国传统理想主义国际关系思想的重要组成部分。关于中国传统国际关系思想的"主义"如何定位,不少学者莫衷一是,以美国学者江忆恩为代表的一派认为,中国战略文化和国际关系思想的基本方面是文化现实主义。①而我们认为,中国传统政治思想中不乏现实主义的考虑,但总体上看,和平主义、理想主义的成分要大得多。根据现代国际关系学的基本理念,理想主义与现实主义有几个差别,一是在世界本质判断上,理想主义认为是和谐,现实主义则认为是斗争与冲突;二是在权力与道德关系上,理想主义承认道德对于世界秩序的重要作用,现实主义则强调权力的根本作用,否认道德的作用;三是在人类前途态度上,理想主义重视教育与国际组织的功能,认为人类社会是进步的,对前途充满了乐观主义,而现实主义则相反,对世界未来持悲观态度。从第一个方面看,中国传统文化中占主导地位还是"天下大同""天人合一""协和万邦""非攻""兼爱"这些充满理想主义味道的思想,重视斗争与冲突的法家思想始终长期处于边缘地位,只是在秦代前后上升到主流盛行过一段时期,不久就被以董仲舒为代表的第二代儒学所代替,后来的儒释道三位一体均是指和谐的处世观念,不过各有其侧重点而已。从第二个方面看,中国政治文化是伦理本位的,政治与道德密切相连,"仁"处于儒家思想世界观的核心地位,过分强调权力的"霸道"思想总是被思想家们贬低到推崇道德力量的"王道"思想之下,王道其实就是讲究君臣之间的和合以及华夷之间的共处或融合。从第三个方面看,孔子的"修德来远"也好,孟子的"用夏变夷"也好,都相信后天的学习能够教化人,优秀文化的传播可以改变狄夷的落后文明状态,可以改变国际关系的不平等状态,从而促进天下一统。因此,中国古代国际关系思想主要是理想主义的。在这种理想主义国际关系思想中,"和合"文化显然是重要组成部分。"和合"文化发生和发展的基本前提是,相信社会行为体之间的利益是和谐的,正是这种和谐性才使得人类不必去采取非自然的、强权争夺的方式

---

① Alastair Iain Johnston, "Cultural Realism and Strategy in Maoist China," in Peter J. Katzenstein ed., *The Culture of National Security: Norms and Identity in World Politics*, N.Y.: Columbia University Press, 1996, pp.216—256.

去追求利益。"和合"文化虽然不排斥权力的作用,但主张权力的克制,限制权力本身就表明道德的分量。"和合"文化对现实和未来持有一种肯定和憧憬的态度,这也是现实主义基本理论所不能认同的。

第四节 "和合"文化与中国古代 国际关系体系思想

中国古代国际关系体系思想,也就是东亚朝贡国际体系思想,完全体现了中华"和合"文化的实质。一部中华民族与外族和平共处的对外关系史,也就是中国古代国际关系思想史。朝贡体系发端于先秦,壮大于汉唐,成熟于明清,历经两千年之久,是古代中外交往的基本模式,它造就了东亚独特的国际关系模式,即东亚朝贡国家模式,即东亚朝贡国家体系,又称宗藩国际体系。在这个东方国际体系内,中国为超级大国,日本、越南等数十个国家(明朝时两百余个)为中央王国的拱卫国家或藩国,后者每年或隔若干年向前者交纳一次贡品,同时接受中国的册封和远多于贡品的奖赏,双方维持着一种政治上(大多是名义上)的宗属关系、经济上的交换关系或援助与被援助关系、安全上的边境睦邻友好关系。

这种独特的国际体系模式之所以形成,固然不排除权力、利益等各种因素,但不能忽视"和合"文化所起的关键性建构作用。首先,主导性大国的和合思想是一种基本的意识前提。中国一直把和平与融合政策放在对外关系的首位,与此同时,中国周边国家也都有着和平共处的强烈愿望。汉、唐、明等朝的中国实力居东亚地区最强大地位,它们一边伺机进攻中国以获得急需的粮食和布匹,一边希望能够与中国维持一种和平关系以保全自身,而中国因应对边境战争而消耗大量人力财力,也希望与周边国家和睦相处,最后的博弈结果就是形成了"政治上中国得分、经济上藩邦收益和安全上华夷双赢"的局面。

第二,东亚朝贡体制本质上是互利互惠的自愿性国际联盟,它体现了中华"和合"文化的特征。汉唐时代的朝贡关系主要是双方自愿协商的结果,各朝代与各少数民族政权间的出使活动、会盟、和约甚至传为佳话的和亲政策,都是和谐与合作外交思想的体现,如果说这个时期在朝贡关系的建立上有一些强制因素的话,那么到了明清时代,日臻成熟的朝贡体系差不多完全是"藩属国"的自愿行为了,不少国家为了获得数倍于贡品的赏赐而竞相加入朝贡行列,郑和下西洋后,"蛮邦绝域,前代所不宾者,亦皆奉表献琛,接踵中国",①明朝政府不得不实行朝贡登记制度,严格把控藩国来华朝贡次数与人数,清朝政府还采取区别对待的政策,对于荷兰等以"称臣入贡"名义以图获利的西洋国家只允许其八年朝贡一次,对于朝鲜之类的近邻属国才可一年一贡。总之,朝贡体系的演变主流是自愿性的国际体系中国基本上奉行的是"王者不治夷狄""治之以不治""来者不去,去者不追"的不治主义态度,②国际体系内各成员国根据国际情势(如本国危机、中国内战等)往往中断或恢复朝贡,通过朝贡活动完全可以获得战争手段谋取的东西,因此更加自愿地服从中国的权威。两千年来,中国扮演着西方国际关系理论中的所谓"平衡者"角色,对册封属国的事变和地区安全进行有限的干预,周边国家很少灭亡,也使得东亚国际体系更加持久,实现了中华礼治下的千年和平,这在西方世界实属罕见。

第三,体系内各国很大程度上是受到中华文明与礼治、"和合"文化的吸引,才主动融合到这个"文化一体化"进程中来的。朝贡体制的经常性成员国(如朝鲜、越南等),大多属于汉文化圈,各国受中华文明影响很深,不论文字和艺术、还是风俗习惯,都与中国社会有着千丝万缕的联系。它们崇尚中华文明,认同汉唐政治体制,定期或不定期向中国派遣使节或留学生,希望从中国学习先进文化,借以带动本民族或国家的全面发展,这种文化的同质化和认同性是维系古代东亚国际体系的坚实纽带,只是 17、18 世纪以降,这些国家才因强权等原因疏离中国主导的东亚体系。但从 20 世纪后期 50 多年来的历史看,汉文化圈内的东亚、东南亚诸国仍然强烈地认同中华文化和礼治文明。儒家第三期、第四期的复兴与发展,某种程度上反映了这种现实和趋势。可以预见,在未来东亚地区一体化进程中,中华文化仍然是一种重要的建构力量。③

① 《明史稿·郑和传》。
② 这种对外关系理论的代表人物是何沐、苏轼等人,参见《苏轼文集》卷二《王者不治夷狄论》。
③ 郭树勇:《全球化条件下文化对于国家利益的多重意义》,《现代国际关系》2003 年第 2 期。

第十章 "圈序认同"概念的当代阐发[①]

无论是古代还是当代的中国外交实践,其背后都或多或少拥有一种迥异于西方二元认同的由近及远、认同递减、文化外推的思维,我们不妨称之为"圈层思维""圈序认同"。圈序认同形成于古代中国的地缘安全环境,其核心是文化中心意识与礼治序列,其制度背景是朝贡国际体制。几千年来,圈序认同已经成为中国人的民族性格和外交文化心理,它是民族复兴与文化创新不能忽视的文化结构,对目前中国国际关系与外交理论建设有着多重影响与启示。在国际体系转型与和平发展的新时代,对其进行研究尤为必要。

第一节 "圈序认同"的研究缘起

一、从当代中国外交变化谈起

进入 21 世纪,中国外交出现了不少政策话语表达上的变化,中国不再提或很少提及"第三世界",转而提"亲诚惠容""周边外交""新兴国家"以及"全球南方"等;中国很少提"友好关系""战略同盟关系",而是提"战略伙伴关系""全面伙伴关系""全方位伙伴关系""面向 21 世纪的建设性伙伴关系""战略互惠关系"等;中国很少提"世界新秩序",而是提"构建和平稳定的世界秩序""倡导平等有序的世界多极化和普惠包容的经济全球化""做世界和平的建设者、全球发展的贡献者、国际秩序的维护者"等。凡此种种,多少显示出中国外交中的一种由近及远、认同递减、文化外推的精神现象。这种现象,我们不妨称之为"圈序认同""圈层思维"或"圈层意识"。它是古代以来

---

① 本章大部分内容发表于《世界经济与政治》2009 年第 12 期,另一位作者(二作)是陈建军。

的中国人观察世界的一种潜意识,构成了几千年来的中国对外关系中的文化观念。

由于中国近几十年的持续迅速发展以及目前国际格局的显著变迁,世界越来越有兴趣观察与关注中国,了解中国向何处走,何以能够和平地发展。过去,我们从中国的和平主义文化来向国际社会解释,这对于化解"中国威胁论"、争取国际友好人士的同情与支持功莫大焉。现在,某些西方学者已不满足于和平主义文化的解释,它们希望从新的角度来寻找中国外交战略的文化基础。①东方和平主义主要源于儒家思想,而儒家思想如果还能够对中国当代外交发挥作用的话,那么洞察儒家思想与东方和平主义之间的桥梁是什么?对于国际合作和国际义务等方面的问题,中国人是以什么样的思维来处理与外部世界的关系呢?西方人可能正在卓有成效地研究这些问题,中国学者也应拿出自己的大胆想法来。本章希望以"圈序认同"这个概念作为一种分析工具和假定方法,来重读古代中国外交的思维模式。

中国崛起其实是亚洲崛起的一个缩影。无论是中国崛起,还是亚洲崛起,都可视为东方文明的世纪性崛起。研究当代中国外交时需要研究中国人世界观中的圈序认同成分,研究东亚对外关系时也需要研究作为整体的东亚在世界观方面的圈序认同现象。东亚先后提出了"东亚经济圈""大中华经济圈""亚洲经济圈",等等。西方则常常提"经济共同体""经济区"等。受到儒家思想影响的东亚人②惯于以圈层思维来扩大自己的交往范围,并希望在这种差序结构中实现自身的安全感、经济繁荣与政治抱负。笔者这里冒昧提出一个假设,即目前东亚经济一体化的水平为何落后于欧洲与美国,原因之一可能是由于近代以来东亚政治、文化诸方面的崩裂与混乱,迄今为止既未整合出一个类似于古代东方国际体系的文化差序结构,也未形成类似于欧美的完全同质性的文化结构,而习惯于圈序认同的东亚人既建立不起来古代东亚的经济一体化,也建立不起来欧盟模式的经济一体化。

二、"圈序认同"是中国的特质吗?

在民族国家体系的大时代里,任何民族都以自我利益为国际行为的基

---

① Alastair Iain Johnston, *Cultural Realism: Strategic Culture and Grand Strategy in Chinese History*, New Jersey: Princeton Universally Press, 1995, pp.22—27.

② 并不是所有东亚国家在外交文化上都接受以儒学为主体的中国文明的影响。

本出发点,都把本民族国家利益置于观察世界的中心,从这个意义上讲,每一个民族的外交文化中都有着圈序认同的成分。这是外交文化研究中的普遍性问题。然而,中国的圈层意识或"圈序认同"似乎更加独特。对此,梁启超曾有过一段精辟的阐述:"人类莫不有同类意识,然此'意识圈'以吾身为中心点,随其环距之近远以为强弱浓淡。故爱类观念,必先发生于其所最亲习,吾家族则爱之,非吾家族则不爱,同国之人则不忍焉,异国人则忍。由所爱以'及其所不爱',由所不忍以'达于其所忍。'是谓同类意识之扩大。"①梁启超认为中国人的圈层意识是不断扩大的同类意识的一种形式,是仁与爱的波浪式外延的过程,它不同于西方社会中以利益为中心、以民族间竞争为重要内容的同类意识。

那么何以形成中国特色的"圈序认同"呢?这里有很多的原因。除却梁启超先生从中国社会的伦理本位和仁爱外推的角度加以阐述的因素外,一个更加基础性和物质性的原因是古代中国独特的国际交往体系。古代中国较其他民族更加自成一体,其组织的国际体系更加封闭,其文明历史更加悠久且连续,农业文明基础上的礼治文化更加发达。②另外一个原因是东西方世界的外交实践情况迥异。以中国为核心的东亚外交圈不像西方外交圈那样曾经多次转移中心,而是几千年来呈现出一元性的特点,"始终稳定地以中国的中原皇朝为中心"。③因此,综合上述三个方面的原因,中国传统外交文化中的圈序认同更加明显,对当代中国外交的影响也更大一些。本章就中国外交文化中的特殊性进行较为详细的阐述,以起到抛砖引玉的作用。

三、"圈序认同"的基本含义

笔者提出"圈序认同"一词,并非想达到什么标新立异的学术目的,而是

---

① 梁启超:《先秦政治思想史》,东方出版社1996年版,第86页。

② 李云泉认为,地理环境的相对封闭、缺少与其他发达文明之间的对等交流,增强了华夏人的文化优越感,华夏中心意识成为一种普遍的社会心理。这种观点与美国汉学家费正清的观点是一致的。参见李云泉:《朝贡制度史论》,新华出版社2004年版,第190页。

③ 黎虎认为,古代世界形成了两个最主要的外交圈,即在帕米尔高原和喜马拉雅高原以东的东亚外交圈与在其以西的西方外交圈。西方外交圈由于古代航海技术的发达与贸易的盛行,其中心不断转移,形成了多中心的特征,如汉唐时期,西方出现了以安息帝国等为代表的西亚北非外交中心、以孔雀王朝等为代表的南亚中心及以罗马帝国为中心的欧洲外交中心,而且各个中心内部也不断转换主导国家。东亚则不同,中国始终是东亚世界的中心。参见黎虎:《汉唐外交制度史》,兰州大学出版社1997年版,第6—7页。

用它指代中国古代国际关系思想中一种挥之不去的现象,即中国人处理外部世界的关系时,倾向于以一种以自我意识为中心又有等级层次的、有序有礼外扩的认同序列来定义交往身份,确定活动范围与力度,并试图通过这种圈式交往的无限演进终致天下一统。这种思维模式或多或少存在于每个中国人、每个家族、每个王朝之中。

对于这种现象的阐述,古已有之。早在周朝时代,中国人就习惯于这种圈序认同:"夫先王之制:邦内甸服,邦外侯服,侯卫宾服,蛮夷要服,戎狄荒服。"①这种圈层的核心是道德或宗族的一致性:"同姓则同德,同德则同心,同心则同志。"②近代中国与世界体系产生碰撞之后,西方学者特别是美国学者加强了对中国社会及中国人世界观的研究,如美国著名汉学家费正清认为,"中国人倾向于将对外关系想象为中国国内社会与政治秩序原则的外化,中国的对外关系也就相应具有等级,如同中国社会自身一样。随着历史的发展,在中国形成一种对外制度,大体相当于欧洲形成的国际秩序"。③中国的这种世界秩序的认同基础,其实就是五服制度所包含的以中国为中心的、有等级的、由内及外的国际认同模式。美国学者孙隆基较为明显地指出了中国人的圈层意识:"中国这个'大圈',在处理外面世界时,总是以自己为中心,按亲疏远近的关系来将它划分'层次'的,而这种层次又常常变成一种等级序列。"④

可见,古代中国人的圈序认同,至少有以下几个方面的含义。第一,认同的出发点是观察者的价值和利益(上升至民族层次上,就是优越的中国文化),以此来确定观察者与世界的关系,它是所有圈的中心。第二,这个圈式体系是由多个圈组成的,各个圈都贯彻和落实一以贯之的文化认同。第三,在圈层体系中,主体对于客体的认同度是由近及远不断递减的,身份也越来越有差异。第四,中国不是固化这种差序,而是通过这种差异的形式来推己及人,不断地把自己的先进文化渐次向外界扩大,最终达到天下归仁的境界。

---

① 《国语·周语》。
② 《国语·晋语四》。
③ John K. Fairbank, *The Chinese World Order*:*Traditional China's Foreign Relations*, Cambridge:Harvard University Press, 1968, p.2.
④ [美]孙隆基:《中国文化的深层结构》,广西师范大学出版社 2004 年版,第 367 页。

第二节　东方的"圈序认同"
与西方的"二元认同"

圈序认同并不是中国人世界观的全部,中国人也有二元认同(如华夷之辨等),然而,圈序认同的文化本源、制度保障及实现形式都有系统的表达,因此它能够成为中国古代交往文化的主流思维模式之一。反观西方,虽亦有多种认同类型,但地位突出的还是二元认同。即便是二元认同,东西方也有明显的不同,东方强调里与外、有与无、现象与实质的"将无同",侧重讲"二元相成",与基督教的二元相背与二元对立有很大的不同。①实际上,这种"二元相成"由于强调本质一致而形式不一,包含了"圈序认同"的成分,我们更倾向于将其所体现的"本质的现象连续体"纳入"圈序认同"的范畴。

一、西方观察世界的二元认同

西方观察世界以二元对立和二元相抗为主要思维旨趣。这种模式强调我与非我、敌人与朋友、光明与黑暗、教友与异教徒、民主与专制、科学与愚昧,等等。它的哲学基础是二元论,它的宗教哲学是基督教文化,其思想的来源可能与古代两河流域的文明有关。关于后者,许倬云先生曾经进行过深入的研究,认为两河流域的泥版文字及其反映的内容"呈现对立的二元,彼此互斥而不能相容。二元论的思维,在两河思想体系,例如在波斯发展的袄教及后来的摩尼教,都是善恶两分的思维模式,颇继承了古代两河神话中神魔相争的传统"。两河流域文字中不乏救回春天与生命的英雄的故事,"凡此种种救赎与复活的主题,不仅在后世基督教教义中具有重要意义,也是许多启示性宗教的特色"。②西方外交思维由于承载了基督教传统中的上述二元认同思维,因此无论是战争与和平,还是发展与合作,都大致摆脱不了对立的逻辑。

---

① 许倬云:《许倬云观世变》,广西师范大学出版社 2008 年版,第 154—155 页。李泽厚先生也曾指出,古代中国更强调对立面之后的互相补充与互相渗透,而不是波斯哲学中的光暗排斥和希腊哲学强调的斗争成毁。参见李泽厚:《中国思想史论》(上),安徽文艺出版社 1999年版,第 38 页。

② 许倬云:《历史大脉络》,广西师范大学出版社 2009 年版,第 24—25 页。

西方的二元认同思维强调国内政治与国际政治的根本差异。西方著名的认同理论研究者、国际关系理论建构主义代表人物亚历山大·温特把认同分为实体认同、类型认同、角色认同与集体认同四种,前两种都是以肯定自我、排斥他者为本质规定的。虽然在角色认同中区分了朋友、对手、敌人三种认同,但在分析过程中突出的还是朋友与敌人。集体认同是指把他人当作自己人、一家人的感觉,目前,这种认同模式只有在欧盟等少数几个安全共同体中程度不同地存在,集体认同形成的一个基本条件是存在一个共同的敌人,且尚不构成目前认同政治的主体。可见,西方认同理论一般有一个二元对立的思维预设。

要形象地了解东方与西方在认同思维上的区分,一个很好的比喻是费孝通先生 60 年前关于西洋社会与乡土中国的对比。他讲得很形象:"西洋的社会有些像我们在田里捆柴,几根稻草束成一把,几把束成一扎,几扎束成一捆,几捆束成一挑。每一根柴在整个挑里都属于一定的捆、扎、把。每一根柴也都可以找到同把、同扎、同捆的柴,分扎得清楚不会乱的。在社会,这些单位就是团体。我说西洋社会组织像捆柴就是想指明:他们常常由若干人组成一个个的团体。团体是有一定界限的,谁是团体里的人,谁是团体外的人,不能模糊,一定分得清楚。""我们的社会结构本身和西洋的格局是不相同的,我们的格局不是一捆一捆的柴,而是好像把一块石头丢在水面上所发生的一圈圈推出去的波纹。每个人都是他社会影响所推出去的圈子的中心。被圈子的波纹所推及的就发生联系。每个人在某一时间某一地点所动用的圈子是不一定相同的。"①费孝通先生把西方社会的关系格局称为团体格局,把中国社会的关系格局描述为差序格局。如果我们从社会心理学的角度来看,西方社会的团体格局之思维基面的特征,可谓二元认同,在这种认同模式下,团体内部是平等而团结的,团体向外有清晰不二的边界性,这种边界性意味着重视正义与非正义的分辨性、正与反的对立性。中国社会的思维基础则早现出明显的圈子化的特点,"圈序认同"一词虽不尽准确,但可能比较形象。一方面,中国人都以自己为圆心,形成大小不一的圈子;另一方面,每个人都不断地伸缩自己的圈子,尽量把圈外的人吸纳进自己的体系中来。前一方面重点在"圈子",后一方面重点在"化"。这个"化",在孔孟二圣那里,主要理解为"推",即推己及人,"善推而已"。这样,圈序认同之

---

① 费孝通:《乡土中国》,上海人民出版社 2007 年版,第 21 页。

下的中国人就不会像二元认同的西方人那样泾渭分明地自待世界,对于西方人眼中的边界、社会、国家之间的关系,都持有一种模糊、变动的观点。相对而言,中国人的圈序融通思维长于求善(德性),西方人的二元对立思维则长于求真(知性)。

二、"圈序认同"与二元认同之间的相异点

"圈序认同"与二元认同是中国人和欧美人观察世界的两种重要认同模式,它们都以本民族、本国家为观察的中心,都致力于通过强大的国际制度和世界体系来实现自身的世界主义理想。然而,两种认同模式之间仍然有着许多重大的区别。

首先,圈序认同更加体现伦理本位,而二元认同与宗教本位息息相关。①文化是社会的灵魂,中国社会文化从本质上是一种伦理本位的,"人生且将始终在与人相关系中而生活……此种种关系,即是种种伦理。伦者,伦偶;正指人们彼此之相与。相与之间,关系遂生"。②因此,了解中国人观察世界的圈序认同不能离开对于人心的洞察。圈序认同实际上就是讲"心"的认同,以心与心之间的距离来定下亲疏关系,定下对外交往的认同感觉。由于在中国人看来,社会关系是由父子、兄弟、夫妇、朋友等由近及远的各种人伦关系组成的,而且整个世界也是由这种伦理关系拟人的,因此,"圈序认同"其实就是社会伦理关系的归结与抽象而已。然而,西方社会不同,其本质上是宗教本位,欧美社会主要是基督教社会,基督教文明的核心是希伯来文化,而希伯来文化是强调二元对立的,强调正义战胜邪恶、自由战胜专制、光明战胜黑暗,企图依靠强力来实现一种观念的胜利。小布什发动伊拉克战争就有着希伯来文化中二元认同的影子。

其次,圈序认同拥有丰富的进程导向,而二元认同含有明显的结构导向。在中国外交文化中,各圈的内容与序列不是长久不变的,相反,它是内外融通的。孔子虽然在《春秋》中提出过"内其国而外诸夏,内诸夏而外夷狄",把周天子作为圈序认同的最内一层,把鲁作为第二层,把诸夏作为第三层,把夷狄作为第四层,但并不以周礼否定夷礼,随着时间地点的变化,夷夏常常移位,故韩愈有评论说:"孔子之作《春秋》也,诸侯用夷礼则夷之,进至

---

① 在这一点上,二元认同的思维模式近似于赵汀阳所说的文化的异端模式。赵汀阳认为,中西文化模式之分可归纳为天下模式与异端模式,而异端模式在表达他者问题时以宗教分歧为底色。赵汀阳:《没有世界的世界》,广西师范大学出版社 2005 年版,第 86 页。

② 梁漱溟:《中国文化要义》,学林出版社 1987 年版,第 79 页。

中国则中国之。"①这从最初的意义上看,圈序认同完全是以一种变化和辩证的文化视角来划分世界的。梁漱溟也谈及圈序认同中的人并不是等级森严、互不来往的,而是"它由近以及远,更引远而入近;泯忘彼此,尚何有于界划?"②受到圈序认同的影响,中国人总是以发展的、辩证的眼光来处理外部事务,这种变动中的圈序认同模式影响了儒家文化圈的诸国。它们往往呈现出与西方国家不同的进程取向的多边主义,其核心是"交感而化",即"通过交往互动而导致利益和身份的渐进变化"。③西方国家则较多地从固化的结构出发,从二元对立的结构出发,或者从结构化了的制度设计出发来处理各种关系。

最后,"圈序认同"的潜在政治哲学理念是天下一统、远近相宜,而二元认同的潜在政治哲学理念则是国家至上、对抗思维。儒家思想影响下的"圈序认同",表面上由近及远的远近亲疏,实质上是要在远近亲疏中达到一种仁与礼的最终一体,把近的亲与善主要通过感化和礼治的方式推向远方,最后达到圆满,形成仁治或礼治的天下(二元对抗思维则主要通过优胜劣汰甚至武力征服的方式统治对方)。无论是孟子关于仁的递次外推学说,还是与此相对应的荀子关于礼的递次节制学说,都从侧面发展了孔子的仁礼思想,形成了"克己复礼,天下归仁"的境界。④反观西方世界的二元认同,则强化国家与民族的竞争兴废。正如梁启超先生评论的,若明乎中国人的"同类意识"之"举斯心加诸彼"(《孟子·梁惠王》),"则知儒家之政治思想,与今世欧美最流行之数种思想,乃全异其出发点。彼辈奖厉人情之析类而相嫉,吾侪利导人性之合类而相亲。彼辈所谓国家主义者,以极褊狭的爱国心为神圣,异国则视为异类,虽竭吾力以蹙之于死亡,无所谓'不忍'者存……(而)同类意识,只有日求扩大,而断不容奖厉此意识之隔断及缩小以为吉祥善事"。⑤简言之,若从民族文化与政治哲学背景看,圈序认同强调了天下的渐次礼治与圆融和谐,而二元认同强调了国家的新陈代谢与强权政治。

① 韩愈:《原道》。

② 梁漱溟:《中国文化要义》,第80页。

③ 秦亚青、魏玲:《结构、进程与权力的社会化——中国与东亚地区合作》,《世界经济与政治》2007年第3期,第7—8页。

④ 关于孔子、孟子和荀子关于仁之外推与礼之克制的探讨,参见刘家和:《古代中国与世界——一个古代研究者的思考》,武汉大学出版社1995年版,第387—398页。

⑤ 梁启超:《先秦政治思想史》,东方出版社1996年版,第86—87页。

当然,正如本章开头所言,"圈序认同"与二元认同均不能代表中国与西方认同思维的全部,中国历史中的某些时段不乏对立性二元认同的影子(汉武帝对匈奴的战争),而西方历史中的某些大国的外交行为中也偶有圈序思维的成分(如俾斯麦、丘吉尔的同盟体系或三环外交,尽管与中国的圈序思维仍有差别)。然而,圈序思维与二元思维毕竟分别构成了中国与西方思维模式的主流。它的确影响了古代中国对于国际体系和外交战略的建构,并仍对如今中国的和平发展道路产生作用。

第三节 "圈序认同"及其在
中国外交上的历史显象

要较为全面地理解"圈序认同",除了与西方人擅长的二元认同相比较之外,还要认识它在中国生成的基础与背景以及在中国历史上的显象。

一、"圈序认同"的基础与背景

(一)圈序认同的物质基础是地缘与安全因素

在中华民族结束氏族公社阶段向奴隶社会过渡的历史时期,由于中原文明的基轴是大河农业文明,这种文明较海洋文明更加受制于血缘宗族①、地缘经济与地缘政治的因素,因此,地缘中心意识与个体安全感的结合成为古代中国人观察世界时的圈序认同的一个重要基点。安全感是圈序认同的一个出发点。个人由于不能依靠自身获得安全感,因此,必须有一个集体的安全感,但是,这个集体不是平等组织起来的集团,而是根据圈序认同建立起来的集体。正如孙隆基指出的,"事实上,中国文化本身就排除了将其他的'人'当作同等人类看待的可能性。因为,在中国文化中没有人,每一个'个体'都必须借'自己人'这个圈圈来支撑起自己。他们即使在同胞之间也在划小圈圈,因此在面对'非我族类'时,就会划出一个'大圈'。唯有如此地躲在自己人的圈中,中国人才会感到安全"。②中国人的这种圈层意识是有物质基础的,这个物质基础就是地缘经济因素。中原是大河农业文明,经济

---

① 有研究认为,周之前,华夷之防有一定的血缘标准,但在西周、春秋时期,夷夏的区别主要建立在礼的不同上,血统的区别被文化的区分所代替。参见刘家和:《古代中国与世界——一个古代研究者的思考》,第493—494页。

② [美]孙隆基:《中国文化的深层结构》,第386页。

较为发达,周边多为游牧民族,经济较为落后,因此出现了以经济文明为基础的差序结构,从而治理上也出现了"五服""九服"等以王畿为中心向周边层层扩散的"天下"治理结构,经济文明较为发达的中原人居于"天下"的中心,经济文明落后的边疆人则居于"天下"的边缘。对于中原人而言,中原人是自己人,由近及远形成了亲疏关系和差序的认同。由于经济发展中心在发生变化,王朝也在兴衰更替,国家的安全重心也随着政治中心的变化而变化,因此,圈序认同的物质基础也不断变化,并不构成圈序认同的恒常因素。

(二)圈序认同的核心是文化中心意识与礼治序列

中国人讲究圈序认同,除了地缘方便、血缘亲疏和原始安全感等初始性因素之外,文化上的优越感是一个突出的甚至是根本的因素。中原地区既是统治中心和物质发达地区,也是开化较早、文化程度较高的"文明"地区,比起周边民族而言,自然有一种文化优越感,而千年以降则形成了费正清所谓的文化最优的华夏中心主义。有中心,就有半中心、边缘、半边缘,随着文明与文化程度的递减,中国人倾向于把文化同质性最强的民族或地区视为自家人,把文化同质性次之的视为近邻,再次则是可以归化为自家人的外人,最后是蛮夷。可以说,圈序认同的核心是文化差序。但是,如果仅仅把圈序认同简单地作为文化认同,则是不对的。在古代中国的语境里,圈序认同中涉及的文化其实是伦理本位的,与德治或礼治有着内在的联系。或者说,这种圈序认同的文化从精神的角度来说是德,从形式的角度来讲则是礼。德主要对于中央而言,着重讲厚往薄来,以德治天下;礼主要对于臣属而言,着重讲安于名分,履行等级。总之,圈序认同影响下的天下体系,是由"本不相干的方位观、层次观和文化的夷夏观交织而成。天下由诸夏及蛮夷戎狄组成,中国即诸夏,为诗书礼乐之邦,在层次上居内服,在方位上是中心;蛮夷戎狄形同鸟兽,在层次上属外服,在方位上是四夷。方位和层次可以以中国为中心,无限地延伸;诗书礼乐的华夏文化也可以无限地扩张。最后的理想是王者无外,合天下为一家,进世界于大同"。①

(三)制度背景是朝贡国际体制

礼只是圈序认同制度化的一种形式,具体到天下治理上,还有一种更为

---

① 邢义田:《天下一家——中国人的天下观》,载刘岱编:《中国文化新论(根源篇)》,联经出版事业公司1983年版,第454—455页,转引自陈廷汀、周鼎:《天下·世界·国家——近代中国对外观念演变史论》,上海三联书店2008年版,第3页。

世俗化和政治化的制度形式，即我们常说的朝贡体制或封贡体制。在周朝时期，朝贡制度和五服制度、九服制度，都是来表明离天子远近的一种统治制度和理念。比如，方圆每隔五百里依次称之为侯服（岁一见，贡祀物）、甸服（二岁一见，贡嫔物）、男服（三岁一见，贡器物）、采服（四岁一见，贡服物）、卫服（五岁一见，贡材物）、要服（六岁一见，贡货物）、蕃国（世一见，贡贵宝）。①在明清时期，中国皇帝对于各国来朝的次数进行了限制，这种限制也从侧面反映了中国与这些国家的认同关系。明太祖曾下诏："古者诸侯之于天子，比年一小聘，三年一大聘，若九州之外，蕃邦远国，则惟世见而已……今高丽去中国稍近，人知经史文物礼乐，略似中国，非他邦之比，宜令遵三年一聘之礼或比年一来……占城、安南、西洋琐里、爪哇、渤尼、三佛齐、暹罗斛、真腊等国，新附远邦凡来朝者，亦明告以朕意。"②从此，朝鲜成为中国圈序认同外国的最内一层，可以一年三贡；尔后便是琉球，两年一贡；第三圈则是安南、占城、暹罗、爪哇、哈烈，三年一贡；撒马儿罕、鲁迷则更次之，为五年一贡；至于日本、真腊、吕宋等国，则几乎为最外圈，要么十年一贡，要么无定期而贡。根据朝贡体制中贡者多获的历史常态，明朝几乎与后者的认同程度递减，深入交往的需求也下降。朝贡国的序列常常发生调整，但总体上未发生根本的变化，这与中国朝贡体制和国际认同的相对稳定有关。这种既稳定又不失灵活、集国际认同的开放性与差序性于一体的天下体系，造就了宽泛意义上独树一帜的国际体系模式。

二、圈序认同在中国外交上的历史显象

（一）古代中国外交中的圈序认同

圈序认同作为古代中国人的文化心理结构，其表现是有规律可循的：它往往是潜在地影响行为，对于个体而言有其无意识性；交往愈成体系，愈明显，故相较于国际交往而言，在国内交往中更易体现；当国力强盛且具有整体的外交大战略时，圈序认同思维更加容易辨认。

中国外交意义上的圈序认同思维经历了一个不断发展和递嬗的历史进程，这个进程随着中国历史的进步、人的概念变化特别是中国文化变化而变化，并最终落实在中国人的世界观上。正如有学者认为的，"从殷商的内外服制到战国后期的夷夏之辨，从血缘亲疏到文化异同，经过历史的长期演

---

① 《周礼·秋官·大行人》。
② 《明太祖实录》卷76，洪武五年十月甲午。转引自李云泉：《朝贡制度史论》，第73页。

进,中国人对于世界图式的叙述至此大致确定下来"。①我们认为,在这个"长期演进"的历史过程中,上文所讲圈序认同生成中的地缘安全、礼治文化和朝贡制度三个方面,在各个历史时期发展程度是不一样的。地缘安全方面在先秦早已具备,朝贡体制方面,秦汉两代也有实践,但礼治文化与德治天下的盛行似在唐代及之后。在唐代,如果一个大的同心圆的核心是唐王朝的话,那么向外的第一圈是安东、安南、安北、单于、安西、北庭六大都护府;向外的第二圈是更具自治性的突厥、回鹘、吐蕃、南诏、渤海;第三圈是具有一定依附性的国家,如新罗、林邑;第四圈是仅有朝贡之名的主权国家,如大食、日本。②到了宋代之后,中国出现了几个强大政权并立的局面,宋朝对东南方向的外交也有圈序的特征,但无法形成整体性的朝贡体制。元朝统治较短,礼治天下文化未及内化与体现。明代是朝贡体制盛行的朝代,明太祖的朝贡制度将中国人的圈序认同体现得淋漓尽致,具体原则上文已述。到了清代,中央政府"对招徕海外诸国进贡等方面已无兴趣,但在处理北方、西北、与东北疆域方面则胜过前代",出现了明显的圈序外交。值得注意的是,清代的圈序认同如同前朝一样,都如梁启超先生所言,并不僵硬地划清界限,而是根据国际互动的情况加以调整,其核心还是德治天下和怀柔政策。"东南海外琉球、安南、暹罗、日本诸国,附近浙闽,有慕义投诚纳款者,地方官即为奏达,与朝鲜等国一体优待,用普怀柔。"③晚清之后,中国渐衰,朝贡体制瓦解,中华文化面临危机,近代中国外交充满了屈辱,原本意义上的圈序认同根基动摇,逐渐被二元认同所替换,以夷制夷、依附外交、均势思维等长期成为主导性思维。

(二)现当代中国外交思维中的圈序认同

新中国成立以来,随着国力日盛和国际主义的复归,圈序认同对中国外交的影响也更加明显。到毛泽东提出"三个世界"之时,新中国已经逐步形成了一种较为固定的圈序认同体系,④其核心是毛泽东关于建立最广泛反

---

① 陈廷汀、周鼎:《天下·世界·国家——近代中国对外观念演变史论》,第4页。

② 石源华:《中外关系三百题》,上海古籍出版社1991年版,第8—11页,转引自肖佳灵:《国家主权论》,时事出版社2003年版,第263页。

③ 《清史录》卷30,中华书局1985年版,第251页。

④ 20世纪50年代的中国外交虽然有着和平共处的旗帜以及"一边倒"的战略方针,但总体而言没有形成制度化和理论化,因此,它的圈序认同并不明显。然而,我们还是可以看出,中苏关系是核心,中国与社会主义阵营国家的关系次之,然后才是与民族主义国家的关系,最后是与西方发达国家的关系,最外圈是美国。

帝反修国际统一战线的思想。这个认同体系的国际政治基础是处于美苏争霸之间的广大中间地带，特别是以发展中国家或欠发达国家为主要构成的新近独立的亚非拉国家。它们不满于美苏的帝国主义和霸权主义政策，希望日益强大的新中国成为它们的战略依托和领导核心，并对于中国的革命与发展模式十分认同。其经济基础是，中国对世界上与自己较为亲近的国家，特别是核心圈的社会主义国家和广大亚非国家，进行了大量经济援助。它还体现在有关毛泽东逝世后的追悼活动的纪录片中外国使节的吊唁顺序上：最核心的一圈显然是中国的"自己人"，即阿尔巴尼亚和朝鲜；第二圈是中南半岛三国；第三圈是第三世界国家；第四圈是第二世界国家；第五圈是没有国家身份的巴勒斯坦解放阵线，最外部的一圈则是没有邦交的美国。1976 年前后的中国外交身份正处在一种变动之中，其中最难处理的就是苏联与东欧国家，故其使节穿插在各圈之间参加吊唁。

　　然而，总体而言，综合"三个世界"理论以及中国外交的实践，这个时期中国认同体系的内圈（即"立足点"）是第三世界，而在这个内圈中最里面的一层是亚洲特别是东亚国家（包括东北亚和东南亚，但不包括日本），这里面显然也有地缘因素与历史文化传统因素；[1]其次是非洲，亚洲与非洲的朋友坚定支持中国恢复在联合国的合法席位。从周恩来 20 世纪 50 年代参加第一次亚非会议和 60 年代出访非洲 14 国可以看出，重点都是亚非国家。第三世界的较外层是拉丁美洲。中国认同体系的中圈是第二世界，它们主要是指以美国的欧洲盟国（德国、英国等）、北美盟国（加拿大）和亚洲盟国（日本）为代表的中等发达国家。[2]最外圈则是超级大国。"三个世界"理论所包含的圈序认同体系虽然不能括及所有的中国对外交往对象，但是总体上涉及最重要的战略力量，反映了两极体系时期中国奉行独立自主外交政策、对于国际体系建构的努力。当代中国外交的圈序认同实际上很长时间内是以"三个世界"理论为核心的。

　　自 20 世纪八九十年代起，由于两极体系的瓦解和中国战略环境的变化，中国政府逐渐放弃了"三个世界"理论，但由于"三个世界"中的内圈认同是近邻的发展中国家，而中国的国际身份定位仍为发展中国家，因此"三个

---

　　①　当时与中国关系最为密切的国家多为东亚国家，即朝鲜、柬埔寨、越南和巴基斯坦。参见中共中央文献研究室编：《周恩来年谱（1949～1976）》下卷，中央文献出版社 1997 年版。

　　②　谢益显主编：《中国外交史（1949—1979）》第三册，河南人民出版社 1988 年版，第 443 页。

世界"的思维不会轻易消失。20世纪90年代以来,中国抓住战略机遇期,与广大发展中国家以及俄罗斯、法国、英国、美国等构建起程度不一的伙伴关系,就认同度强弱而言依次为"睦邻互信伙伴关系"(如与东盟)、"基础性伙伴关系"(如与广大发展中国家)、"战略协作伙伴关系"(如与俄罗斯)、"全面伙伴关系"(如与法国)、"建设性伙伴关系"(如与英国)、"面向21世纪的建设性伙伴关系"(如与美国)等。当然,中国伙伴体系中最核心的还是后来提得较明确的"好邻居、好朋友、好伙伴、好兄弟"(如与巴基斯坦)和"好朋友、好兄弟、好同志"(如与古巴),这些伙伴关系虽然与时而变,但大致上构成了当代中国外交的圈序认同底色。

进入21世纪以来,中国政府向世界宣布建设"和谐世界",这个概念不同于西方人的和谐理念,本身就拥有中国人圈序认同的特征。在西方人看来,和谐的世界是所有地区的和谐同时实现;当某个地区或某个国家"一方有难"时,国际社会应该本着一个共同的文化标准来"八方干预",因为文化的同质性对于世界的和谐是至关重要的,对于那些文化或文明的"异端",应该加以改造或者消灭;为了和谐与和平,应该诉诸积极的努力甚至暴力与战争。中国人的理解序列是相反的:和谐世界固然是全天下人的共同事业,但它的实现又是从局部到整体而递次渐进实现的,在国际互动与对话中有一个相互不断学习和影响扩展的过程。榜样的力量是无穷的,圆心国如果实施国内和谐进而天下仁政,这样就会有越来越多的国家效仿之并可能成为和谐的国家。对于中国而言,它首先应该把邻居的关系搞和谐,和谐周边是和谐世界的第一步,其次才是亚太地区的繁荣与和平,最后是世界的和谐。和谐源于一圈一圈地扩大,一层一层地深化,一段一段地实现。为此,中国将积极发展全球伙伴关系作为新时代外交的重要着力点。①

党的二十大报告进一步强调要深化拓展平等、开放、合作的全球伙伴关系,致力于扩大同各国利益的汇合点,这既是中华优秀传统文化延续性和中国外交政策开放性的生动体现,也是中国式现代化发展经验在外交领域的延伸和拓展。②通过梳理伙伴外交话语,我们发现,中国外交中的伙伴关系"圈层格局"具有多个层次,如伙伴关系、战略伙伴关系、全面战略伙伴关系、

① 中共中央宣传部、中华人民共和国外交部:《习近平外交思想学习纲要》,人民出版社、学习出版社2021年版,第118页。

② 张伟鹏:《习近平全球伙伴关系理念的理论逻辑与实践发展》,《国际展望》2023年第1期,第42页。

全面合作伙伴关系、全面战略协作伙伴关系，以及全天候战略合作伙伴关系等。这种圈层格局一种不同于西方只注重利益与权力，而是表现出一种更加注重情感与义利平衡的价值认同，①有平等性、和平性与包容性的特点。这种"圈层式"伙伴关系有利于中国应对复杂的国际局面，有效化解快速发展过程中所遇到的问题。

第四节 "圈序认同"对中国外交
理论与实践的多重影响

圈序认同反映了几千年来中国人的世界观与人生观的基础部分，尤其成为中国人观察与处理社会关系和外部世界的集体无意识，也深深地影响着不断走向开放世界的外交文化心理。一方面，它是中华民族文化心理结构的组成部分，体现了远古时代以来中国人的血缘基础、心理原则、人道主义、个体人格以及实践理性，②民族复兴与文化创新的任何努力都不能忽视它的存在；另一方面，它与封建思想、封闭意识和文化中心主义也有着一定的联系，若不注意警惕，其消极影响会不利于中华文明与世界政治文明的积极对话。因此，有必要认真对待圈序认同对当代中国外交的影响，发挥其正面作用，使之服务于中国外交软实力建设。

一、圈序认同模式研究的潜在警醒

晚清之后，中国文化包括外交文化几乎被彻底批判，差序结构、圈序认同、家族社会、朝贡体系自然也在其之列。圈序认同多有诟病之处，最为明显的一条是，其包含的内外有别、先内后外、重内轻外之类意识，在内政外交几乎日益难以分清的国际政治大背景下，堪称落后的政治思维。华夏中心主义是圈序认同在国际政治观上的反映，在东方强于西方的条件下尚能勉强支撑，但在中国崛起过程中，却易成为激起国际社会"中国威胁"论调的催化剂。另外，还有至少三个方面也值得研究者们加以关注。

第一，圈序认同与国际关系民主化的理念相抵牾。圈序认同之下的世界秩序是一种将中国视为圆心而卫星国、朝贡国为辅卫的层层隶属的不平

---

① 吴文聪：《论中国的"圈层式"伙伴关系》，《理论观察》2020 年第 11 期，第 47 页。
② 李泽厚：《中国思想史论》（上），第 20 页。

等国际体系。在秩序优先的价值取向之下,朝贡秩序及其相联系的圈序认同思维有其天然的合理性。这种等级观念根本上来源于农业经济和封闭经营的生产关系,受地缘政治与血缘政治的深刻影响,从某种意义上支持了或者至少暗合了国际关系的压迫行为和不平等逻辑。在天下大势特别是世界生产力的冲击之下,工业经济与市场经济的全球化瓦解了圈序认同先前赖以存在和支持的经济基础,形成了以主权平等为核心的近代国际体系。随着主权制度的全球化特别是国际关系的民主化,国家间相互尊重和平等互惠等已经成为国际政治文化的基本要素,圈序认同模式对于建设世界政治文明只能有借鉴意义,而不能成为主导文化。中国外交既然也以推进国际关系民主化为要旨,就需谨防圈序认同危及国际关系民主化理念。当然,我们也不能断定圈序认同理念与国际关系民主化格格不入。完全平等的国际关系是个理想的目标,在可以预见的将来难以实现。理想的目标需要现实的手段。在目标的实现过程中,国际关系民主化需要多种多样的实现形式。目标中的平等关系需要某个阶段的不平等或不完善作为现实条件,而全球社会或者地区社会客观上都存在着权威中心的示范作用和目标实现的先后顺序,国际社会实际上总是存在着权威分层的现象。[①]从这个意义上讲,在世界大同实现之前,圈序认同也许仍有其合理性。这种合理性主要是以纠正和补充二元认同之缺陷为基础的,但毕竟不能达到人类价值上的完满性。

第二,以积极的国际责任意识弥补圈序认同的自我自利。在古代中国人的交往思维之中,有一个消极的方面,即圈子的利益高于集体的利益。当然,如果圈子本身就是集体,即国家就是皇帝一人的,那么皇帝就讲"天下为公"了。但其本质还是"天下为私"的。由于圈序认同结构中,圈子是不断伸缩的,而且圈子也是有层次的,因此,既定圈子内的行为体对于更大圈子的利益往往不是很关心。与此相关的另外一个更大的消极方面是,为了小圈子的利益而牺牲大圈的利益,对丁这一点,费孝通先生曾有精彩的阐述:"孔子的道德系里绝不肯离开差序格局的中心⋯⋯我们一旦明白这个能放能收、能伸能缩的社会范围就可以明白中国传统社会中的私的问题了。我常

---

① 国际社会分层是国际政治社会学(IPS)一个重要的研究领域,其核心是权威分层和价值等级。也有学者认为等级结构是国际政治的现实。另有学者认为类似于"亲亲尊尊"的等级在人类社会中是要保存的。分别参见王逸舟:《对国际社会等级结构的一种调研》,《欧洲》1996年第3期,第4—12页;牟宗三:《中国哲学十九讲》,上海古籍出版社2005年版,第50页。

常觉得:'中国传统社会里一个人为了自己可以牺牲家,为了家可以牺牲党,为了党可以牺牲国,为了国可以牺牲天下'……这是一个事实上的公式。在这种公式里,你如果说他是私么,他是不能承认的,因为当他牺牲族时,他可以为了家,家在他看来是公的。当他牺牲国家为他小团体谋利益,争权力时,他也是为公,为了小团体的公。在差序格局里,公和私是相对而言的,站在任何一圈里,向内看也可以说是公的。"①当然,中国进入世界体系以来的现代化取得了伟大成就,中国人的人类贡献意识大大增强了,但影响"中国应该为人类做更大的贡献"和成为世界大国的诸多意识因素中,圈序认同与自保意识概莫能外。中国应该以更加开放的心态和更大的全球责任意识,加入诸如气候变化、公共卫生应对之类的全球治理,以展示和增强泱泱大国的软实力。

第三,当代外交情势下"圈序认同"之核心价值的缺失及其重建。从中国外交文化的角度看,如何构建当代中国外交圈序认同的主导内涵,也是一个需要解决的问题。从文初所涉的几对概念可见,中国外交在围绕和谐文化、周边外交和战略伙伴等几个方面都有一定的圈序思维。但是,这些圈序认同主要是基于地缘和战略利益而展开的。关于中国目前国际身份这一重大问题上,核心认同问题并没有解决。虽然国家利益是国家外交的根本出发点,但是国家利益并不能维系一个国家的本体所在。再说,国家利益也不是简单的安全利益与经济利益的相加,它还包括国际利益、国际制度利益、国家信仰体系以及国际政治文化等因素,而后者才是国家国际认同的主要对象范围。笔者认为,中国目前的核心问题是价值体系重建问题,对内是社会主义核心价值体系重建,对外是有中国特色的国际政治文化体系重建,而内与外都是统一的、一体的。由于圈序认同首先要有一个圆点,因此,有关圆点的建设就很重要。先秦时代,这个圆点是周王朝的血缘;汉唐乃至明清时代,这个圆点是仁礼义文化;改革开放之前,一度曾把它定为社会主义意识形态;20世纪80—90年代,中国实质上把国家利益至上原则和发展中国家身份作为圈序认同的圆点。进入21世纪之后,中国外交的认同圆点是什么?要回答这个问题,就要不断从伟大的外交实践中总结并构建新的国际政治文化与国际身份。没有了认同圆点,就没有了外交之本,就无从构建世界秩序。

---

① 费孝通:《乡土中国》,第24—25页。

二、圈序认同对中国外交及国际关系研究的理论意义

以基督教文化为代表的二元认同基础上的西方国际政治文化,伴随全球化和现代化占主导,国际社会在继续肯定这种文化主体性和合理性的同时,更加注重从包括儒家文化、伊斯兰文化、印度文化等非西方文化中寻找国际政治思想,圈序认同思维若进行重建,或许会在以下四个方面产生积极的启示。

其一,重建后的圈序认同将赋予主流国际政治文化更多的和谐性与多样性。由于近代以来的国际社会是由西欧国家建立起来并不断扩展形成的,因此,主流的国际政治文化带有较明显的基督教文化的二元认同特征。如前文所述,这种认同模式的优点是泾渭分明、操作简易、容易机械化、技术理性强、科学化特征明显,在征服自然和机械性地改造社会方面有着天然优势,在工业革命、现代化、殖民化、商业战争和强权政治的时代比较有效率,但其机械性、对立性、强制性、侵略性在 19 世纪末就已初现端倪。与二元认同相比,圈序认同虽然讲亲疏、讲差别,但重点是讲差序之下的统一,讲行为主体与外面世界的不同程度的和谐。它既讲由此及彼,又讲由彼及此,后者虽然在内外之间好感程度有所差异,但总体上还属于认同对象的一部分,圈序思维的出发点还是希望把自己的认同体系推广到外部世界,外部世界可以自由地表示认可,隐含着灵活性、包容性、多样性和互认性的一面,更加符合后现代社会和全球治理条件下的国际政治求共存、求共赢、求和谐的潮流。然而,由于主流国际政治义化长期由西方霸权及其二元认同模式等因素所构建,因此,世界经济基础和政治结构全面改造尚需时日,研究圈序认同的理论意义并适度发扬光大,无论对于推动国际政治文化的多元发展,还是对于构建中国的国际政治理论,都有特别的意义。

其二,圈序认同凭其道德文化的内在参照可以促进全球治理理论的本土化。从近代以来的国际关系史来看,国际政治二元认同模式的内在参照主要是物质文化(市场经济模式),强调的是自我物质利益的扩展,虽然其终极目标和外在形式上有着浓厚的宗教意识和民主救世思想;中国古代国际关系则表明,圈序认同的内在参照主要是心的体认与德的外化,强调的是中华理想(天下仁政)的递次实现,大致遵循一条内圣外王的路线,朝贡体制的基本考量是为了维护以德治国和礼治天下。西方学界目前热衷的全球治理理论已经开始超越现代国际政治理论中的现实主义政治观,强调多元行为体国际合作的一面,有其可取之处,但其强调国家与社会的二分,强调共同

利益而非共同文化,仍有着较强的传统二元认同的色彩,中国外交文化可以提供有力补充。中国外交文化中的圈序认同中固有的道德文化本性,可以从德治天下、天下同心的角度来诠释全球治理理论,这样,或许会开辟出一条理论本土化的道路来。

其三,吸收圈序认同的合理成分,可以对世界政治与世界秩序有更加丰富的制度思考。这主要有两个层面的含义。第一,圈序认同的思维模式从根本上讲与二元认同思维所引申出来的关于国内政治与国际政治分野的国际思想是格格不入的。如果说天下体系的基础是无外原则及(与之并不根本冲突的)圈序认同的话,那么民族国家体系则以二元认同为基础。如果当今的民族国家体系适当吸收天下体系的若干合理成分,对于正在到来的全球治理时代是很有裨益的,因为后者有着理论上和美学上的完整性,更能适应全球一体的未来政治发展形势。在赵汀阳所称的天下无外原则和我们这里所讨论的圈序认同的共同作用下,中国会有"以自己为中心的'地方主义',但仅仅是地方主义,却缺乏清楚界定的和划一不二的'他者'以及不共戴天的异端意识和与他者划清界限的民族主义。……这样一种关系界定模式保证了世界的先验完整性,同时又保证了历史性的多样性,这可能是唯一能够满足世界文化生态标准的世界制度"。①第二,圈序认同下的国际制度化更强调模糊性、符号性和松散性,有助于世界秩序变革中软性制度化模式的发展。国际秩序问题是国际关系的核心问题之一,也是中国国际关系理论不可回避的问题。秩序无疑是权力、制度与文化的统一,三者之间你中有我、我中有你,无法分立。其中,制度与制度化是大国成长中需要处理的与既有世界秩序有关的关键问题,它是权力折冲的焦点,是文化冲突的外化。我们认为,不同的认同模式和文化传统影响着制度化的方式,二元认同模式下的制度化更容易体现为硬制度化,圈序认同模式下的制度化则更容易体现为软制度化。二元认同往往要求权力安排和利益划分的文本规范(国际法),要求敌我之间和内外之间的边界明确(主权制度),要求制度的严格执行以及监督财政司法保障体系完整(均势体系和联合国等强大机构),甚至要求将制度上升到神圣的程度(法治精神和"条约必须遵守"原则)。相比之下,近年来,东亚的地区一体化和多边主义较欧美地区更加松散,一体化建设目标相对具有原则性,多边协商表现出强烈的象征性和随机性,会议声明

---

① 赵汀阳:《天下体系——世界制度哲学导论》,江苏教育出版社 2005 年版,第51页。

用语往往较为模糊,但是仍然能够在一定时期内推动一体化的发展和共同体的建设。这一地区的软性制度化现象之所以十分明显,除却经济发展程度参差不齐和政治价值观大相径庭等因素外,该地区总体上深受儒家文化影响,外交思维上受传统的圈序认同模式影响较深,这一因素不能轻易排斥。

其四,圈序认同的基础是实用的过程理性,这对于和谐世界的理性实现仍有着理论启示。中国文化的一个明显特点是缺乏西方文化具有的宗教性,实用性极强,且重视过程甚于重视结果。圈序认同的各个方面显然体现了这种实用理性与过程理性的结合:中国人喜欢在一种由内及外、由近及远、由实到虚、由易及难的社会纽带中生活,喜欢量力而行,在逐渐的变革中贡献自身的力量或实现自己的远大目标。"千里之行,始于足下","修身齐家治国平天下",都是强调从身边做起,但并不把脚下的行动与远大目标割裂开来。国际利益("国际责任")理论与世界秩序("和谐世界")理论研究是与大国社会性成长联系较为紧密的国际关系理论领域,目前又与中国的国际关系理论建设息息相关。我们若能在圈序认同的重建过程中,创造性地诠释和谐世界理念,使之既能够符合世界政治文明发展的潮流,又能符合本土化的理论旨趣和不断成长的国家利益,就可能是对国际关系理论的重要贡献。

第十一章 "扶助"概念的当代阐发^①

在百年未有之大变局之下,中国日益走近世界舞台的中央,如何将世界性权力转移规范在和平、发展和合作的理性轨道上,更好地发挥大国的特有责任作用和重要国际组织的国际协调功能,推动建设新型国际关系和人类命运共同体为主要原则和内容的国际体系,是当前习近平外交思想研究和国际问题研究的焦点问题之一。国际关系的旧有路径难以延续,大国政治的传统模式面临失灵的风险,外交的固有形态似乎丧失了活力。外交理论界更加注重向东方智慧看、向古代外交实践看、向伦理领域看。^②推动构建相互尊重、公平正义、合作共赢的新型国际关系是习近平外交思想的核心内容之一,新型国际关系的构建途径中的重要一环是从已有的外交实践中发掘带有方向性、前沿性的外交形态,这种外交形态可能在过去就有,但属于比较偶然,比较分散的状态,而经过历史的发展已越来越带有本质性、方向性。笔者曾比较系统地提出了扶助合作、扶助外交等概念,认为它是对自助、互助的超越,是新型多边主义外交,可以在大国、联合国等国际权威中心的运作下发挥作用,"与时代的国际治理、国际法和国际伦理相联通,为新一轮全球治理提供国际合作保障"。^③典型的扶助体系虽然发源于古代东亚,但是它又为世界所共有,在大国关系史上,不少国家在崛起之际都有各具特

---

① 本章大部分内容发表于《国际观察》2022 年第 1 期,少量发表于《世界经济与政治》2020 年第 5 期。

② 从国际伦理等角度重新研究外交与国际关系论著近年来有了大量浮现,比如,郭金鸿:《以道德责任铸就"人类命运共同体"的精神气质》,《伦理学研究》2019 年第 4 期;蔡拓:《世界主义与人类命运共同体的比较分析》,《国际政治研究》2018 年第 6 期;刘胜湘、李奇前:《角色、价值、实践与人类命运共同体》,《教学与研究》2019 年第 11 期;刘建飞:《中国崛起进程中的大国责任》,《探索与争鸣》2011 年第 7 期,等等。

③ 郭树勇:《大危机下的国际合作与外交转向:国际政治社会学的视角》,《当代世界与社会主义》2020 年第 3 期;郭树勇:《人类命运共同体面向的新型国际合作理论》,《世界经济与政治》2020 年第 5 期,第 50 页。

色的软实力战略,开展了大量为国际社会认可的扶助外交。当代国际关系中,大国扶助外交更为常见,国际组织扶助外交成就非凡,为新型国际关系的建构作出了重要贡献。本章将重点梳理中国、俄罗斯(苏联)、欧盟、联合国在扶助外交中的表现,以审视国际扶助体系构建的可能性,并且讨论大国扶助的局限性和国际权威分层等理论问题。

第一节 扶助外交的内涵与行为主体

扶助外交是外交的一种形态,虽不及自助外交、互助外交那么频繁,但总以大国外交等方式发挥作用,主要是因为国家间交往除了权力、利益的较量外,还有公道、责任与正义等方面的考虑。

一、扶助外交的主要内涵

扶助外交是"扶助"在国际政治领域的体现。"扶助"是政治社会学的概念。一般认为,"扶助"语出《汉书》中的"其治务在摧折豪强,扶助贫弱"这句话,意思是帮助、援助。帮助、援助是中性词,扶助则不同,"扶"字改变了帮助的方向,即帮助行为要朝着平等、富足、安全、正常的目标,扶助多与扶贫、扶弱、扶正抑邪相联系。扶助有三个鲜明的特点。一是政治性。扶助一词的语义出发点是社会扶助,然而却常常用于政治变革或政治安定等语境之中。汉代严延年的扶助行为,目的在于解决地方豪强操纵政治"由是废乱"的问题,其效果是"令行禁止,郡中正清",他本人被后世称誉"为人短小精悍,敏捷于事,虽子贡、冉有通艺于政事,不能绝也",[1]与孔子推崇的政治天才子贡、冉有相提并论。可见,扶助是与讲究公平正义有关的政治行为。二是文化性。扶助发生在一定的文化共同体内。这个文化共同体的原型就是古代中国基层社会,即乡绅主导的宗族社会,在乡绅社会中,邻里之间出于共同的祖先信仰与利益诉求而相互扶助。梁漱溟曾经对这种邻里互助给予了很高的评价,日本学者沟口雄三(Mizoguchi Yuzo)通过解读梁漱溟的观念,进一步将"尊重相互扶助"作为中国传统伦理特质之首。在这种文化共同体的形成过程中,宋、明、清社会中的"乡约"发挥了重要的教化作用。[2]三

---

① 《汉书·卷九十传·酷吏第六十》。
② [日]沟口雄三:《中国的冲击》,王瑞根译,生活·读书·新知三联书店2011年版,第150—160页。

是组织性。古代社会基层邻里的扶助主要是由宗族组织。沟口雄三从中国乡绅社会的特点出发，提出了一个新的观点，即扶助是与规范、秩序和机制密切相关的社会生活实质。明代后期的中国民间社会伦理就是"由以上下秩序为规范的纵向轴线和以相互友爱、相互扶助为实质的横向轴线编制而成"。①因此，扶助是有着社会伦理本位的合作行动，对于体系文化、权威聚集、主导者义务和共同体状态等都有着严格的要求。

在一个缺乏政府权威的政治不平衡社会里，扶助是贤者基于责任或道义而非理性交换的考虑，对处于困境中的他者给予的一定形式的正当帮助。如果说自助行为是对于无政府状态或者安全困境的无奈选择，互动是基本理性选择和利益交换的话，那么扶助就有了利他主义的强烈内涵。这在以德治国的古代社会是非常明显的。延伸到国际关系中，扶助又成为一个国际政治社会学的概念。在国际关系或世界政治中，扶助外交则是大国或者其他形式的国际权威中心基于人道主义或国际社会整体利益对弱小行为体或受挫行为体进行的援助或帮助。在国内社会中，如果缺乏政府权威、政府救济、社会保障，会发生较多的扶助行为，那么，在国际社会中，国际援助行为就更加常见了。在本章中，援助与扶助有时混用，因为扶助从根本上讲是一种政治行为，但从操作上要运用援助等方式。不过，不能简单地将援助与扶助混为一谈。援助是经常发生的国际合作行为，大国可以援助小国，小国也可以援助大国，扶助则常常是大国行为。援助有着强烈的互助性质，扶助则有着强烈的他助性质，也就是说，扶助外交一般不追求利益上的回报，而是出于道义或国际利益考虑。即使如此，完全将扶助与援助分开是很难的，因为大国对小国进行援助时，纵有理性交换的约定和政治上的附加条件，也不免在言辞上赋之以鲜明的国际道义感。

综上所述，如果要下一个定义的话，国际关系中的扶助，或者国际扶助，从本质上讲是具有较强综合实力、较大国际权威的国家及其他国际关系行为体遵循一定的国际伦理或国际法治规范进行的针对国际体系内较为弱小、缺乏内部治理与国际交往能力的国际关系行为体的支持和帮助。它是国际合作的一种形态，常常与国际援助、国际同盟、国际均势等国际行为混杂在一起。从其原始的形态来看，国际扶助的主体一般为大国。因此，扶助外交是一种以扶助型国际合作为目标的外交，大国扶助外交是其基本形式。

① ［日］沟口雄三：《中国的冲击》，第145—146页。

二、大国在扶助体系中的特殊作用

如今,在反思威斯特伐利亚体系的缺陷,并对霸权政治、霸权秩序、"霸权合作"深感遗憾时,人们常常怀念古代东亚国际体系中的大国扶助,那里贤者为上、礼治为序、互为扶助、共尊祖先、患难相恤、修德来远、多元一体、天下大同,但是它"毕竟东流去"。对古代东亚体系的历史经验及运作原理重新解读,对中世纪欧洲的类似国际体系或者古希腊时期的类似国际体系(如果真有类似的国际体系的话)进行重新挖掘,可以为今天的国际扶助模式重构与新型国际关系建构提供借鉴。大国是国际体系中的主导性行为体,是国际体系文化的灵魂,也是国际扶助的最大权威方、发起者和实施方。

大国对国际体系有各自不同的构想。对于近代俄罗斯而言,这个体系似乎应该是一个普济主义的世界,即用东正教教义启发的、用现代资本主义精神为支撑的、救济天下苍生的文明世界;对于近代美国而言,似乎应该是新教伦理、白人责任加上资本主义精神建构起来的现代资本主义文明世界;对于当代中国而言,就是推动建构以百年未有之大变局和文明互鉴为国际背景、以新型国际关系为主要支撑、以高质量共建"一带一路"为重要载体、以实现人类共同价值为底蕴的人类命运共同体。这三个大国都提出过不少软实力概念,以图与过时的强权政治划清界限(实际上美国常常失败),纠正国际合作中的消极因素,使之更加符合国际社会发展的新趋势。

历史上俄罗斯提出的解放被压迫民族等原则以及后来(苏联)提出的和平共处、"和平竞赛"等方针,既指导了俄罗斯的对外关系与国际援助政策,也反映了国际关系大势,虽然有其片面和不足,但是在关系到人类生死存亡的问题上做出了比较现实的回答。"缓和取代冷战,和平制止战争在历经曲折之后逐渐成为当今世界发展的主流",为推进东西方缓和、结束冷战格局作出了重要贡献。美国在 20 世纪初以来倡议"民族自决""公开外交""大国一致""集体安全""政治民主化""自由市场经济体系""航海自由""反对恐怖主义"等准则。作为一个正在复兴的文明大国,中国从自身的国际身份与国际地位出发,也提出了一系列为国际社会所重视的原则与理论主张,比如"和平共处五项原则""'三个世界'划分""反对霸权主义""和平发展""和谐世界""相互尊重、公平正义、合作共赢的新型国际关系""人类命运共同体"、高质量共建"一带一路"和"人类共同价值"等倡议和理论,受到国际社会特别是广大发展中国家的认可和支持,有利于更好地推动南北合作与南南合作,推动国际关系民主化、合理化发展和全球治理体系变革。上述三个大国在开展国际扶助、推进国际合作、建设世界秩序方面作出了各自的贡献,没有大国,国际扶助体系就没有了基本的领导者和主导者。但是,一些大国扶助外交发展不平衡,常常受到霸权主义、强权政治和民族自私等因素的影响。因此,必须在新的历史起点上重塑大国扶助的理论和实施方式。

三、从大国扶助外交到国际组织扶助外交

进入 21 世纪,扶助外交有着更大的发展动能。随着国际政治社会化的发展和经济全球化的演进,外交形态和国际体系模式也在不断调整,以适应世界生产关系发展需求。扶助外交也从小概率出现的行为,发展到越来越频繁的行为,一个重要的体现是大国从社会学习中不断提升软实力和人道主义关怀,另一个重要体现则是国际组织的不断发展壮大。由于经济复合相互依赖发展到了一定程度,共同脆弱性和共同的责任成为国际合作的黏合剂,大国的责任成为强烈的国际需求,大国失范和不作为有了很大的机会成本和战略风险,扶助外交意识在大国之间比较普遍地培养起来,扶助成为一种当代国际政治的体系性要求。

国际体系主要是由行为体、功能和规则等要素构成。就体系的特征而言,扶助型国际体系应当是社会伦理占有主导性构成原则的国际体系,体系成员交往的第一原则就是自愿原则以及行为体宽容原则。①就行为体而言,它是由国家行为体中的大国以及国际组织担负的。其功能就是避免自助行为的无序,造成人类大危机条件下资源稀缺、生态系统破坏和人类灭亡,抑制安全困境和民族自私主义的发展,推进国际社会的相对平衡和可持续发展。其规则就是国际组织加强全球治理协调,完善全球治理规则体系,向欠发达国家和发展中国家提供足够的人道主义援助和公平正义的国际发展合作机遇,而且不以受助方的政治制度或政治格局改变为基本条件。扶助型国际体系的内涵仍然在发展变化中,它是由历史原型、大国扶助外交与国际组织扶助实践等共同构建起来的。所谓历史原型,主要是指古代中国主导下的东亚国际体系。"以中华秩序为主导的朝贡体系曾经带有鲜明的扶助体系的特征,从根本上讲是以文化扶助为核心和标准,以经济扶助为常态与内容、以政治与安全扶助为关键和战略考虑的国际关系体系。"②近现代国际关系史上,不少大国在成功崛起之际都比较注意对外软实力战略,注重扶

---

① 郭树勇:《大危机下的国际合作与外交转向:国际政治社会学的视角》,第 28 页。
② 郭树勇:《人类命运共同体面向的新型国际合作理论》,第 50 页。

助外交,这也为以当代多元化模式的国际扶助为特征的新型国际关系建构提供了别样的历史参考。

随着国际无政府状态的发展特别是国际社会的发展,国际体系由前现代转向现代、后现代,国际无政府状态出现了多种逻辑,半政府状态或半政府逻辑在某些领域、某些区域、某些议题逐渐具备了现代转化的可能性。推动这种现代转化可能性的主要动力,从目前看来,来源于仁爱型大国与权威型政府间国际组织的某种合作。强大的政府间国际组织,能够汇集成员国的授权,并建立起强大的协调机制,甚至拥有立法权、立宪权、民事权和司法权;能够超越主权国家体系的束缚,专注于全球治理与国际利益的实现,更重要的,它因综合实力远远高于某一个大国,且在对待国际体系内不同文明体方面和进行国际合作战略决策等方面具有多元包容、协商一致的特点,不会采取民族国家那样的强迫式国际援助,从而为古代东亚国际体系的创造性复兴提供一种可能,推动新型国际关系的构建,探索新的外交形态。

第二节　东方大国的扶助外交：
以新中国外交实践为例

新型国际关系的建构要依靠整个国际社会的共同努力,但首先要破解西方中心主义的国际关系思维和近现代外交的固有模式。这样,日益崛起中的东方大国的外交实践就尤为重要。如果扶助外交形态能够以积极的方式得以复兴,则中国特色大国外交即成为扶助外交的载体。新中国成立后,中国人民"站起来了",在世界政治舞台上一边坚持独立自主的和平外交政策,立足于自助外交和互助外交,维护国家主权与领土完整;一边推进有中国特色的国际合作,扶助国际爱好和平的力量与发展中国家,努力融入国际社会,使新中国成为国际社会中对人类有所贡献的一员,发挥东方社会主义大国的应有作用,赢得了发展中国家和爱好和平国家的普遍尊重。新中国七十多年来的扶助外交历经了诸多风云变幻,也展现出了自身特色。

一、新中国扶助外交的历史演变

新中国外交对旧中国特别是近现代史上中国政府"跪在地上办外交"的行为深恶痛绝,采取了"另起炉灶"的新方针,开创了外交新局,对周边国家、社会主义国家和发展中国家等不同类型国家实行了相应的扶助政策。以改革开放和党的十八大为节点,大致可分为三个时期。

(一)第一个时期内执行了积极的国际扶助政策

这一时期主要有六项较突出的行动:一是在20世纪五六十年代,贯彻"一边倒"的外交方针,与苏联结成互助同盟条约,对亚洲地区的社会主义国家实行积极的政治扶助战略,通过抗美援朝战争打击美帝国主义对于朝鲜半岛和东北亚的侵略行径,通过抗美援越打击美帝国主义对中南半岛的侵略,维护东方社会主义阵营的团结与安全;二是在中苏关系恶化之后,对社会主义阵营中被不公正对待的国家如阿尔巴尼亚、南斯拉夫等,进行了政治上的扶助,打击苏联大国沙文主义行径;三是从反对美帝国主义等考虑出发,1964年,周恩来在访问加纳时系统阐述了中国对外援助八项原则,即平等互利、尊重主权、尽量减少受援国负担、减少依赖、保证质量、保证技术援助到位、援外专家不享受特权等。中国对外援助数额从20世纪50年代中期到70年代中期一直保持连续增长,1970年至1978年,中国共帮助37个国家建成了470个项目,超过1955年至1970年建成项目的总和;①四是恢复在联合国的合法席位后,从发展中国家整体利益出发,在朝鲜问题、苏军入侵阿富汗、阿以争端、南非和拉丁美洲等热点问题上,坚定地站在第三世界国家一边,并对美苏的不合理动议投反对票或弃权票;五是在联合国大会上阐明"三个世界"划分理论,明确中国永远属于第三世界,向国际社会承诺永不称霸,并承诺采取各种形式支持第三世界;六是向被压迫民族或摆脱美国新殖民主义政策压迫的刚刚独立的国家宣传中国的反帝立场及反帝理论。新中国前30年的国际扶助,是在无产阶级国际主义旗帜下进行的国际主义外交的重要组成部分。

以上六个方面以及其他类似的行动,成绩是主要的,但是也出现了不少问题,经济援助的矛盾多方面显现出来,比如,中国对发展中国家的援助过于单方面,"超出中国自身能力,造成了某些国家对中国援助过于依赖,对某些国家的对外援助甚至造成事与愿违的结果等"②。这表明,在自身经济实力和文化软实力等均有不足的情况下,进行较大范围的国际扶助的策略难以持续。然而,这个时期的国际扶助取得了可歌可泣的成就,它一扫中国"跪着办外交"的弱国形象,恢复了大国的应有风度。

---

① 石林:《当代中国的对外经济合作》,中国社会科学出版社1989年版,第60—69页。
② 杨洁勉等:《对外关系与国际问题研究》,上海人民出版社2009年版,第159页。

（二）在第二个时期内进行了扶助政策的根本调整

这一时期国内工作重心实现了由以阶级斗争为纲向以经济工作为中心的转变,对外工作也进行了政策"大调整":放弃了"战争不可避免"的观点,认识到和平与发展为时代主题;在处理对外关系时以国家利益为出发点;实行对外开放;以"一国两制""共同开发"等思路来解决有国际背景的国家统一问题;不同任何大国结盟或建立战略关系。[①]受这种外交政策大调整以及经济发展的影响,国际扶助政策也相应进行了大调整,并被赋予新的内容,主要有几项较为突出的行动:一是迫使苏联从蒙古、阿富汗撤军,迫使越南从柬埔寨撤军,间接地支援了东南亚国家和中亚国家;二是在20世纪90年代实施了针对中亚五国的国际扶助战略,苏联解体不久,美国等西方势力对俄罗斯采取了"冷和平""新冷战"等战略,加紧推行"北约东扩",中国从国际战略格局的整体利益与国际道义出发,于1996年与俄罗斯建立了战略协作伙伴关系,并建立了以中俄安全合作为轴心、以中亚五国为主要成员的上海合作组织;三是持续调整对外经济援助基本原则,在坚持对外援助八项原则的同时,将国际经济技术合作提上日程,中国于1983年提出了同非洲开展经济技术合作的四项原则"平等互利、形式多样、讲求实效、共同发展",又在两年后提出了发展与拉美国家关系四原则,即"和平友好、互相支持、平等互利、共同发展"[②],不断减少对于发展中国家的无偿援助,2004年中国提出,对发展中国家经济外交应坚持"相互尊重、平等相待,以政促经、政经结合,互利互惠、共同发展,形式多样、注重实效"的指导原则,并越来越重视"共同发展""合作共赢"的新原则;四是对周边国家或国际组织实施重点扶助,包括对巴基斯坦等国的全方面支持,扶助东盟在东南亚一体化和东亚经济共同体建设中发挥地区协调中心的作用,针对东南亚国际金融危机斥巨额资金平仓;五是通过国际组织平台对广大发展中国家争取权益的行动实施国际扶助,比如,支持联合国的"千年发展计划",或者通过二十国集团、金砖国家等新型国际经济协调组织发挥作用,纠正全球经济失衡、应对国际危机、促进全球共同发展,支持发展中国家的经济发展与社会进步,变革不合理的国际贸易体系和国际金融体系等。

---

① 俞正樑等:《全球化时代的国际关系》,复旦大学出版社2000年版,第273页。
② 张清敏:《对众多不同国家的一个相同政策——浅析中国对发展中国家的政策》,《当代中国史研究》2001年第1期,第39页。

（三）人类命运共同体理念引领下的新时代扶助外交

进入新时代的中国外交，在习近平外交思想指导下，把推动构建新型国际关系、构建人类命运共同体作为对外工作的总目标，其扶助外交的特征鲜明，成就突出。一是 2013 年提出"一带一路"倡议，打造新型国际合作平台，通过这个平台以及相关的亚洲国际开发银行、丝路基金等，扶助沿线国家进行互联互通建设，即政策沟通、设施联通、贸易畅通、资金融通、民心相通，建设利益共同体、责任共同体和命运共同体；二是推动中外人文交流计划，建立孔子学院，举办世界文明交流大会，支持中国文化"走出去"，与此同时，中国政府为来自亚非拉等发展中国家的优秀学生提供来华留学的机会和奖学金等支持，推动留学生在华就业；三是政治上扶助世界各地的支点国家，谋求区域治理与全球治理合作。比如，亚洲的巴基斯坦、老挝、柬埔寨、朝鲜等，非洲的南非、埃塞俄比亚、尼日利亚等，拉丁美洲的委内瑞拉、智利等；四是继续扩大国际组织外交，推进新多边主义，建立富有中国特色、反映多元一体世界新秩序的国际组织外交，提出更多关于国际扶助和国际合作的中国方案，比如力推《联合国 2030 可持续发展议程》的实施、加大对贫困国家的扶持与救助，运用金砖国家合作机制加强对俄罗斯、南非、印度和巴西的经济与社会文化扶助，在二十国集团峰会这个最高全球经济治理机制平台上要求增加农业发展合作、传染病治理、绿色经济、全球气候治理和可持续发展等有利于发展中国家利益的议题；五是继续转变对发展中国家的发展援助思路，采取国际社会普遍采纳的做法，以国际发展代替对外经济发展援助，并在国务院下设国际发展合作署，统筹规划新时代的对外经济援助与发展中国家的经济扶助等事宜。

二、中国扶助外交的主要特点

对外扶助在中国外交中有着重要地位，呈现出以下几个方面的特点。

（一）坚守扶助外交的一贯性与坚定性：从支援被压迫民族解放到正确的义利观

国际扶助一直是中国国际合作的重要内容和形式。这主要是由两个主要因素促成。一是中国在当代东亚国际体系甚至全球国际体系中居于重要地位并拥有较强的综合国力。新中国渐次实现"站起来""富起来""强起来"的民族复兴目标，中华民族重新走近世界舞台的中央，有学者认为，虽然中国不再独自居于国际体系的中心，但是毕竟也是"多极中的一极"，而且以联合国常任理事国、世界第二大经济体、二十国集团中核心国之一、金砖国家合作组织的主导国、世界上最大的新兴国家、最大的社会主义国家等国际身份成为可能的新领导型国家。[①]二是国际主义原则是新中国进行国际扶助的指导思想。虽然国际主义在不同的历史阶段呈现出不同的特色和底色，但中国从未放弃过。有了这两条因素，加之中国古代、近代进行国际扶助的历史经验与文化传统，铸造了中国国际扶助实践的一贯性。

（二）坚持扶助外交的重点，突出扶助发展中国家和周边国家

对发展中国家的关注是中国扶助外交区别于欧美国家的关键。总结中国外交特点时常常有一句精辟的话："大国是关键，周边是首要，发展中国家是基础，多边是重要舞台。"中国视自身为发展中国家的一员，扶助发展中国家或第三世界一直是新中国国际扶助的出发点和归宿，不过其侧重点与方式随着国际大势与中国国力的变化不断演进。自 20 世纪 50 年代起，中国就不定期地召开全国援外工作会议。第一代领导人制定了对外援助八项原则，主要针对发展中国家。此后，扶助发展中国家调整为共同发展、合作共赢等新思路，改变了新中国成立之初的单方面援助、无偿援助、足够援助等思路，增加了技术援助、发展援助、发展合作、国际组织合作等内容。政治扶助、文化扶助在发展中国家扶助格局中居于重要地位，其中政治扶助更有根本性。从道义上和行动上支持被压迫民族独立、反对新殖民主义和新干涉主义、促进南北对话和南南合作、改革世界政治经济新秩序、声明中国永远处于第三世界，都是新中国政治上扶助发展中国家的重要立场与方式。由于中国把自身国际身份定位于发展中国家或第三世界国家，因此，扶助发展中国家是共同体内部的国际扶助，是集体身份规定下的国际扶助，是自家人对于自家人的"患难相恤"，符合古代东亚国际体系的属性。欧美等发达资本主义国家则大相异趣：由于本身不是发展中国家，其国际扶助的优先对象是战后的欧洲（如美国的马歇尔计划、北约的建立等）、欧盟外围地区（如欧盟实行东扩计划等）、拉丁美洲地区（如美国提出"美洲增长"倡议）、欧美前殖民地中与之有同盟关系的国家（如东南亚条约组织等），发展中国家从中受益很少；即使它们从战略角度考虑积极执行扶助计划（包括洛美计划等）并取得效果，也是一种居高临下、权宜性、附加政治条件的体系外扶助，此类援助常常难以持续。

---

① 程亚文、王义桅：《天命：一个新领导型国家的诞生》，群言出版社 2016 年版，第265 页。

（三）突出扶助外交的平等性、相互性、多边性，彰显新型国际关系的本质

与古代东亚国际体系中的扶助相比，当代国际扶助的平等性显著增强。这是国际合作的时代性决定的。新中国一开始就把平等互利作为对外经济援助的头号原则，这既是主权原则作为国际法第一原则的影响，也是考虑到发展中国家大多经历过殖民地生活，不希望被施助国附加一些政治条件或文化条件，中国在万隆会议上提倡和平共处五项原则，也把平等互利作为中国处理与发展中国家关系的重要规范，这也是向国际社会的承诺。

相互性是从平等性派生出来的，也是从当代国际法原则和国际相互依赖的现实产生出来的。相互性体现为四个方面。一是基于合作领域的相互扶助。比如，中国向俄罗斯提供银行贷款，俄罗斯向中国提供丰富的天然气，这同属经济扶助，这是由两国的地缘经济和全球相互依赖体系决定的。欧洲也需要俄罗斯的天然气，但是却不愿向俄罗斯提供后者急需的金融支持。也有不同领域的错位扶助，比如，中国与巴基斯坦已建立全天候战略合作伙伴关系，中国扶助巴基斯坦和平使用核能源技术，在安全上反对南亚霸权主义，将巴基斯坦纳入上海合作组织，巴基斯坦在反对恐怖主义和共建中巴经济走廊等方面给予大力支持。二是基于议题的相互扶助。比如，在全球气候治理这个议题上，中国与欧盟采取了同样的积极立场，相互支持、反对美国的不负责立场，形成了进一步敦促发达国家减少废气排放标准的有关协定。三是基于身份的相互扶助。比如，中国与老挝构建命运共同体，主要是因为两者都是社会主义国家、发展中国家、友好邻邦、共同反对美国霸权主义、没有领土或领海争端等，这样，两者的互助就自然深入了。四是合作共赢性。除了新中国成立初期，单方面的援助基本上不存在了，代之以具有合作共赢性质的扶助，这样能够减少受援国对中国的依赖，并培养自身的"造血"功能，因此，以贸易代替援助、以经济合作补充双边贸易成为经济扶助的重要发展趋势。

多边性是当代中国开展国际扶助的另外一个特点。中国通过"一带一路"国际合作平台把经济扶助的对象联通起来，实际上是通过建设新经济安排、新经济合作制度的形式，与发展中国家、转型国家、友好发达国家进行的共赢型合作。除此之外，中国通过参与创建或享有主导性话语权的国际组织，如上海合作组织、金砖国家、博鳌论坛、亚太经济合作组织会议、亚信会

议等,与组织内的发展中国家和需要扶助的国家进行合作。多边扶助比双边扶助更具制度性、长远性和可持续性。随着中国在国际社会中话语权的增强,多边扶助将成为一种重要的扶助形式。

第三节　西方大国的扶助外交:
以俄罗斯(苏联)和欧盟为例

虽然构建当代新型国际关系的倡议主要来自中国,但是新型国际关系的构建是国际社会特别是大国的共同事业。大国在建设新型国际关系的进程中负有重要的甚至主要的责任,除了遵循国际关系准则之外,重点是减少权力政治的考虑,加大国际伦理的考虑,提升扶助外交的分量,这个过程也是软实力战略的履行过程。

发达国家在新型大国关系建构中曾经积累了一定的历史经验,这些历史经验又以不同的形式在当代国际关系中得以传承。发掘这些历史经验并对其进行研究,是十分必要的。正如上文所涉,西方大国在大国成长过程中,一方面加强自身经济、军事、科技等硬实力建设,另一方面也十分注重包括国际扶助等在内的软实力建设,才实现了大国物质性成长与社会性成长的统一,在世界历史的某个点上一跃成为世界性大国。[①]限于篇幅,本章以俄罗斯(苏联)和欧盟为例进行论述。

一、俄罗斯(苏联)扶助外交的主要做法

俄罗斯是中国的重要战略伙伴,两国在构建人类命运共同体和新型国际关系的过程中形成了"胜似结盟"的关系,这不是偶然的,除了当前两国的战略共识与密切合作外,俄罗斯(苏联)对于人类进步事业的关注及其扶助外交的历史经验等因素也起了基础性作用。对当代俄罗斯扶助外交的全面了解,不能离开对其大国外交历史回望。俄国在北方大战之后开始成为欧洲政治舞台的主角之一,在打败拿破仑帝国之后的维也纳国际体系中一度成为欧洲政治的中心国家,拥有扶助外交的丰富经验。俄罗斯文化中根深蒂固的世界主义、普济主义思想,极大地影响了俄罗斯(苏联)的国际扶助理念和行为。

---

① 郭树勇:《大国成长的逻辑》,北京大学出版社 2006 年版,第 215—238 页。

（一）俄罗斯（苏联）扶助外交的历史演进

苏联解体以前，俄罗斯的大国外交已有几百年的历史。俄国在19世纪的欧洲政治中，比较重视与将普鲁士、奥地利结成同盟，对抗英法等强国，长期采取扶助巴尔干民族独立的做法，干涉土耳其帝国的事务；在美洲，同情和扶助美国独立，组织武装中立同盟，反对欧洲列强干涉拉美各国的独立运动。在苏俄/苏联时期，先是对中国进行扶助，主要包括先后发表三次对华宣言，推动孙中山领导下的国民党制定了"联俄、联共、扶助农工"三大政策，促进中国民主革命，并与中国北洋政府签署了《中苏解决悬案大纲协定》，"它是鸦片战争之后中国同外国缔结的第一个平等的条约"，"推动了20年代中国人民废除不平等条约的爱国运动的发展"①。后来，苏联加入了世界反法西斯阵线，从外交和政治上扶助反法西斯国家，从军事上大力援助中国、朝鲜和东南欧等国的抗日战争和对德斗争。最后，于1947年出台了与"马歇尔计划"相对的"莫洛托夫计划"，在经济上援助保加利亚、捷克斯洛伐克、匈牙利、南斯拉夫、波兰和罗马尼亚等国，并在此基础上于1949年成立了经济互动委员会这个经济上相互扶助的协调平台，同时也加大文化扶助的力度。

苏联解体以后，俄罗斯仍然坚持大国外交的战略，将扶助外交置于重要且适当的位置。在过去的30年里，以2005年为界，俄罗斯在国际扶助方面主要经历了两个时期。2005年以前，俄罗斯经历着民族国家重建、经济急速转型的历史任务，经济发展水平不高，在国际发展援助方面还基本上是一个受援国。由于俄罗斯仍是政治、军事大国，这一时期仍开展了大量有效的国际扶助活动。在政治扶助方面，1991年12月21日，以俄罗斯为主导的由11个苏联加盟共和国组成的独立国家联合体成立，形成新的政治联合；1996年，与中国建立"面向21世纪的战略协作伙伴关系"；2001年6月25日，在上海举行会议，将上海五国磋商机制升格为有中、俄、哈、吉、塔、乌六国组成的上海合作组织，将中俄政治互助上升到一个较高的水平。在军事扶助方面，面对北约东扩特别是科索沃战争，俄罗斯给予了南联盟（塞尔维亚）以一定的支持，最著名的要数1999年6月12日俄空降军先于北约维和部队抢占普里什蒂纳机场，给北约与美国以警醒，一度延缓了西方打击和肢解南联盟的进程。这一时期，俄罗斯囿于国力所限，只能在独联体、远东和

---

① 王绳祖主编：《国际关系史》第七卷，世界知识出版社1995年版，第340页。

近东等地区进行有限的政治与军事扶助。

自 2005 年起,就国际发展援助而言,俄罗斯从受援国正式成为施援国,其国际扶助以此为分水岭,进入了一个法规化、体系化和国际化的新时期。俄罗斯不但通过总统行政命令或立法等形式不断完善其对外构想和援助原则,而且将经济援助迈向多边化,和经合组织标准相对接,逐步形成了政治、经济、军事、文化等全方位的扶助体系。就政治扶助而言,俄罗斯从反对美国霸权、反对国际恐怖主义和确保地缘政治与周边安全出发,继续扶助朝鲜、伊朗、土耳其、印度、埃及、古巴、委内瑞拉、塞尔维亚等国。就经济扶助而言,俄罗斯将统一经济空间成员国、欧亚经济共同体成员国和独联体成员国作为经济援助的优先对象。就文化扶助而言,其文化交流的对象国主要是把俄语作为官方语言或日常语言的国家或苏联时期的盟国。俄罗斯国际扶助的国际化体现在:俄罗斯积极对接联合国千年发展计划和经合组织的国际援助体系,并实施其国际经济援助;在减免债务方面,如果按照免除发展中国家债务量的绝对量来衡量,俄罗斯占世界第三,若按照免除量占本国GDP 之比来衡量,俄罗斯占世界第一,2001 年至 2012 年累计减免发展中国家债务 800 亿美元。[1]俄罗斯除了注意发挥在二十国集团中的作用以及努力争取进入经合组织之外,还在国际合作方面贯彻"双头鹰"战略,谋求与中国、印度、巴西、南非建立互助关系,金砖国家合作就是一个对世界产生重要影响的国际合作平台,通过金砖国家峰会及智库、民间社会、政党等会议,形成了最大的新兴国家群体之间的战略协调机制。

(二)俄罗斯(苏联)扶助外交的主要特点

从其 20 世纪以来的外交实践看,俄罗斯(苏联)比较注重发挥其扶助外交的功能,其扶助外交呈现出三个鲜明的特点。

一是注重扶助体系建设。俄罗斯偏爱体系性扶助,从苏联时期的经互会、华约组织、共产国际,到苏联解体后的独联体、欧亚经济共同体、上海合作组织等,包括 2021 年成立的俄白联盟,都体现了俄罗斯(苏联)人对于建立国际扶助体系的热爱和自信。面对西方世界的经济强势地位,苏联于 1949 年提出"力图建立一个与西方资本主义世界市场相抗衡的社会主义世界市场"。[2]

① 宋艳梅:《俄罗斯国际发展援助的特点——兼与苏联时期比较》,《俄罗斯研究》2013年第 4 期,第 159 页。

② 王绳祖主编:《国际关系史》第七卷,世界知识出版社 1995 年版,第 214 页。

经互会在其鼎盛之时有 12 国之众,这不能不说俄罗斯(苏联)进行国际扶助时从大处着眼,有意进行体系性构建。

二是军事或安全扶助居于重要地位。俄罗斯(苏联)习惯于从地缘政治安全和民族性格等角度考虑其国际扶助的方式,军事力量及其体系构成是俄罗斯(苏联)综合国力的优势所在,进行军事扶助是扬长避短。当前俄罗斯安全扶助的重点,仍然是对其地缘政治安全有重大利害的国家,比如印度、土耳其、白俄罗斯等国。勃列日涅夫时期的苏联对第三世界的军事援助远远高于经济援助,1964 年至 1982 年,苏联的军事援助为 447 亿美元,经济援助只有 127 亿美元。①从历史上看,当俄罗斯经济力量强大时,往往军事扶助与经济扶助并重,当俄罗斯经济力量较弱时,则重点进行军事扶助,特别是武器销售与军事技术支援,其对战略支点国家的军事支持从来没有中断,就是因为有武器出售方面的保证。

三是扶助外交经常超出自身实力水平。苏联在冷战时期援助刚刚独立不久且与美国关系恶化的古巴,这成为诱发古巴导弹危机的导火索。在美国的软硬兼施之下,苏联以"由于美国保证不入侵古巴,苏联向古巴提供这类援助的动机就不存在了"等借口将导弹拆除运走、在公海接受美军核查,②这无疑表明其扶助古巴、对抗美国的总体战略失败了。2009 年,俄罗斯经历了经济危机,尽管如此,为了树立大国形象,争取早日进入经合组织,其还是克服困难、大力提高国际发展援助水平,将援助规模提升至 8 亿美元,是上一年度的 3.5 倍,在 2011—2012 年度又进一步提升至约 10 亿美元,是 2003 年的 20 倍。③这种努力无可厚非,显示了其追求国际地位和国际社会承认的迫切意识,但也是一种失衡的救济主义思想的曲折反映。

二、欧盟的扶助外交及其特点

推动构建新型国际关系、推动构建人类命运共同体,弘扬和平、发展、公平、正义、民主、自由的全人类共同价值,是中国特色大国外交的目标、旗帜与使命。④为实现这个目标,必须对国际社会进行广泛的动员,团结一切可

---

① 周弘、张浚、张敏:《外援在中国》,中国社会科学文献出版社 2007 年版,第 101 页。
② 王绳祖主编:《国际关系史》第九卷,世界知识出版社 1996 年版,第 137 页。
③ 宋艳梅:《俄罗斯国际发展援助的特点——兼与苏联时期比较》,第 154 页。
④ 《中共中央关于党的百年奋斗重大成就和历史经验的决议》,人民出版社 2021 年版,第 60 页。

以团结的力量。如果要建立新时代的国际统一战线,这种统一战线一定不是过去模式的统一战线,并且,争取欧洲特别是欧盟的支持是至关重要的。实际上,新型国际关系的内涵及其发展要依靠新型大国和新型国际组织的新型外交,欧盟的扶助外交是需要特别关注的。

欧盟既是一个区域性国际组织,也常常被视为一个大国或力量中心。它的一体化水平很高,实际上呈现半政府治理的状态,同时还保留了法德等欧洲大国的一些外交理念。鉴于欧洲主要大国(英国脱欧之前)在外交上越来越趋于相似,为了研究方便,本章将欧盟视为一个大国。1993 年,欧盟正式成立,将欧共体的建设和欧洲一体化推向了新高度,从经济一体化向政治一体化方向迈进,欧盟的国家性越来越强,欧盟内部治理的半政府性日益明显,欧盟参与国际治理的权威性和软实力也日益增强,这是与加强欧盟顶层权威的制度建设分不开的。自《里斯本条约》和《尼斯条约》签订以来,欧盟宪法的筹备和制定已经取得了实质性进展,欧盟在政治、司法、内务与社会领域朝着一体化迈出了关键一步,设立了欧盟委员会常任主席(俗称"欧盟总统"),赋予了欧洲议会更多、更大的立法权,将有关外交决策机构合并为欧盟外交与安全常任代表,并设立了有较大权力的欧盟对外行动署(俗称"欧盟外交部"),加上过去欧盟委员会享有的欧盟立法权与行政权,欧盟俨然是一个超国家政府,其 27 个成员国与欧盟的关系,已经不是一般意义上的主权国家与欧洲国际社会的关系,而是主权大为削弱的民族国家与具备较大权威的国际体系主导者之间的关系。因此,欧盟既是一个国际组织,也是一个国际体系,同时也可以作为一个超级大国来看待。

欧盟的扶助外交,可分两个方面来研究,一个是欧盟作为国际组织在实施国际扶助中的功能与特点,这是国际学术界通常研究的议题;另一个是作为次国际体系,欧盟对于各成员进行的国际扶助。欧盟对成员国的扶助隐含在共同的经济与社会政策之中,只有对新入盟的较为落后的中东欧国家才涉及过渡条款和经济社会扶助,而且扶助的标准基本上等同于欧盟对外发展援助的标准。本章重点研究第一种意义的国际扶助,即欧盟作为国际组织进行的国际扶助。其特点如下:

第一,以平等和相互尊重的合作精神扶助发展中国家。

在当代国际体系内,扶助对象首先也主要是发展中国家。20 世纪 70 年代至 90 年代,欧盟的前身欧共体先后与非加太国家签署了四个《洛美协定》,援助金额达 400 多亿埃居(European Currency Unit,ECU)。《洛美协定》是欧洲发展援助的主要框架,它最主要的特点就是将贸易和援助结合在一起。不但给予受援国家单向的最惠国待遇,使得非加太国家能够免除95％的关税出口商品,而且通过欧洲发展基金和欧洲投资银行等金融机构对非加太地区进行信贷和财政援助,并设立了补偿(稳定出口收入体制)、矿产品特别基金和援助监督机制(联席部长理事会、联席大使委员会以及联合咨询委员会三个监督机构)。这些援助极大地扶助了非加太地区的发展中国家,而且在国际扶助体系内产生了较好的政治影响,有人称"它是当时欧洲国家和发展中国家在平等原则下建立起来的互惠关系","将原来的'联系国制度'完全取消,平等地与发展中国家合作,不在政治上干预受援国家,开创了欧共体国家新的援助机制——'贸易—援助'机制"[1]。也有人说:"它并未摆脱旧的国际经济秩序的框架,因而不可能充分满足非加太国家的要求,而且仍有富国控制和剥削穷国的特点。事实上,非加太国家所得到的优惠又被欧共体通过别的渠道加倍地收回了。"尽管如此,"它是迄今最重要的南北合作协定,因此,也被称为非全球性的南北对话达成的一种合作形式"[2]。无论哪种评价,在承认其局限性的同时,都肯定了欧盟对非加太发展中国家援助的平等性与非干预性,这是欧盟扶助外交的新气象,认真地对待发展中国家争取建立世界经济新秩序的斗争诉求,显示出发达国家开展南北合作的真诚一面。

第二,注重构建一个圈序实施的全方位扶助外交体系。

全球治理的历史与现实总有惊人的相似之处。与古代东亚国际体系相似,以欧盟为中心的国际受援国组成的国际体系,也是一个按照与欧盟历史联系、地缘政治环境、经济联系及全球治理紧密度等因素或标准形成的圈序结构。从1967年至今的半个多世纪以来,欧盟与150多个发展中国家建立了发展援助关系,大致可以分为五个圈层。核心内圈,是法国、比利时、英国、荷兰、丹麦等国在非洲的前殖民地,共25国,实行的是联系国制度,是欧盟根据《罗马条约》实施的第一批海外援助,主要用于基础设施建设援助。外层内圈是包含核心内圈国家在内的非洲、加勒比、太平洋地区,联系国制度已被《雅温得协定》中的"欧洲发展基金"制度和《洛美协定》有关制度所代替,国家数目从25个扩容到71个。第三层圈是最近加入欧盟的中东欧国

---

① 常帅:《欧盟对外发展援助的历史与问题》,《黑龙江史志》2014年第1期,第328页。

② 王绳祖主编:《国际关系史》第十卷,世界知识出版社1996年版,第201页。

家。欧盟于1990年开始实施"法尔计划",旨在扶助中东欧国家向市场经济过渡和准备加入欧盟,对象国家包括波兰、匈牙利、保加利亚、捷克、斯洛伐克、罗马尼亚、阿尔巴尼亚、爱沙尼亚、立陶宛、拉脱维亚、斯洛文尼亚、克罗地亚、马其顿等。第四层圈是与欧盟地理位置较近、贸易联系较多、有较深的文明渊源的地中海地区,也可以称为近东地区。20世纪70年代至80年代,欧盟与地中海地区各国建立了内容不一的联系协定或贸易协定,形成了16个国家的第三层圈,它们是塞浦路斯、马耳他、土耳其、南斯拉夫、阿尔巴尼亚、安道尔和圣马力诺、阿尔及利亚、摩洛哥、突尼斯、利比亚、埃及、约旦、叙利亚、黎巴嫩、以色列、巴勒斯坦等。这些国家属于中等发达国家或经济条件较好的发展中国家。第五圈是亚洲国家、独联体国家和拉丁美洲国家(除古巴之外)。为了维持这个庞大的圈序援助体系,欧盟建立了严密的分层管理与监督体制,在欧盟总部、各成员国和地区办公室等多个层面上开展援助活动,提高欧盟扶助外交的层次性、协调性和有效性。

第三,朝内外一体、政经融合、标准综合化的方向发展。

所谓内外一体,就是指随着欧盟的第五次扩大,针对大量新加入国家特别是经济发展水平较弱的中东欧国家,欧盟采取了有力的经济社会文化扶助政策,这些扶助政策一部分纳入欧洲专项财政预算,一部分纳入国际发展合作政策,对外援助的政治社会标准也完善起来,从而出现了内外一体的特征。欧盟对外援助政治化体现在多个方面。其一,《里斯本条约》之后,欧盟的援助原则从经合组织模式走向整合的路子,[①]2005年出台的《欧洲发展共识》形成了对外发展援助的共同纲领,从理念与指导思想上强化了欧盟层面的统一功能,强调欧盟今后将更多地作为一个施援方整体行动。其二,在对外援助中,将经济关系与外交关系进一步结合起来,设立了对外行动署,将欧盟内部所有区域部门全部调整到对外行动署,赋予其在发展合作政策设计和财政分配上的参与权,实际上实质性地分享了欧盟委员会发展援助与合作司的外援权,更重要的是,这一步骤"保证发展合作政策同欧盟整体外交保持一致性",行使一种'政治正确'功能","发展合作政策从规则、设计、管理到执行的全过程都必须由欧盟委员会发展援助与合作总司和对外行动署及其使团密切合作",[②]以提高援助总量与援助效率,使援助整体效果的

---

① 张海冰:《欧盟对外援助政策调整的背景及趋势》,《德国研究》2011年第2期,第13页。

② 王磊:《欧盟对外行动署的制度研究》,上海人民出版社2015年版,第287—289页。

关系获得良性提升。其三,在发展援助的条件中开始更多地嵌入人权、民主与法治条款。欧盟 1995 年在《洛美协定》后续文件、2000 年在《科托努协定》中明确了对外发展援助必须包含尊重人权、促进民主和建设法治的内容,至 2003 年,有 200 多个受援助方签署协议,同意了欧盟的这个政治要求。①标准综合化是指,2006 年之后,欧盟在设计对外发展援助时,采取了一种综合治理、整体施援和可持续发展等理念,超越了战后初期的信贷措施以及后来的援助与贸易相结合的政策,也不是 20 世纪 90 年代的经济援助与人权条件挂钩,而是将发展合作政策对象领域划分为 12 个政策领域,即贸易、环境、气候变化、安全、农业、渔业、社会福利和就业、移民、研究和创新、信息安全、交通、能源等,其中环境、气候变化、移民、就业等符合联合国可持续发展 2030 议程的基本精神,而所有 12 个领域都是全球治理与区域治理的关注议题。

第四节　联合国以全球扶助外交为手段构建新型国际关系

在新型国际关系的构建进程中,一个重要的牵引力和权威中心是联合国,联合国能不能以及在多大程度上发挥国际协调作用,是国际关系多大程度上摆脱强权政治的重要标准和体现。中国着力倡议构建新型国际关系,逻辑上要求中国全力支持联合国发挥应有的全球治理枢纽作用,反对霸权主义与强权政治。联合国以促进人类和平与发展为己任,天然地推行扶助外交,扶助外交体现出多边主义、全球主义的特点,当然它又必然受制于大国政治与世界政治经济不平衡发展等因素。从大国扶助到国际组织扶助的发展过程中,欧盟是过渡形态,它兼具大国扶助与国际组织扶助的特点,联合国扶助则是较为完备意义上的国际组织扶助。联合国是最有代表性和合法性的政府间国际组织,是当今与主要大国并列的国际权威中心之一。联合国的扶助外交,由于较少地受到国家利益等干扰,因而也更多体现了人道主义和扶助弱小的成分。

---

① 郑双胜、甘开鹏:《欧盟对外发展援助政策及其在中国的实践》,《江西社会科学》2010年第 9 期,第 214 页。

一、联合国全球扶助的历史经验

全球扶助是联合国扶助外交的主要方式,它是较高层次的多边外交。联合国实施全球扶助,有一个从政治扶助到经济扶助再到生态文明扶助的转化过程。联合国成立初期,全球扶助的重点在政治上扶助被压迫民族推翻殖民统治,1960 年通过了《给予殖民地国家和人民独立宣言》,1962 年成立了非殖民化特别委员会,并创建国际托管制度,在联合国设立托管事会,为非洲大陆殖民地人民争取解放与独立提供了政治支持,成效显著,单1961 年就有 17 个国家实现了独立。①20 世纪 60 年代末,绝大多数非洲国家从殖民体系中脱离出来,获得了政治上的独立,近代世界殖民主义体系土崩瓦解,联合国的倡议与推动功不可没。至 2002 年,联合国托管理事会基本上完成了历史性任务,联合国主持的非殖民化运动也获得了彻底成功,自1943 年以来,已有 120 个国家完成了非殖民化任务,获得独立的主权。

20 世纪 70 年代以后,联合国将全球扶助的重点转向对广大发展中国家进行经济扶助。支持不结盟运动的《经济宣言》《经济合作纲领》等国际倡议,利用贸发大会、经社理事会、联大特别会议等平台,对广大发展中国家进行多方位经济扶助,促成了《联合国海洋法公约》等维护发展中国家合法权益的国际公约,推动发达国家与发展中国家缔结大量贸易协定,形成发达国家与发展中国家进行国际发展合作的良好局面。其中,1974 年第六届特别联大通过的《建立国际经济新秩序行动纲领》就发达国家扩大从发展中国家进口、给发展中国家分配特别提款权、制定技术转让标准、跨国公司向所在国提供援助、发达国家增加对发展中国家经济援助等做出了明确的规定,这些制度对扶助发展中国家产生了持久影响,是联合国全球扶助的重大贡献。

冷战结束以来,联合国进入转型期,全球扶助的议题和对象趋于多元,成为多方位全球治理的协调中心,以往的经济扶助也向气候治理扶助、文化治理扶助、非传统安全治理扶助等方面转化。加大了对非政府组织等所谓全球民间社会的扶助,承认非政府组织是联合国的伙伴,确定了非政府组织的一般咨商、特别咨商和列入名单等三种合作身份,允许它们非正式地参与联大各委员会的工作,特别是吸纳它们积极参与关于全球性问题的峰会、举行平行论坛,向裁军、维和、人权等议题提供专家咨询,给联合国项目提供资金支持,对联合国工作提供评估,从而改善其环境与效率。更新了关于不干

① 王绳祖主编:《国际关系史》第九卷,第 43 页。

涉内政的解释,认为"国内动乱和无序影响了国际社会的安全,国际社会有'义务'和'权利'介入以消除对安全所形成的威胁,代行国家的职能",[①]从而不断扩大国际维和的规模、扩充国际维和的扶助范围,从第一代维和的控制军事冲突,发展到第二代、第三代维和的保障人道主义援助、经济重建、监督选举等扶助行动,甚至越来越多地采取强制维和、强制行动、建设和平。多次召开联合国环境与发展大会、地球峰会、第二次地球峰会、特别会议来研究地球环境问题和气候变化等问题,先后制定了"21 世纪议程""千年发展计划"和"2030 可持续发展议程",出台了《联合国气候变化框架公约》《生物多样性公约》等国际法律,对发展中国家减贫、可持续发展、社会综合治理等方面进行全球扶助。

二、"联合国千年发展计划"实施的评估与反思

冷战结束以来,联合国实施全球扶助的最成功行动,除了维持和平行动之外,恐怕就是"联合国千年发展计划"了。千年发展计划又称千年发展目标(Millennium Development Goals,MDGs),旨在解决全球失衡难题,根除恐怖主义的社会经济土壤。"9·11"事件发生不久,联合国就开始筹备制定千年发展目标、召开千年发展会议。[②]千年发展计划获得了重要的进展,实现了不少目标:根据《2024 年可持续发展目标报告》,全球使用可再生能源发电的能力以前所未有的速度增强,年增长率为 8.1%。此外,全球可使用移动宽带的人口比重达到 95%,高于 2015 年的 78%,显示了快速转型的可能性。[③]另外,也有一些不足之处。一是 2008 年国际金融危机影响了发达国家的经济水平,而千年发展计划又过于依赖发达国家的自愿承诺;二是千年发展计划在目标设置上过于粗线条,缺乏过程管理和节点监测,指标体系不完善,操作性不高,影响了其可检测性;三是一些重要目标如不稳定就业、产妇死亡率、绝对贫困人口等远未能实现;四是仅仅从贫困问题入手解决不了贫困问题,只有把贫困问题与环境保护、气候变化与可持续发展等新理念结合,才能符合人类利益,而这正是千年发展计划所缺乏的,后来联合国

① 中国国际关系学会主编:《国际关系史》第十二卷,世界知识出版社 2006 年版,第489 页。

② 熊青龙:《从千年发展目标到可持续发展目标》,《国际经济合作》2014 年第 5 期,第56、58 页。

③ The United Nations,*The Sustainable Development Goals Report 2024*,June 28th,2024.

《2030 可持续发展议程》正是对此作了重要补充。

联合国在全球扶助外交方面有以下四个方面可圈可点。一是建立健全千年发展计划相关决议体系。在千年首脑会议通过《千年宣言》后不久,联合国大会又于 2000 年形成了后续决议和指导性意见,以提高各成员国落实决议的针对性和可操作性。二是注重有关国际组织引领机制建设。2001年,组织世界银行、经合组织等国际组织专家建立了联合工作组,围绕发展与消除极端贫困等中心议题,进一步增设了 8 项可供量化分析的千年发展目标。三是不断吸纳国际社会的最新意见建议。2002 年,专门听取了墨西哥蒙特雷发展筹资问题国际会议和南非约翰内斯堡世界可持续发展首脑会议等国际会议的有关建议,把可持续发展等目标及时吸纳进来,获得了更多国际支持。四是加强发达国家与发展中国家组织协调,形成广泛而强有力的国际共识。2005 年联合国高级别首脑会议成功举办,促使美国最终同意支持《投资与发展——实现千年发展目标的实用计划》有关文件,推动八国集团在发展合作领域向包括非洲国家在内的发展中国家提供的援助金额最迟到 2010 年从每年 250 亿美元逐渐递增到每年 500 亿美元,并说服发展中国家也要履行善治、人权和法治等责任,促使发展中国家在 2006 年之前制定出实施千年发展目标的国家战略。[①]这次会议把发达国家与发展中国家团结起来,完成了联合国全球扶助的组织协调工作,为将来的全球扶助积累了宝贵经验,以自己的方式推动了相互尊重、公平正义和合作共赢的国际关系的持续构建。

三、联合国全球扶助的未来可能

联合国自推出千年发展计划之后又于 2015 年推出了《2030 可持续发展计划》,这是又一种划时代的全球倡议,是对千年发展计划以及之前的 21世纪议程等全球倡议的继承与发展,体现了国际社会对于人类发展未来的认识深化与道路笃信。从 2030 年可持续发展计划的实施情况看,作为当前世界秩序主导国的美国对联合国事业并不积极,欧盟与中国等新兴国家则抱有很大的信心,发展中国家视这个全球倡议为本国发展的战略机遇。世界经济恢复乏力,贸易保护主义抬头,反全球化力量一时难以消退,联合国体制改革缓慢,权威性不足,这些都对全球扶助的开展产生消极影响。这需

---

① 叶江、崔文星:《联合国千年发展目标实绩关于评析》,《上海行政学院学报》2014 年第2 期,第 28—29 页。

要联合国及时调整全球扶助策略。

　　一方面要加强自身建设,加强机制协调。具体而言,积极做好与二十国集团、七国集团、经合组织、世界银行、金砖国家合作组织等重要国际机制的合作,联合国具有广泛代表性和较高的国际合法性,是主权国家特别是发展中国家都重视和依赖的国际平台,二十国集团则具有发达国家与发展中国家对话与协调的作用和操作性优势,两者结合起来可以优势互补,互为引领、互为保障。进一步扶助金砖国家合作的国际权威性,提高其在联合国大会等国际场合的显示度,适时地在联合国舞台上发表其立场文件、核心议题和政策主张,进一步发挥其在联合国事务特别是在引领发展中国家改革发展、合作共赢中的重要作用,防止发展中国家的分化和分裂,使联合国成为整个国际体系特别是发展中国家继续团结的枢纽。

　　另一方面,继续发挥其文明包容互鉴的国际场域作用。从"千年发展计划"的制定与起草来看,联合国在冷战结束后开始摆脱美苏对抗的政治格局影响,也对西方文明主导思维有了一定的反思,特别是对美国思维有了警惕,逐渐形成了符合人类总体发展的全球治理思路。从联合国过去20多年的全球扶助实践来看,以扶助外交的精神来变革全球治理体系是可行的,从非欧美的视角来审视构建扶助国际体系的可能性是有意义的。在多极化不断发展的今天和未来一段时期,这种多元一体的全球治理观一定会更加丰富、更具有操作性,一个以联合国全球扶助为引领、以中美俄等大国扶助为重要支撑、以多元文明为背景、与人类命运共同体理论相衔接的全球扶助体系一定会到来。

第五节　关于扶助外交的进一步理论探讨

　　扶助外交不是当代国际关系才有的外交形态,也不独属于任何一种文明,然而,它却随着国际政治社会化不断发展,在新型国际关系构建中发挥了越来越重要的作用。世界进入百年未有之大变局,客观上为扶助外交的兴起提供了时代条件,这主要体现在:西方国际关系理论和外交理论的核心概念是理性原则和理性选择,在大变局、大危机之下,需要从责任和利他主义的角度来重建国际关系理论和外交理论,国际伦理在新型国际关系中的地位亟待提升;有道义的大国和国际组织担负国际扶助的功能,就能够为这种重建和提升提供新的可能性、必要性,反之,新型国际关系和人类命运共同体就无法建立起来。扶助外交是发展趋势,是正在成长的外交形态,但有些问题还需要进一步讨论,包括大国扶助的局限、国际权威问题等。

一、关于大国扶助的制约性因素

从旧式国际关系向新型国际关系的转变进程中,大国开展国际扶助,有着多方面固有的缺陷。

第一,国家利益原则与利他原则的冲突。大国要担负国际责任的观念很大程度上是由其本国的文化观念建构的,大国担负国际责任的力量来源主要是自己的国力,大国开展国际扶助的信心与威望也大多是本国在过去的战争与发展中积累起来,大国开展国际扶助的决策往往要经过本国政治决策机构的同意才能实施。因此,即使一项高度国际主义化的国际扶助政策,必须把国家利益与国际利益的重合度和共同实现度作为首要考量。然而,新型国际关系的关键内容是合作共赢,在合作为上与本国利益优先发生冲突时,大国扶助就面临困难。大国制定对外援助政策时,经常会把经济援助与政治条件挂起钩来,至少会把经济援助与政治援助联系起来,这是完全正常的,因为国际利益不能脱离国家利益的设定且必须受到后者的制约,当然,在多大程度上超越经济援助与政治条件的挂钩,也能体现大国的外交风范与扶助的水平。

第二,大国扶助时难以避免国际强制。相互尊重是新型国际关系的首要内容,它要求开展国际合作时,大国往往要通过组织国际协商来解决国际社会成员的认识问题,但是由于缺乏足够的权威与时间来了解各个民族、各个国家、各个领域的情况,很多大国往往是从本民族、本国家和本区域的角度提出倡议,并依靠与其实力及国际活动积累起来的国际权威来推进,往往难以有效发挥各成员的作用,若要在很短的时间内看到效果,就只能依靠一定程度的强迫或威慑,这样,国际强迫就大量出现在由一些大国主导的国际合作之中。

第三,霸权国在大国扶助中采取"双重标准"。由大国主导的世界治理,理想状态要求国内治理与世界治理同属一套逻辑、一套决策机构、一套价值体系,即使包容多元但不能没有一体,这在现代国际社会中是很难实现的。两套或多套治理逻辑、决策机构会产生治理标准混乱、决策执行混乱、信息处理混乱。威斯伐利亚体系及其制度设计是西方政治文明实验,应该说一定程度上代表了当代人类政治文明在国际政治治理上的成果,美国一方面企图利用主权制度体系的有利方面向世界推广自己的政治制度标准,实现美国式资本主义政治文化与政治制度的"一统天下",另一方面又无视主权原则和人道主义原则,支持独裁专制和种族主义政权,引发国际社会反感。大国虽然是国际扶助活动的倡议者和主要实施者,但是往往也是国际冲突和国际战争的支持者,军事或安全援助若用于正义的目的,可以视为国际扶助的一部分。出于正义目的进行的军事援助,甚至为了政治扶助进行的合法性战争,都可以视作国际扶助的一部分,但是如果大国介入了非法性战争或错误的代理人战争,就会产生恶劣的国际影响。这种"双重标准"行为以及有违国际伦理的做法,损害了新型国际关系中的公平正义原则。

二、关于欧盟扶助外交的双重性特征

如果说联合国以实施全球扶助为己任,那么,区域性国际组织就以区域扶助为重点,欧盟既是区域性国际组织,也可以被视为大国,其扶助外交显示出双重性特征,既体现为它的引领性,也体现出它的依附性和过渡性。

一方面,它的引领性表现为,在国际发展合作方面注重与联合国"千年发展计划"密切对接,将全球治理提升到较高的地位。在实施《洛美协定》时,欧盟的政策就较多地体现了联合国关于建立公正合理的世界经济秩序倡议。早在 20 世纪 70 年代,联合国就对发达国家面向发展中国家的发展援助提出过要求,希望发展援助量占到施援方国民生产总值的 0.7%。在发达国家中,欧盟及其成员国较美国、日本等国相对积极地对接这一标准。1998 年,欧盟及其成员国提供的外援占到其国民生产总值的 0.3%,远远高于美国的 0.1%,也略高于日本。其中,欧盟成员国丹麦、荷兰、瑞典等国已达到联合国要求的 0.7%。[①]欧盟及其成员国的发展援助占到全球官方发展援助总量的 50%—60%,成为支持联合国进行全球发展治理的中流砥柱。欧盟与联合国的契合之处还显著地体现在它对联合国千年发展计划的态度上。2000 年 9 月,联合国出台的体现新发展理念的"千年发展计划"就得到了欧盟的"积极回应",后者在两年之内连续制定和发布了《为了更好世界的可持续欧洲:欧盟可持续发展战略》《面向可持续发展的全球伙伴关系》等相关文件,并在《面向可持续发展的全球伙伴关系》中,明确将推动实现"千年发展计划"作为欧盟对外发展援助的重要方向。2006 年的《欧洲发展共识》为新时期欧盟发展援助政策提供了基础性方针,确认"欧盟发展合作的主要

---

① 王玉萍:《试析欧盟官方发展援助的特征》,《理论学刊》2010 年第 7 期,第 115 页。

和首要的目标是在可持续发展和实现千年发展目标的背景下消除贫困",将发展援助重点转向包括环境保护、人类发展、社会融合和就业等在内的九大可持续发展的关键领域。①从实施效果来看,欧盟绩效较佳,这也为其继续积极地对接和支持联合国 2030 年可持续发展议程提供了坚实的基础。

另一方面,欧盟作为大国在安全扶助方面具有依附性。因为在大国体系中,它实际上是美国的"小伙伴"。欧盟曾经在波黑内战时期提出了两项干预方案,都未能奏效。其中的"欧文—万斯方案"一度被国际社会和波黑有关方面看好,但该方案在各方加强协调修改、波黑塞族有所犹豫之时,就被美国强行代之以北约干预的方案。这说明,美国决不允许欧盟独立发挥军事安全扶助作用。另外,欧盟在文化扶助方面也做了很多探索。《马斯特里赫特条约》第 3 条、第 92 条和第 128 条中都对欧盟委员会的文化行动作了详细规定,提倡欧盟及其成员国要加强与包括国际组织在内的各类外部行为体的文化合作,尊重和维护文化的多样性,将文化作用看作国际关系中的欧盟软实力,②除了针对欧盟内部社会文化建设制定了专门的文化发展规划文件之外,还持续地调整发展援助项目的内容,将社会文化、政治文化等作为新世纪援助的基本标准。可见,欧盟在国际扶助体系中主要还是发挥区域扶助的影响,受到全球性大国美国及其全球性秩序的严重制约。但是,欧盟在国际经济扶助方面所具有的全球性视野和未来意识,以及关于文化多样性的文化政策,为美国霸权进一步衰落之后在全球治理中发挥应有的作用、提供一定的实践范例打下了重要的基础。如果欧盟能够在千年发展计划和可持续发展计划等方面继续与联合国合作,加上新型大国或新型国际组织的共同努力,全球扶助体系建构就可以吸纳古代特别是古代东亚国际体系中的政治智慧,纠正"美国治下的和平"中以霸权和强权为主要特征的干涉主义援助观,探索出符合时代要求的扶助型国际体系,并为新型国际关系的建构提供体系模式与支撑。

三、关于国际政治中的权威层级问题

扶助外交、扶助型国际合作、扶助型国际体系的存在和发展,都以存在一个或多个有着国际责任和道义感的国际权威中心为前提,这就涉及国际

---

① 张超:《全球视野下的欧盟与美国发展援助政策论析》,《国际政治研究》2019 年第 4 期,第 52 页。

② 郭树勇等:《新编区域国别研究导论》,高等教育出版社 2020 年版,第 284—285 页。

权威层级的理论问题。如何对待扶助理论或国际扶助理论中的国际权威层级问题,涉及国际政治伦理,涉及以主权为根本原则的国际关系与国际法体系,也涉及如何看待古代中国传统文化与现代化的对接等。学术界有三种大致的观点,第一种就是"五四运动"以来的主流观点,以陈独秀、鲁迅等为代表,对传统宗族社会与礼治社会的所有精神遗产与相应制度都加以否定。①第二种就是新儒家和一部分海外中国学学者的看法,以梁漱溟等为代表,认为宗法社会至少有两个方面的功能,一是发挥维护家长制孝悌秩序的功能,二是建立以相互扶助和相互投保为目的的功能,虽然两者关系密切,但不能以前者代替后者。与等级制相关的大公无私、相互扶助、贤者领导、德治为重、义务优先,在古今的中国文化中得到了很大程度的继承,这反过来要求人们必须承认最低程度的等级制度存在的合理性和必要性。②第三种观点是部分中国社会学家的观点,以吴景超等为代表,承认不平等的阶层存在是社会现实,最大的公平正义在于,在无法撼动不平等现实之前,努力优化社会结构和阶层流动。"其平等之处,在于社会成员可以在自己天赋的基础上实现社会流动,下层阶级具有向上流动、改变自身低下社会地位的机会",同时,政府一方面要调节贫富差异,使其不至于过大,但不是实行平均主义,另一方面对下层阶级进行教育、医疗、风险等方面的救济或扶助。③

对于以上三种观点,需要进行历史唯物主义分析。要继续清除与家长制、独裁专制相联系的封建社会礼治文化中的糟粕,及时发掘吸收中国文化传统中的优秀部分。人类命运共同体建设实际上是对现有主权国际制度的完善,在这个进程中,需要汇聚更多国际共识与国际权威。近年来,不少国内学者开始从历史与现实中重视认识国际政治中的权威分层理论,孙学峰、花勇等开始部分地肯定国际等级制度的合理性。④如果单就社会学研究而言,其观点在今天的国际政治中有其启发意义:国际政治中需要有德行的权威中心即领导者,国际领导者之最大责任是要设法通过国际组织、国际协调等办法缩小经济发展差别,扶助弱小国家、有暂时困难的国家渡过难关,帮

① 陈独秀:《东西民族根本思想之差异》,《青年杂志》104 号。
② [日]沟口雄三:《中国的冲击》,王瑞根译,生活·读书·新知三联书店 2011 年版,第 146、150—151 页。
③ 李培林、谢立中主编:《社会学名著导读》,学习出版社 2012 年版,第 351—352 页。
④ 华佳凡、孙学峰:《国际关系等级理论的发展趋势》,《国际观察》2019 年第 6 期,第 44 页。

助它们改善条件,避免破产和动荡,根据不同国家或国际组织的国际贡献,建立一个动态合理有序的、有核心/半核心/半边缘/边缘之分的世界秩序(尽管这种国际社会分层必须逐步消灭),还要确保这个世界秩序是开放的而不是封闭的。建立公正合理的世界秩序,不是要一下子消除国际政治的等级现象,而是要从现实出发,逐步实现。

第一,要承认国际政治的基本规律。

国际政治演变总体上是向着国际关系民主化方向发展,在这个大方向之下,还体现出大国兴衰的规律、不平衡发展的规律,以及大国物质性成长与社会性成长相统一的规律等。世界政治经济不平衡发展规律,是马克思主义国际政治思想的重要组成部分,正是资本主义发展,导致了世界体系的不平衡发展,形成了由中心区、边缘区和半边缘区等构成的资本主义世界经济体系。这其实就是一种与主权国家制度并行的国际等级制度。正如莱克(David A. Lake)所言,"通过这样一种关系型的权威观念,世界政治完全可被视为一个充满各种等级关系的国度",主权国家体系强调国家之间一律平等,但是这些国家又以中心国家、边缘国家或半边缘国家等国际身份构成了事实上的国际等级。

第二,要以公平正义的原则改革国际经济体系。

在国际经济改革中,逐步推动建立以相互尊重、公平正义、合作共赢为主要内容的新型国际关系。建立新型国际关系的前提是相互尊重,原则是公平正义,核心是合作共赢。只要相互尊重,就可以采取多种方法进行合作,通过合作实现共赢的经济扶助政策,既不能杀富济贫,也不能恃强凌弱,尽量通过国际发展合作、改革经济制度等形式进行制度扶助、经济扶助,以实现国际关系的合理化发展。

第三,不能忽视文化扶助的作用。

文化合作不足、全球文化治理赤字和文化秩序迟滞是当前世界秩序的最大问题。[①]在多元一体新型国际合作观的影响下,从文化国际主义出发、进行各种形式的文化扶助是十分必要的。应注重用文化上的多元平等来弥补经济上的不平等。沃勒斯坦曾深刻地指出了世界体系中的文化作用:"在一个帝国中,政治结构趋向于通过占领把文化联系起来,而在世界经济体中

---

① 郭树勇:《文化国际主义:新型国际治理的逻辑》,上海人民出版社 2019 年版,第 27—30 页。

的政治结构趋向于通过空间定位使文化联系起来。其原因就是在一个世界经济体中对于各个集团形成有效政治压力的主要是地区的、民族的国家结构。文化的趋同往往倾向于为各主要集团的利益服务，而压力的加强是为了创造文化—民族的同一性。在世界经济体中占据优势的地区，即我们称之为中心区的国家，情况尤其如此。在这类国家中，一个强有力的国家机器的创立，总是伴随着一种民族文化，这一现象一般被称为一体化，既可以作为保护在世界体系内已出现的差别情况的机制，又可以为维持这些悬殊的差别情况作一种观念形态上的掩饰和辩护。"①资本主义世界体系中的文化功能，具有帝国意识形态的作用，有时被称为文化帝国主义。今天，资本主义世界经济体系仍然占据主导地位，文化帝国主义的逻辑还没有被彻底改变，现实的途径是吸取现有世界文化秩序中的好的或合理的成分，发掘非西方主导的世界体系中文化的功能。其中一条就是以人类共同价值来修改沃勒斯坦提及的"体系内已出现的差别情况"，以多元包容、文明互鉴的思路来纠正不平衡发展的经济世界，世界秩序可能因此也更显正义和合理。

---

① ［美］伊曼纽尔·沃勒斯坦：《现代世界体系》第 1 卷，尤来寅等译，高等教育出版社1998 年版，第 463 页。

第十二章　从文化天下主义到文化国际主义：
　　人类命运共同体构建的文化基础

新时代中国外交的主要目标之一就是推动国际社会一起构建人类命运共同体。人类命运共同体理念继承了中国优秀文化传统中的天下情怀等优秀品质①。然而，天下主义若要整体性地加以开发转化，并非易事，只有以现代性转化的形式即文化国际主义的形式，才能实现其最终目标。

第一节　文化天下主义之实现的两种困难

文化天下主义学说是经由历史复杂演进形成的具有中国特色的思想体系和概念体系，它在现代条件下实现面临两个根本性困难，一是实践主体性缺陷，二是对外交往挑战。

第一，实践主体性的缺陷。在古代，中国人能够创造出辉煌的文明和天下秩序，一个基本的原因是中国的农耕文明程度居于世界领先地位，这造就了充实的实践主体性。然而，在全球化时代，天下秩序或天下主义缺乏应有的主体性。李泽厚曾以"天人合一"概念为例，对主体性缺失作了具体的解释："如果今天还保存'天人合一'这个概念，便需要予以'西体中用'的改造和阐释。它不能再是基于农业小生产上由'顺天''委天数'而产生的'天人合一'从而必须彻底去掉'天'的双重性中的主宰、命定的内容和含义，而应该以马克思讲的'自然的人化'为根本基础。""人与自然不再是对峙、冲突的关系，而更应是和睦合一的关系；人既是自然的一个部分，却又是自然的光

① 中国特色大国外交把胸怀天下、天下大道与人类命运共同体构建密切地结合起来。参见王毅：《胸怀天下，勇毅前行谱写中国特色大国外交新华章》，《国际问题研究》2023 年第 1 期，第 9 页。

环和荣耀，是它的真正的规律性和目的性。这是今天发达国家或后工业社会所要面临解决的问题，也是发展中国家所应及早注意研究的问题。而这恰好就是'天人合一'的问题，是这个古老命题所具有的现代意义。它显然只有在我所理解的马克思主义实践哲学的基础上才可能得到真正的解答。"① 实际上，"天人合一"是文化天下主义的核心概念之一，"天人合一"中涉及人与自然关系之"和睦合一"的解读，今天已经引起国际社会的高度重视，人与自然生命共同体、全球发展倡议等理念吸纳了中华优秀传统智慧；"天人合一"涉及的天下和睦、守望相助、文明交流合作等理念，也被人类命运共同体等核心概念和全球文明倡议等延伸概念所吸纳，反对国际恐怖主义等国际行动也曾经为之创造过良好的实践机会，它的实践基础也必然离不开有着不同文明背景的发展中国家和发达国家之间的关系和以联合国为主要组织协调者的国际合作。然而，由于整体而言，发展中国家在世界体系中不居主导地位，中国等国物质文明和现代化水平还有待进一步提升，因此，实践主体性不足以支撑"天人合一"想象的实现。

第二，对外交往的挑战。对于要不要以新天下主义作为未来世界秩序建构的思想基础，学术界的多数观点认为应当持有一种谨慎的态度。正如上文所指出的那样，在自我文化现代化未达到一定的高度之前，孔儒的"仁学结构"并不能彻底实现，文化天下主义成为一种被视为"文明威胁"的全球想象。对于天下主义之复兴可能带来的文化误读，一位哲学家做了比较全面的总结："我们也意识到，中国的思想传统是复杂和多样的，不仅有天下主义的'和而不同'与'求同存异'的开放精神，也有'打天下、坐天下'的霸道传统，还有'越王勾践卧薪尝胆'的雪耻与复仇之心，后者会激发一种有别于天下理想的全球想象，对部分中国人也具有一定感召力。因此，我们需要关切一种并非可以忽略不计的前景：中国的崛起以强大实力使世界秩序服从于更为彻底的'实力政治'，这固然挑战了现有的霸主，却同时加固了旧有的霸权逻辑。"② 自新中国成立以来，"中国威胁论"持续不断、此消彼长，在中国上升为世界第二大经济体之后更是甚嚣尘上，其背后有许多逻辑，但是文化的逻辑无疑是重要的一条。如果中国

---

① 李泽厚：《中国古代思想史论》，安徽文艺出版社 1999 年版，第 324、325 页。

② 刘擎：《重建全球想象：从"天下"理想走向新世界主义》，《学术月刊》2015 年第 8 期，第 13 页。

的大国成长因文化天下主义被世界误读为"威胁"，这显然不符合今天讲的通过发扬中华优秀传统文化为全球治理作贡献的真实语义，这会构成中国对外交往挑战的症结之一。

此外，文化天下主义作为中国古代国际关系理论的统摄性重要概念，受到古代政治等级制的深刻影响，我们在前文已经论述。如果我们重提文化天下主义，不但面临着对外交往的挑战，而且也会引发对"五四"运动和新文化运动中所批判的封建专制制度的模糊认识问题。

第二节　走向新的世界主义，
还是新的国际主义？

在中国走向世界舞台中央的大变局下，由于"华夏中心主义"这个思想难题，以及要正视实践主体性缺陷等问题，天下主义的话语固然不可取，那么，选择一些学者主张的新的世界主义呢？还是继续在国际主义的思想体系里挖掘理论资源？以蔡拓、刘擎、李少军等为代表的学者支持新世界主义学说，认为人类国际关系史上的许多经验教训引导我们去探索一种新的全球想象，"告别文明中心论，终结霸权轮替的历史，走向一种基于跨文化对话与合作的世界秩序"，并相信"转向新世界主义或许是天下理想在当代获得复兴的一种最可期许的希望"①。我们承认，比起天下主义来讲，世界主义更容易为国际社会接受，但是仍然不符合中国作为发展中国家的定位。国际主义是马克思主义处理国际关系的基本原则，正在随着全球治理任务变化而具有新的内涵②，提倡新的国际主义而不是世界主义，也许更符合当前国际关系实际。

第一，民族国家主权体制依然是国际社会的根本体制，也是目前看来最好的国际关系体制。天下主义倡导者批评民族国家存在多个根本性缺陷，进而否定现有的国际法律体系和主权制度体系。有学者认为天下主义倡导者只看缺点不见优点，事实上，主权制度体系也在发展变化，战后联合国体

---

① 刘擎：《重建全球想象：从"天下"理想走向新世界主义》，《学术月刊》2015 年第 8 期，第 9 页。

② 郭树勇：《从国际主义到新国际主义：马克思主义国际关系思想发展研究》，时事出版社 2006 年版，第 6 页。

系不断修补完善,已经发展出了一种人权、主权与超主权相平衡的制度机制,其中通过安全理事会等部门来实行国际人道主义干涉,通过国际法来协调国家主权之间的关系,已取得诸多成效。①另外,由于在可以预见的将来,国际社会不可能建立起世界政府,甚至结束以超级大国为主导的世界秩序都很难,因此,奉行以主权平等为要义的和平共处五项原则仍然是明智理性的理论选择。从国际关系的发展来看,在尊重各区域文化差异和政治主权平等的前提下,维护和完善国际政治秩序而不是推翻国际政治秩序建设全球政治秩序甚至世界政治秩序,完善国际法而不是建设全球法和世界法,是国际秩序构建的理性选择,也是主流国际关系理论的基本立场。

第二,世界政府或世界秩序的其他名义的管理机构不具备操作性。自从国际关系理论诞生以来,中外国际关系理论学者以缔造世界和平为己任,曾经不止一次演绎,在实现世界大同的梦想之前,在国际社会的基础上,可以建设一个由各民族国家自愿让出大部分主权、由全球公共管理机构统筹协调的世界社会;在这个世界社会之上,建设世界政治的上层建筑;在这个世界社会中,要充分尊重文化差异性,要发挥主要大国的责任和积极性,同时又要维持民族国家之间、区域国家之间甚至超国家机构之间的平等与协商。笔者虽赞同这个世界大势和理论推演,但也坦然承认其操作困难性。对于这个实践上的困难,有学者坦率地阐述:"退一万步说,假设在遥远的将来有很多国家自愿接受成立世界政府,这样的秩序也未必比现代国际秩序更好,因为世界政府带来的问题和困难可能比现代国际秩序的问题还要多,也未必能比现代国际秩序更好地避免战争。首先,世界政府应该如何成立、不同民族之间的权力应该怎样分配、如何达成共识,这些都是难以解决的问题。第二,即使不同民族能达成共识建立世界政府,这个共识可能也是短暂和脆弱的。第三,即使世界政府有一定的稳定性,就像康德和罗尔斯所说的,世界政府很可能变成一个压迫各民族或弱小民族的专制暴政。"②新天下主义和新世界主义必须从文化和政治方面努力回答上述操作难题的解决路径。

---

① 王庆新:《儒家王道理想、天下主义与现代国际秩序的未来》,《外交评论》2016 年第 3 期,第 78 页。

② 王庆新:《儒家王道理想、天下主义与现代国际秩序的未来》,《外交评论》2016 年第 3 期,第 98 页。

第三，"三大全球倡议"目前只能在国际社会框架内落实。"三大全球倡议"，特别是全球文明倡议，是习近平外交思想的重要组成部分，也是改变当前世界秩序中根本性问题即人心不稳问题的重要国际倡议之一。构建人类命运共同体以落实全球发展倡议、全球安全倡议、全球文明倡议为战略引领，虽然它体现了"大道不孤""天下一家"的情怀，[①]但不宜简单地将全球文明倡议理解为"文化天下主义"在新时代的应用。首先，落实全球文明倡议要紧紧依靠联合国的力量以及联合国宪章的精神，这是由全球文化治理的基本现实决定的。其次，中外人文交流是全球文明倡议的实践基础，首要的是国与国之间的人民外交，必须尊重各国主权平等。最后，全球文明倡议是增进文明理解，而不是加剧国家之间的担心和误解。显然，如果把全球文明倡议解读为文化天下主义的新版本，则忽略了现代文化民族主义的合理需求，造成了"中国文化威胁论"，这不是倡议的本意，反而会影响全球文化治理。

第三节　人类命运共同体构建的文化基础：文化国际主义的路径

推动构建人类命运共同体是全球治理体系变革和建设的中国方案核心，也是建立在新型国际关系基础之上的以共建共商共享为基本原则的新型国际体系。这是当代中国人关于中国与世界关系的美好蓝图，自然不可能不蕴含着古代中国人的政治智慧和对于世界大同的理想向往。然而，从其现实性上讲，究竟是新的天下主义还是文化国际主义才是人类命运共同体的构建基础？笔者认为，新天下主义主张以世界一体的观念来看待国际合作，强调以仁政思想来改造国际法治，这显然是正确的。然而，天下主义带有中国古代天下观念的根本底蕴，在其价值重构过程中必须"警惕夷夏之辨的变种"[②]。国际主义主张国家间主权平等基础上的国际合作，符合大多数国家关于相互尊重、公平正义、合作共赢的新型国际关系的现实需求。习

① 中共中央宣传部、中华人民共和国外交部编：《习近平外交思想学习问答》，学习出版社/人民出版社 2023 年版，第 2 页。
② 许纪霖：《特殊的文化，还是新天下主义》，《文化纵横》2012 年第 2 期，第 23 页。

近平外交思想有着深厚的天下情怀,然而这个天下情怀指的不是世界主义,而是国际主义。①由文化天下主义嬗变转化而来的文化国际主义,是以马克思主义中的国际主义激活中华优秀传统文化,②而不是用中国传统文化来解释马克思主义。当前构建人类命运共同体的主要文化基础,只能是国际主义及其引领的全人类共同价值观。

在这个过程中,文化国际主义将发挥重要的过渡作用。所谓过渡,主要是指文化国际主义虽然在当前拥有充足的历史合理性和国际合法性,但必然要走向世界主义,它所依赖的社会基础必然要从国际社会转变为世界社会。说它重要,主要是指它必须紧紧地立足于以主权平等为基本准则的现代国际关系原则体系,推进双边关系上的文化开放主义,推进区域内部的文化合作,推动构建全人类共同的价值体系和文化治理规范。在文化国际主义的上述三个层次中,第三个层次接近于世界社会的文化合作要求,第一、第二个层次基本上还局限于国家间关系和区域内部关系的水平,这两个层次构成了国际社会的基本面。

文化开放主义可以是架构国内文化建设与国际文化合作的桥梁。目前,中国的文化开放还没有达至人类命运共同体构建所需的水平。这与中国文化的现代化有关。在人类命运共同体的构建过程中,首先要达成有关国家的相互理解及必要的沟通,这样才能推动发展共同体和安全共同体建设。就文明交流互鉴而言,第一步就是各个国家的文化开放而不是文化封闭。只有文明对话、人员交往、青年交流、影视贸易等多起来了,文明交流互鉴才具有了一定的可能性。对于中华优秀传统文化的创造性转化而言,文化天下主义中的这种"仁学结构"必须在新的经济社会发展过程中加以改造。有位哲学家曾经作了很有趣的预见:"所有这一切都只有当中国在物质上彻底摆脱贫困和落后,在制度上、心理上彻底肃清包括仁学结构所保存的小生产印痕和封建毒素之后,才也许有此可能。只有那时,以人类五分之一人口为巨大载体,仁学结构的优良传统,才也许能成为对整个人类文明的一

---

① 魏志江认为,习近平外交思想中的天下情怀有三个思想渊源,一是马克思主义的远大理想,二是中华优秀传统文化的进步价值观,三是中国共产党的国际主义使命感,将它的落脚点还是放在了国际主义原则上。见魏志江:《习近平外交思想的天下情怀》,《国际问题研究》2023年第6期,第7—9页。

② 在马克思主义同中华优秀传统文化相结合的过程中,用马克思主义激活中华优秀传统文化中富有生命力的优秀因子并赋予新的时代内涵。参见中共中央宣传部、中华人民共和国外交部编:《习近平外交思想学习问答》,学习出版社/人民出版社2023年版,第5页。

种重要贡献。这大概最早也要到二十一世纪了。"①这里讲的物质发展和制度进步，只能发生在深刻的社会变革和文化开放的条件下。通过文化开放进行文化改革或文化再造，将仁学结构的优良传统发扬光大，正是文化开放主义的主张。这样，文化国际主义就与中国式文化现代化、人类命运共同体建设的全球文化治理路径更加紧密地联系在一起了。

在古代，中国与世界的关系属于早期国际关系。如果从宽泛的意义上看，中国古代国际关系理论是可以成立的。中国古代国际关系理论有着天然的理想主义、和平主义和文化主义色彩，这与中国、天下、华夷等核心概念的文化主义、和平主义基因有关。"中国"这个概念既是政治概念、地理概念，也是文化概念，且在很长时期内，其文化或文明的意涵远远大于前者，这是我们研究中国古代国际关系理论进而研究国际关系理论中国学派的重要背景。天下观和天下主义也是如此。然而，天下主义却因其"文化优越论"和"政治等级制"等观念与现代性发生冲突，退出了近代以来的中国外交思想舞台。这并不意味着天下主义特别是儒家学说所赞同的文化天下主义的思想资源一无是处。笔者认为，由于文化天下主义与中国古代国际关系理论是相互建构的关系，因此，了解前者或许帮助我们找到理解后者的钥匙。

从中国对外关系史可看出，文化天下主义对中国古代的外交理论和实践产生了深远的影响。它的原型是春秋战国时期儒家关于大同世界的想象以及对于周王朝礼治天下传统的回忆。文化天下主义是理想性、实践性和历史性的统一。它必然随着中国与世界的关系和外交实践等因素的变化，在内涵和形态上而不断发展变化。它主要经历了四个时期，即系统化时期（秦汉）、黄金时代（隋唐）、转型时期（宋明）以及终结时期（清至近代）。文化天下主义由盛而衰，由理想而逐渐现实化，日益突出国家观念和国际关系思维，必然走向文化民族主义和文化国际主义。

从对中外国际关系理论发展的比较中，我们发现，前现代、现代和后现代是相互建构的，西方学者也不拒绝这种说法，实际上，要严肃地全面地研究这次世界秩序大变局，就不可能回避前现代的国际关系形态，以及古人特别是在世界文明史上有着重要贡献的古代中国人的治世智慧，因此，我们有理由辩证地对待文化天下主义对于中国学派建设的意义。一方面，不可能置之于理论创新的视野之外，文化天下主义是维持了两千多年的中华帝国

---

①　李泽厚：《中国古代思想史论》，安徽文艺出版社 1999 年版，第 44 页。

主导下的东亚体系治理的主导性思维模式，无疑积累了丰富的治理世界的经验与智慧，需要我们在新的历史条件下加以重新发掘和整理，为优秀传统外交文化创造性转化和创新性发展积累条件；另一方面，文化天下主义毕竟是在一个由中国主导的相对封闭的天下体系下形成的，它是有限政治实践与无限文化想象的混合建构体，它所承载的价值与实行的制度很大程度上在历史变迁中属于落后时代，不能应对日益开放、急剧变化和交往平等的国际关系体系转型与建设要求。

在这种辩证唯物主义的态度之下，在文化复兴和人类命运共同体构建的进程中，我们要批判地继承包括文化天下主义在内的中华传统文化，做到具体问题具体分析，对于其中的优秀部分与糟粕部分，理应从时代要求出发，实事求是地区分对待。一方面，从文化天下主义中寻找"富有生命力的优秀因子"①，比如追求"世界大同""协和万邦"的和平主义，"大道不孤""德化天下"的全球伦理意识，胸怀天下、为人类谋取进步的天下情怀，"天下一家"、扶助弱小的共同体意识，"天人合一"的宇宙观念，以及"天下即人心"的以民为本的意识等；另一方面，必须摒弃文化天下主义中的落后观念，比如，华夏中心主义的文明优越论、"谁的文明程度高谁就是中国"的文化决定论、世界治理的等级尊卑制度、对国际贸易自由交往的天然限制、对于专制君主制度的维护等。我们在前文提及中国古代国际关系理论概念体系时，认为存在大致三个概念类型，即元概念、理念性概念以及制度性或实践性概念，其中理念性概念又进一步分为抽象性理想主义概念和操作性理想主义概念。包含上述"优秀因子"的概念大多属于元概念以及理念性概念中的抽象性理想主义概念，而包含上述落后观念的概念大多属于理念性概念中的操作性理想主义概念，以及制度性或实践性概念。不难看出，先秦时期以及唐代的不少国际关系理念对于今天来说更具有参考价值，而其他时期的国际关系理论因与政治专制、文化保守、国力不济、军事战略等因素嵌入较深，历史烙印也较深，普遍性不够，需要做进一步梳理。但这样的初步判断，并不意味着宋明之后的文化民族主义等思想资源没有现实意义，相反，没有理性的文化民族主义，就没有中国文化的现代化。即使那些操作性理想主义概念和部分的制度性概念，也有重要的现实参考价值。比如，"礼尚往来"等做

---

① 中共中央宣传部、中华人民共和国外交部编：《习近平外交思想学习问答》，学习出版社/人民出版社2023年版，第5页。

法,在古代外交中管用,当今外交也行之有效。

可以预见,在推动构建人类命运共同体的过程中,无法回避中国文化与西方文化的交锋交流,这种交锋交流很大程度上将采取意识形态或外交博弈的形式,但其最终结果都将是文明交流互鉴。与此同时,还存在另一种内部的文化交锋,即上述中华优秀传统文化中的"优秀因子"和落后观念的交锋。中外文化交锋比较容易辨析,而中国古代文化在现代转化过程中出现的"优秀因子"与落后观念的冲突则更为复杂难辨。一是"优秀因子"与落后观念常常混杂在一起,而且交互发生作用;二是落后观念可能以"优秀因子"的面貌出现,"优秀因子"也会被埋没在落后观念的形式之中;三是一些学者从自身学术立场出发,对于两者之间的标准作出过于主观的判断。从某种意义上讲,从文化上推动人类命运共同体构建,落实全球文明倡议,既要认识到反对西方意识形态和"文明冲突论"任务的艰巨性,也要认识到中国文化"自我革命"的艰巨性。我们对于中国文化助力人类命运共同体构建抱有自信,对于文明交流互鉴的未来持有乐观态度,一个重要方面是可以采取中国古人所擅长的包容、扬弃和融合的办法。

参 考 文 献

一、中 文 文 献

（一）中文著作

中华人民共和国外交部、中共中央文献研究室编：《毛泽东外交文选》，中央文献出版社、世界知识出版社 1994 年版。

中共中央文献研究室编：《周恩来年谱（1949～1976）》，中央文献出版社 1997 年版。

《邓小平文选》第 3 卷，人民出版社 1993 年版。

江泽民：《全面建设小康社会开创中国特色社会主义事业新局面》，人民出版社 2002 年版。

胡锦涛：《高举中国特色社会主义伟大旗帜 为夺取全面建设小康社会新胜利而奋斗》，人民出版社 2007 年版。

胡锦涛：《坚定不移沿着中国特色社会主义道路前进 为全面建成小康社会而奋斗》，人民出版社 2012 年版。

习近平：《决胜全面建成小康社会 夺取新时代中国特色社会主义伟大胜利》，人民出版社 2017 年版。

习近平：《高举中国特色社会主义伟大旗帜 为全面建设社会主义现代化国家而团结奋斗》，人民出版社 2022 年版。

中共中央宣传部、中华人民共和国外交部编：《习近平外交思想学习纲要》，人民出版社、学习出版社 2021 年版。

中共中央宣传部、中华人民共和国外交部编：《习近平外交思想学习问答》，学习出版社、人民出版社 2023 年版。

（汉）应劭撰，王利器点校：《风俗通义校注》，中华书局 2010 年版。

（汉）司马迁：《史记》，中华书局 1999 年版。

（汉）班固：《汉书》，中华书局 1999 年版。

（汉）桓宽：《盐铁论》，冶金工业出版社 1975 年版。

（汉）班固撰、（清）王先谦补注：《汉书》，上海古籍出版社 2022 年版。

（汉）郑玄注、（唐）孔颖达疏：《礼记正义》，北京大学出版社 1999 年版。

（汉）许慎撰：《说文解字》，中华书局 2013 年版。

（唐）李鼎祚撰、王丰先点校：《周易集解》，中华书局 2016 年版。

（宋）石介：《徂徕石先生文集》，中华书局 1984 年版。

（宋）刘牧：《易数钩隐图》，台湾商务印书馆 1983 年版。

（宋）邵雍著、郭彧整理：《观物外篇下之上》，中华书局 2010 年版。

（宋）司马光编：《资治通鉴》，中华书局 1956 年版。

（宋）陆九渊，钟哲点校：《陆九渊集》，中华书局 1980 年版。

（宋）朱熹撰：《四书章句集注》，中华书局 2012 年版。

（宋）朱熹：《近思录集释》，岳麓书社 2010 年版。

（宋）周敦颐著、陈克明点校：《周敦颐集》，中华书局 2009 年版。

（宋）黎靖德编：《朱子语类卷九十四》，中华书局 1986 年版。

（宋）欧阳修撰、李逸安点校：《欧阳修全集》，中华书局 2001 年版。

（宋）李焘撰：《续资治通鉴长编》，中华书局 2016 年版。

（宋）程颢、程颐著，王孝鱼点校：《河南程氏遗书》，中华书局 2004 年版。

（宋）张载，章锡琛点校：《张载集》，中华书局 1978 年版。

（清）段玉裁注：《说文解字注》，中华书局 2013 年版。

（清）刘宝楠撰、高流水点校：《论语正义》，中华书局 1990 年版。

（清）焦循撰、沈文倬点校：《孟子正义》，中华书局 1987 年版。

（清）郑珍：《说文新附考》，中华书局 1985 年版。

（清）王先慎：《韩非子集解》，中华书局 1998 年版。

（清）阮元校刻：《周易正义》，中华书局 2009 年版。

［加］阿米塔·阿查亚、［英］巴里·布赞：《全球国际关系学的构建：百年国际关系学的起源和演进》，刘德斌等译，上海人民出版社 2021 年版。

［美］彼得·卡赞斯坦、罗伯特·基欧汉、斯蒂芬·克拉斯纳编：《世界政治理论的探索与争鸣》，秦亚青译，上海人民出版社 2018 年版。

蔡仁厚：《宋明理学·南宋篇》，吉林出版集团有限责任公司 2009 年版。

蔡尚思：《中国传统思想总批判》，上海世纪出版集团 2012 年版。

陈鼓应:《老子注译及评介》,中华书局 2009 年版。

陈徽:《道德经(全本全注全译)》,上海古籍出版社 2022 年版。

陈侃理主编:《变动的传统:中国古代政治文化史新论》,上海古籍出版社 2023 年版。

陈康令:《礼和天下:传统东亚秩序的长稳定》,复旦大学出版社 2017 年版。

陈廷汀、周鼎:《天下·世界·国家——近代中国对外观念演变史论》,上海三联书店 2008 年版。

陈曦注:《史记》,中华书局 2022 年版。

陈襄民注:《尚书》,中州古籍出版社 2002 年版。

陈晓芬译注:《论语》,中华书局 2016 年版。

程树德撰:《论语集释》,中华书局 2013 年版。

程亚文、王义桅:《天命:一个新领导型国家的诞生》,群言出版社 2016 年版。

崔明德:《中国古代和亲通史》,人民出版社 2007 年版。

[英]崔瑞德编:《剑桥中国隋唐史:589—906 年》,中国社会科学院历史研究所西方汉学研究课题组译,北京:中国社会科学出版社 1990 年版。

[英]崔瑞德、鲁惟一编:《剑桥中国秦汉史:公元前 221 年至公元 220 年》,杨品泉等译,中国社会科学出版社 1992 年版。

[美]大卫·鲍德温:《新现实主义与新自由主义》,肖欢容译,浙江人民出版社 2001 年版。

[美]戴维·莱克:《国际关系中的等级制》,高婉妮译,上海人民出版社 2021 年版。

范明富编:《新旧之争》,人民文学出版社 2017 年版。

费孝通:《乡土中国》,上海人民出版社 2006 年版。

冯天瑜:《中华元典精神》,上海人民出版社 1994 年版。

冯友兰:《中国哲学简史》,北京大学出版社 2013 年版。

干春松:《儒学的近代转型》,广西师范大学出版社 2023 年版。

干春松:《重回王道:儒家与世界秩序》,华东师范大学出版社 2012 年版。

甘怀真编:《东亚历史上的天下与中国概念》,台湾大学出版中心 2007 年版。

高亨:《诗经今注》,上海古籍出版社 2019 年版。

葛兆光:《七世纪至十九世纪中国的知识、思想与信仰》(第二卷),复旦大学出版社 1998 年版。

葛兆光:《宅兹中国——重建有关中国的历史论述》,中华书局 2011 年版。

葛兆光:《中国思想史(第二册)》,复旦大学出版社 2001 年版。

耿芸标:《荀子译注》,上海古籍出版社 2020 年版。

龚长宇:《义利选择与社会运行》,中国人民大学出版社 2007 年版。

[日]沟口雄三:《中国的冲击》,王瑞根译,生活·读书·新知三联书店 2011 年版。

郭丹注:《左传》,中华书局 2016 年版。

郭沫若:《甲骨文字研究》,大东书局出版社 1931 年版。

郭树勇:《从国际主义到新国际主义:马克思主义国际关系思想发展研究》,时事出版社 2006 年版。

郭树勇:《大国成长的逻辑》,北京大学出版社 2006 年版。

郭树勇等著:《新编区域国别研究导论》,高等教育出版社 2020 年版。

郭学堂主编:《国际关系学:理论与实践》,时事出版社 2004 年版。

何俊:《余英时学术思想文选》,上海古籍出版社 2010 年版。

何茂春:《中国外交通史》,中国社会科学出版社 1996 年版。

胡鸿:《能夏则大与渐慕华风:政治体视角下的华夏与华夏化》,北京师范大学出版社 2017 年版。

胡平生注:《礼记》,中华书局 2017 年版。

黄松筠:《中国古代藩属制度研究》,吉林人民出版社 2008 年版。

金良年:《论语译注》,上海古籍出版社 2016 年版。

金应忠、倪世雄:《国际关系理论比较研究》,中国社会科学出版社 2003 年版。

来可泓注:《大学直解·中庸直解》,复旦大学出版社 1998 年版。

黎虎:《汉唐外交制度史》,兰州大学出版社 1997 年版。

黎翔凤著、梁运华整理:《管子校注》,中华书局 2004 年版。

李峰:《西周的灭亡:中国早期国家的地理和政治的危机》,上海古籍出版社 2014 年版。

李民、王健:《尚书译注》,上海古籍出版社 2016 年版。

李培林、谢立中主编:《社会学名著导读》,学习出版社 2012 年版。

李少军编:《国际战略学》,中国社会科学出版社 2009 年版。

李少军:《国际政治学概论》,上海人民出版社 2002 年版。

李双译注:《孟子白话今译》,中国书店出版社 1992 年版。

李学勤主编、《十三经注疏》整理委员会整理:《礼记正义》,北京大学出版社 1999 年版。

李云泉:《朝贡制度史论》,新华出版社 2004 年版。

李泽厚:《中国古代思想史论》,安徽文艺出版社 1999 年版。

李泽厚:《中国思想史论》(上),安徽文艺出版社 1999 年版。

李兆祥:《近代中国的外交转型研究》,中国社会科学出版社 2008 年版。

梁启超:《先秦政治思想史》,商务印书馆 2014 年版。

梁漱溟:《东西文化及其哲学》,商务印书馆 1987 年版。

梁漱溟:《中国文化要义》,学林出版社 1987 年版。

刘家和:《古代中国与世界——一个古代研究者的思考》,武汉大学出版社 1995 年版。

刘兆伟译注:《论语》,人民教育出版社 2015 年版。

罗竹风主编:《汉语大词典》(缩印本),上海辞书出版社 2007 年版。

马大正:《中国边疆经略史》,中州古籍出版社 2000 年版。

缪文远、缪伟、罗永莲注:《战国策》,中华书局 2022 年版。

牟润孙:《注史斋丛稿》,中华书局 2009 年版。

牟宗三:《中国哲学十九讲》,上海古籍出版社 2005 年版。

潘忠岐等:《中华经典国际关系概念》,上海人民出版社 2021 年版。

钱穆:《国史大纲》,商务印书馆 2010 年版。

钱穆:《宋明理学概述》,九州出版社 2010 年版。

秦亚青:《关系与过程:中国国际关系理论的文化建构》,上海人民出版社 2012 年版。

沈长云注:《国语》,国家图书馆出版社 2020 年版。

沈湘平编:《京师文化评论(2020 年春季号)》,社会科学文献出版社 2020 年版。

石林:《当代中国的对外经济合作》,中国社会科学出版社 1989 年版。

石源华:《中外关系三百题》,上海古籍出版社 1991 年版。

[美]孙隆基:《中国文化的深层结构》,广西师范大学出版社 2004 年版。

唐兰:《殷墟文字记》,中华书局 1980 年版。

汪文学:《正统论:中国古代政治权力合法性理论研究》,贵州人民出版社 2019 年版。

王弼注、楼宇烈:《老子道德经注校释》,中华书局 2008 年版。

王磊:《欧盟对外行动署的制度研究》,上海人民出版社 2015 年版。

王力等编:《古汉语常用字字典》(第 5 版),商务印书馆 2005 年版。

王利器撰:《新语校注·道基》,中华书局 1986 年版。

王绳祖主编:《国际关系史(第七卷)》,世界知识出版社 1995 年版。

王绳祖主编:《国际关系史(第九卷)》,世界知识出版社 1996 年版。

王绳祖主编:《国际关系史(第十卷)》,世界知识出版社 1996 年版。

王世舜译注:《尚书》,中华书局 2023 年版。

王元化主编:《学术集林》,上海远东出版社 1999 年版。

夏征农、陈至立主编:《辞海(第六版彩图本)》,上海辞书出版社 2009 年版。

肖佳灵:《国家主权论》,时事出版社 2003 年版。

谢益显主编:《中国外交史(1949—1979)》,河南人民出版社 1988 年版。

许纪霖:《家国天下——现代中国的个人、国家与世界认同》,上海人民出版社 2017 年版。

许纪霖、刘擎编:《新天下主义》,上海人民出版社 2017 年版。

许倬云:《历史大脉络》,广西师范大学出版社 2009 年版。

许倬云:《三千年文明大变局》,九州出版社 2023 年版。

许倬云:《许倬云观世变》,广西师范大学出版社 2008 年版。

阎学通、徐进等:《王霸天下思想及启迪》,世界知识出版社 2009 年版。

阎振益、钟夏校注:《新书校注·制不定》,中华书局 2000 年版。

杨丙安校:《十一家注孙子校理》,中华书局 2016 年版。

杨伯峻:《春秋左传注》,中华书局 1990 年版。

杨伯峻:《论语译注》,中华书局 2009 年版。

杨伯峻:《孟子译注》,中华书局 2008 年版。

杨洁勉等:《对外关系与国际问题研究》,上海人民出版社 2009 年版。

杨明斋:《评中西文化观》,上海三联书店 2014 年版。

杨天才注:《周易》,中华书局 2022 年版。

姚中秋:《华夏治理秩序史(第 1 卷):天下》,海南出版社 2012 年版。

叶自成:《叶自成〈老子〉全解》(今帛简本综合版),上海远东出版社2019年版。

[美]伊曼纽尔·沃勒斯坦:《现代世界体系(第1卷)》,尤来寅等译,社会科学文献出版社2013年版。

于凯:《战国史》,上海人民出版社2016年版。

于泽民:《〈孙子〉纵横战略》,长江文艺出版社2016年版。

[法]余莲:《势:中国的效力观》,卓立译,北京大学出版社2009年版。

余英时:《朱熹的历史世界》,生活·读书·新知三联书店2011年版。

俞正樑等:《全球化时代的国际关系》(第三版),复旦大学出版社2020年版。

张传开、汪传发:《义利之间:中国传统文化中的义利观之演变》,南京大学出版社1997年版。

张岱年:《中国哲学大纲》,三联书店2005年版。

张践:《中国古代政教关系史》,中国社会科学出版社2012年版。

张觉:《韩非子译注》,上海古籍出版社2016年版。

张立文:《和合学概念——21世纪文化战略的构想》,首都师范大学出版社1996年版。

张永祥、肖霞:《墨子译注》,上海古籍出版社2016年版。

张振泽:《孙膑兵法校理》,中华书局1984年版。

赵汀阳:《没有世界观的世界》,中国人民大学出版社2003年版。

赵汀阳:《天下的当代性:世界秩序的实践与想象》,中信出版社2016年版。

赵汀阳:《天下体系:世界制度哲学导论》,中国人民大学出版社2023年版。

中国国际关系学会主编:《国际关系史(第十二卷)》,世界知识出版社2006年版。

周法高:《金文诂林》,香港中文大学出版社1975年版。

周国光主编:《古汉语常用字多用字典》,安徽教育出版社2000年版。

周弘、张浚、张敏:《外援在中国》,中国社会科学文献出版社2007年版。

周予同:《本国史:第1册》,开明书店1947年版。

朱伯崑:《易学哲学史》(上册),北京大学出版社1988年版。

朱维铮:《史学史三论》,《复旦学报(社会科学版)》2004年第3期。

（二）中文文章

蔡拓：《世界主义与人类命运共同体的比较分析》，《国际政治研究》2018年第6期。

常帅：《欧盟对外发展援助的历史与问题》，《黑龙江史志》2014年第1期。

陈康令：《论中国外交文化中的"礼尚往来范式"》，《国际观察》2023年第1期。

陈康令：《试论传统东亚秩序的礼治：一种分析框架》，《当代亚太》2015年第3期。

陈来：《宋代理学概说》，《社会科学文摘》2023年第9期。

陈跃文：《论中道——中庸思想的起源》，《孔子研究》1993年第3期。

崔明德、周兴：《"和亲"探源》，《东南文化》1994年第3期。

崔明德：《和亲文化的世界性及中外比较》，《世界民族》2023年第2期。

崔明德：《论和亲文化》，《中国边疆史地研究》2021年第2期。

崔明德、王硕：《中国古代和亲与各民族文化的兼收并蓄》，《中南民族大学学报（人文社会科学版）》2023年第3期。

付林鹏：《四夷认知的形成与华夏观念的确立》，《北方论丛》2020年第6期。

葛兆光：《对"天下"的想象——一个乌托邦想象背后的政治》，《思想》2015年第29期。

宫力：《当代中国外交：70年代的探索与启示》，《国际观察》2019年第3期。

郭金鸿：《以道德责任铸就"人类命运共同体"的精神气质》，《伦理学研究》2019年第4期。

郭萍：《儒法邦交思想及其时代性省察——基于春秋时期齐鲁会盟的分析》，《孔子研究》2023年第4期。

郭树勇：《大危机下的国际合作与外交转向：国际政治社会学的视角》，《当代世界与社会主义》2020年第3期。

郭树勇：《全球化条件下文化对于国家利益的多重意义》，《现代国际关系》2003年第2期。

郭树勇：《人类命运共同体面向的新型国际合作理论》，《世界经济与政治》2020年第5期。

胡键:《"天下"秩序:一种文化意象》,《学海》2017 年第 4 期。

胡礼忠、邢新宇:《宗藩体系与威斯特伐利亚体系》,《国际观察》2011 年第 6 期。

华佳凡、孙学峰:《国际关系等级理论的发展趋势》,《国际观察》2019 年第 6 期。

李宝玉:《易经阴阳和谐思想及其评价》,《求索》2008 年第 6 期。

李新达:《和亲"简议"》,《北方论丛》1980 年第 4 期。

梁多俊:《关于我国历史上的和亲问题》,《学术研究(社会科学版)》1964 年第 5 期。

廖健太:《略论西汉对匈奴的和亲政策》,载《兰州大学学报》2007 年第 3 期。

刘建飞:《中国崛起进程中的大国责任》,《探索与争鸣》2011 年第 7 期。

刘擎:《重建全球想象:从"天下"理想走向新世界主义》,《学术月刊》2015 年第 8 期。

刘胜湘、李奇前:《角色、价值、实践与人类命运共同体》,《教学与研究》2019 年第 11 期。

刘雯芳:《三十年来战国纵横家研究综述》,《山西大学学报(哲学社会科学版)》2004 年第 7 期。

莫金山:《春秋列国盟会之演变》,《史学月刊》1996 年第 1 期。

潘忠岐:《"势"及其对于理解国际政治和中国外交的独特价值》,《国际观察》2020 年第 1 期。

潘忠岐:《中国之"中"与中国外交的尚"中"特色》,《武汉科技大学学报(社会科学版)》2021 年第 2 期。

庞朴:《"一阴一阳"解》,《清华大学学报(哲学社会科学版)》2004 年第 1 期。

秦亚青:《国家身份、战略文化和安全利益——关于中国与国际社会关系的三个假设》,《世界经济与政治》2003 年第 1 期。

秦亚青:《国际关系理论的核心问题与中国学派的生成》,《中国社会科学》2005 年第 3 期。

秦亚青、魏玲:《结构、进程与权力的社会化——中国与东亚地区合作》,《世界经济与政治》2007 年第 3 期。

宋艳梅:《俄罗斯国际发展援助的特点——兼与苏联时期比较》,《俄罗斯研究》2013 年第 4 期。

汪高鑫：《汉代民族关系与夷夏之辨》，《人文杂志》2011 年第 2 期。

汪高鑫：《论汉代公羊学的夷夏之辨》，《南开学报》2006 年第 1 期。

王庆新：《儒家王道理想、天下主义与现代国际秩序的未来》，《外交评论》2016 年第 3 期。

王桐龄：《汉唐之和亲政策》，《史学年报》1929 年第 1 期。

王义康：《中国古代的外国与外臣考》，《西北民族论丛》2015 年第 2 期。

王逸舟：《对国际社会等级结构的一种调研》，《欧洲》1996 年第 3 期。

王毅：《胸怀天下，勇毅前行，谱写中国特色人国外交新篇章》，《国际问题研究》2023 年第 1 期。

王玉萍：《试析欧盟官方发展援助的特征》，《理论学刊》2010 年第 7 期。

魏志江：《习近平外交思想的天下情怀》，《国际问题研究》2023 年第 6 期。

吴文聪：《论中国的"圈层式"伙伴关系》，《理论观察》2020 年第 11 期。

吴柱：《关于春秋盟誓礼仪若干问题之研究》，《中国史研究》2015 年第 4 期。

谢茂松：《中国式现代化的三重主体性与人类文明新形态》，《开放时代》2023 年第 3 期。

熊青龙：《从千年发展目标到可持续发展目标》，《国际经济合作》2014 年第 5 期。

徐建新：《天下体系与世界制度——评〈天下体系：世界制度哲学导论〉》，《国际政治科学》2007 年第 2 期。

许纪霖：《特殊的文化，还是新天下主义》，《文化纵横》2012 年第 2 期。

许纪霖：《天下主义/夷夏之辨及其在近代的变异》，《华东师范大学学报（哲学社会科学版）》2012 年第 6 期。

许田波：《大一统对抗制衡》，《国际政治科学》2005 年第 1 期。

杨念群：《汉代"正统论"溯源——从"灾异天谴论"到"符命授受说"的历史演变》，《河北学刊》2021 年第 1 期。

叶江、崔文星：《联合国千年发展目标实绩关于评析》，《上海行政学院学报》2014 年第 2 期。

叶自成：《论华夏主义国际关系范式的三个构成》，《国际观察》2023 年第 1 期。

张超：《全球视野下的欧盟与美国发展援助政策论析》，《国际政治研究》2019 年第 4 期。

张海冰：《欧盟对外援助政策调整的背景及趋势》，《德国研究》2011 年第 2 期，第 13 页。

张利军：《西周五服制的国家形态与国家治理》，《中华文明》2021 年第 2 期。

张清敏：《对众多不同国家的一个相同政策——浅析中国对发展中国家的政策》，《当代中国史研究》2001 年第 1 期。

张伟鹏：《习近平全球伙伴关系理念的理论逻辑与实践发展》，《国际展望》2023 年第 1 期。

张志洲：《国际政治中的"势"》，《国际论坛》2008 年第 9 期。

赵思洋：《因应国际社会——论近代中国天下思想的创造性转化》，《世界经济与政治》2023 年第 5 期。

赵汀阳：《以天下重新定义政治概念：问题、条件和方法》，《世界经济与政治》2015 年第 6 期。

郑双胜、甘开鹏：《欧盟对外发展援助政策及其在中国的实践》，《江西社会科学》2010 年第 9 期。

郑宗义：《论张载气学研究的三种路径》，《学术月刊》2021 年第 5 期。

周方银：《天下体系是最好的世界制度吗？——再评〈天下体系：世界制度哲学导论〉》，《国际政治科学》2008 年第 2 期。

周桂银：《中国古代"天下主义"的千年传统：演进、内涵和特征》，《世界经济与政治论坛》2021 年第 2 期。

朱小略、叶自成：《"攘夷"与"徕外"——传统社稷安全观的对象与对策》，《世界经济与政治》2016 年第 12 期。

二、英文文献

（一）英文著作

Alastair Iain Johnston，*Cultural Realism：Strategic Culture and Grand Strategy in Chinese History*，New Jersey：Princeton Universally Press，1995.

Henry Kissinger, *On China*, New York, N.Y.: The Penguin Press, 2011.

John G. Ruggie, *Constructing the Word Polity*, Routledge, 1998.

John King Fairbank ed., *The Chinese World Order: Traditional China's Foreign Relations*, Cambridge: Harvard University Press, 1968.

John King Fairbank, *Trade and Diplomacy on the China Coast: The Opening of the Treaty Ports, 1842—1854*, Cambridge Mass: Harvard University Press, 1953.

Lin Yutang, *The Importance of Living*, New York: Harper, 1937.

Martin Wight, *Systems of States*, England: Leicester University Press, 1977.

Peter J. Katzenstein ed., *The Culture of National Security: Norms and Identity in World Politics*, N.Y.: Columbia University Press, 1996.

William Mott and Jae Chang Kim, *The Philosophy of Chinese Military Culture—Shi vs Li*, New York: Palgrave Macmillan, 2006.

（二）英文文章

Allen Carlson, "Moving Beyond Sovereignty? A Brief consideration of Recent Changes in China's Approach to International Order and the Emergence of the Tianxia Concept," *Journal of Contemporary China*, Volume 20, Issue 68, 2010.

Baik Youngseo, "Implications of Chinese Empire Discourses in East Asia: Critical Studies on China," *Inter-Asia Cultural Studies*, Volume 16, Issue 2, 2015.

John King Fairbank, S. Y. Teng, "On the Ching Tributary System," *Harvard Journal of Asiatic Studies*, Vol.6, No.2, 1941.

William A. Callahan, "Chinese Visions of World Order: Post-hegemonic or a New Hegemony?" *International Studies Review*, Volume 10, Issue 4, 2008.

图书在版编目(CIP)数据

从文化天下主义到文化国际主义：中国古代国际关
系理论概念嬗变及当代转化 / 郭树勇等编著. -- 上海：
上海人民出版社，2025. -- (战略与国际关系研究丛书).
ISBN 978-7-208-19210-2

Ⅰ. D829

中国国家版本馆 CIP 数据核字第 2025QZ9650 号

责任编辑　史桢菁
封面设计　杨钟玮

战略与国际关系研究丛书

从文化天下主义到文化国际主义
——中国古代国际关系理论概念嬗变及当代转化
郭树勇　等　编著

出　　版　上海人民出版社
　　　　　（201101　上海市闵行区号景路 159 弄 C 座）
发　　行　上海人民出版社发行中心
印　　刷　上海新华印刷有限公司
开　　本　635×965　1/16
印　　张　12.5
插　　页　2
字　　数　202,000
版　　次　2025 年 1 月第 1 版
印　　次　2025 年 1 月第 1 次印刷
ISBN 978 - 7 - 208 - 19210 - 2/D・4409
定　　价　62.00 元

战略与国际关系研究丛书